MIGUEL ÁNGEL ALMODÓVAR

Eso no estaba en mi libro de historia de la cocina española

ALMUZARA

© Miguel Ángel Almodóvar, 2022
© Editorial Almuzara, s.l., 2022

Primera edición en Almuzara: marzo de 2022

Editorial Almuzara • Colección Historia

Director editorial: Antonio E. Cuesta López
Editora: Ángeles López
Maquetación: Joaquín Treviño
www.editorialalmuzara.com
pedidos@almuzaralibros.com - info@almuzaralibros.com

Imprime: Romanyà Valls

ISBN: 978-84-18648-17-5
Depósito Legal: CO-149-2022
Hecho e impreso en España - *Made and printed in Spain*

Dedicado, con inmenso agradecimiento y cariño, a Lorenzo Díaz, sociólogo, gastrónomo y amigo de gran calado, conversador amenísimo y siempre sabio en sus indicaciones y consejos; a Ángeles López, que fue capaz de provocar la chispa de interés y de ilusión imprescindibles para acometer este proyecto; a Azucena Tapia, siempre al pie del cañón como proveedora incansable de infraestructura y logística para su confección; a Olga Menéndez, filóloga de fino olfato y diestra mano en la corrección y el buen orden gramatical; a Juan Antonio de Miguel, ángel custodio de libros raros casi inencontrables, que han ido llenando los pocos huecos que quedaban en mi biblioteca culinaria; y a Francisco Almodóvar, a quien he dedicado los veinticuatro anteriores y este no iba a ser menos.

Índice

De qué hablamos cuando hablamos de cocina española

Cuestionarse de inicio la existencia misma del asunto o materia que se pretende tratar a continuación y durante un buen número de páginas, podría parecer un sinsentido o un conato de suicidio intelectual, pero lo cierto y verdad es que un más que notable grupo de expertos y autoridades en distintas materias se viene haciendo justamente esta pregunta desde hace bastante más de un siglo y, en general, salvo excepciones, que en el fondo tienen bastante más de esfuerzo patriótico que de rigor académico, la conclusión es que la cocina española es una suerte de entelequia y que lo lógico y correcto sería hablar de un conjunto de cocinas regionales.

El debate lo abren en 1888 Mariano Pardo Figueroa, Doctor Thebussem, y José de Castro y Serrano, Cocinero de Su Majestad, en el libro *La mesa moderna: cartas sobre el comedor y la cocina*, en el que ambos intercambian jugosas misivas para expresar sus opiniones sobre el asunto gastronómico patrio. En una de ellas, de Castro reta a Pardo a aclararse, de una vez por todas, sobre la existencia de una cocina española propiamente dicha y este le responde:

> ¿Sabe usted, Sr. Maestro, la llaga en que ha puesto el dedo al pedirme que levante la bandera que puede guiarnos a la unidad gastronómica de la Península? ¿Ha pensado usted en lo difícil, en lo arduo, en lo imposible de su grandioso y noble proyecto? Sin duda alguna, usted mismo sabe que es irrealizable, y usted mismo explica la causa con la galanura y la claridad que acostumbra, diciendo que aquí tenemos federada la cocina, como tenemos federada la lengua, como tenemos federados, que no unidos, usos y costumbres.

La negación de una cocina nacional tiene una primera explicación en la que coinciden muchos expertos y que resume muy atinadamente Vázquez Montalbán en su libro *Contra los gourmets*:

> «También en Francia existe una cocina regional, pero allí el poder acuñado de París ha forjado una posible cocina francesa unitaria como referencia de los demás universos culinarios de las Francias (…) Pero en el caso de España, Madrid no ha creado esa posible cocina española referencial, sino que se ha limitado a dar cabida a todas las cocinas de España y a convertirse en capital del escaparate de las diferentes gastronomías celtibéricas.

Algo muy similar ocurre con otras cocinas sólidamente asentadas en el mundo como la mexicana, la griega, la japonesa o la italiana, aunque en el caso de esta última la responsabilidad unificadora no sea tanto de la capitalidad como del cine, de lo que dan fe (por citar dos botones del inmenso catálogo de muestras) el plato de espagueti que devora Nando Meciconi/Alberto Sordi en *Un americano en*

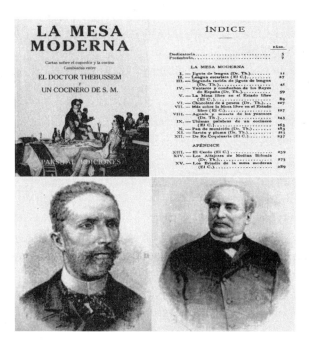

Mariano Pardo Figueroa, «Doctor Thebussem», y José Castro Serrano, abrieron el debate sobre la cocina española en el libro *La Mesa Moderna*.

Roma o el timbal de macarrones con el que Don Fabrizio Corbera, Príncipe de Salina/Burt Lancaster, obsequia a las fuerzas vivas de Donnafugata en *El gatopardo*.

En su libro *Historia de la gastronomía española*, publicado en 1998, Manuel Martínez Llopis dedica un largo capítulo a explicar el porqué, a su juicio, de la confusión y general desconocimiento de la gastronomía española fuera del país, y concluye que la visión que se tiene de nuestra coquinaria se basa casi exclusivamente en fuentes de las crónicas de viajes de extranjeros, fundamentalmente franceses, que la menospreciaron desde el desconocimiento y las suspicacias previas.

No es descartable que siglos de clichés y reticencias influyeran lo suyo en el ninguneo internacional de la cocina hispana, pero a nuestro juicio hay dos razones alternativas que explican lo grueso del asunto y ambas llevan el nombre de Madrid.

La capital del reino (y, a ratos, de la república) nunca mostró el menor interés en crear una «cocina española» al modo y manera que lo habían hecho París, Moscú, Roma o Atenas, que jamás fue otro que el de seleccionar un determinado número de platos de cada región o zona gastronómica para ofrecer una carta, en buena medida representativa del variopinto bagaje y la denominación pomposa de cocina francesa, rusa, italiana o griega.

Madrid, hay que insistir, nunca dio muestras de ni intentar esa tarea y muy por el contrario abrió siempre sus brazos a las cocinas de otros rincones, que fueron llenando sus calles de restaurantes y casas de comida manchega, asturiana, vasca, extremeña, sanabresa o de cualquier otra comarca. Lejos de hacer algún gesto en pro de la centralización, Madrid se declaró siempre abiertamente partidaria de la regionalización de la oferta gastronómica global.

Sin embargo, algunos estudiosos del caso aducen otras razones para explicar el porqué de la sempiterna indefinición de la cocina española. Por ejemplo, Pilar Bueno y Raimundo Ortega, en un artículo publicado en 1998, argumentan que, además de extraordinario vigor de las cocinas regionales, el proyecto se ha abortado por:

> … la incuria de cocineros desaprensivos y rutinarios, así como la ignorancia de comensales poco exigentes y anclados en el mal gusto. A ello se añadieron otras circunstancias menores, pero no desdeñables: la altivez cuando no el desconocimiento de nuestros visitantes, sobre todo los franceses; el menosprecio de no pocos críticos propios;

el olvido interesado del principio según el cual la buena cocina requiere una técnica de difícil aprendizaje; y, por último, la escasez de auténticos divulgadores de la buena cocina.

Con todo, el primer estudio metódico y académico sobre la cocina española se hizo durante la dictadura de Primo de Rivera y se debe a Dionisio Pérez, alias Post-Thebussem, quien ostentó puestos de alta responsabilidad en dos organismos creados por el general golpista: el Patronato Nacional de Turismo y el Circuito de Firmes Especiales, que promovió y puso en marcha la primera gran red de carreteras en España.

Desde los cargos de director general y presidente de estos entes públicos y con la enorme experiencia adquirida tras años de paseos por el territorio peninsular, en 1929 publica el libro *Guía del buen comer español: inventario y la de la cocina clásica de España y de sus regiones* en el que se da el banderazo de salida a la idea de que no existe una cocina nacional española, sino una suma de cocinas regionales.

Sin pretender hacer una clasificación de cocinas regionales, que eso llegará posteriormente y de la pluma de otros autores, don Dionisio intenta una defensa a ultranza de la cocina española, para amparar su identidad e incluso su superioridad sobre la francesa. Una cocina nacional que, al entender del autor, fue, durante largo tiempo: «… desconocida y calumniada (…) olvidada y suplantada por la propaganda y la puesta en moda de la cocina francesa». No obstante, considera que todo eso ha quedado atrás frente a un resurgimiento que estima ha sido ajeno a los varios estudiosos y autores, porque los verdaderos protagonistas en la tarea de levantar un grandioso edificio sobre el «montón de ruinas en que había quedado convertida la cocina nacional» son los profesionales, «autodidactos los más de ellos».

Y en este punto, nos topamos con uno de los grandes hitos de la historia culinaria española en el que por primera vez se brinda un listado de cocineros «estrella»; algo verdaderamente singular en su momento.

En el primer capítulo del libro, Post-Thebussem dice que es: «… de justicia recordar el nombre de estos adalides: Melquiades Brizuela, Ignacio Doménech, Teodoro Bardají, Juan Marqués, José Gómez González, Juan Palá, Juan Ortega Rabel, Francisco Mullor, Antonio Azcoaga y otros que se citarán en diversos lugares de este libro».

Volviendo al objeto de este epígrafe, decíase que Dionisio Pérez realiza una exposición sobre la cocina española siguiendo un itinerario por territorios y zonas que propician el entendimiento de la coquinaria hispana como un sumatorio de propuestas regionales. Empieza por la cocina extremeña, por considerar que los recetarios de sus monasterios fueron la base del predicamento que alcanzaría la cocina francesa, y que la estancia del emperador en su retiro de Yuste proyectaría la gloria del jamón de Montánchez y la bodega de Jarandilla por todo el ancho mundo. Sigue Pérez con la cocina andaluza a la que categoriza en la cúspide y a cuyos efectos divide en cuatro grupos: las de Sevilla y Huelva, las de Málaga y Granada, y las de Córdoba, Jaén y Almería. Sigue con las cocinas levantina, catalana, aragonesa, navarra, vasca y santanderina, leonesa, asturiana, gallega y las cocinas de Castilla la Vieja, para detenerse en la capital de la Corte con un capítulo que titula «El garbanzo en el meridiano de Madrid».

La mayoría de especialistas y estudiosos, sostienen que no hay una cocina española, sino una suma de cocinas regionales. *Vieja friendo huevos* de Diego Velázquez.

Curiosamente, en este epígrafe encontramos la primera y única referencia a la posible existencia de una cocina española, aunque hay que reconocer que de manera harto confusa. Explica don Dionisio:

> Históricamente, Madrid ha tenido siempre dos cocinas diferentes: la de la Casa Real y de la nobleza y la de la burguesía, la clase media y el pueblo. Aquella siempre fue extranjeriza (...) El pueblo, en cambio, traía a Madrid el gusto y los modos de las regiones de donde procedía. Así, el fogón madrileño en que estos contrapuestos elementos estuvieron en contacto durante siglos, ha sido el gran crisol donde se ha forjado, fundido y unificado cuanto llamamos «cocina nacional».

Una vez discurrido que sí existe una cocina nacional o española, que sería la de Madrid, el autor divaga sobre los recorridos de distintos señeros platos, como la sopa de ajo o el cocido, que finalmente y en teoría se unifican en la Villa y Corte.

Tras dejar Madrid atrás, sigue con la culinaria típicamente manchega y concluye con las cocinas balear y canaria. Evidentemente, la idea de definir la cocina española como un sumatorio de cocinas regionales empieza a cobrar fuerza y solidez.

Otro punto de vista que merece la pena considerar es el del escritor, periodista y gastrónomo barcelonés Xavier Domingo, quien en su libro *Cuando solo nos queda la comida*, publicado en 1980, afirma que: «Nada hay que pueda ser mencionado, con alguna exactitud, como cocina española». Considera que lo suyo es hablar de cocinas de España. No obstante, conjetura que sí que existe un eje de «indiscutible personalidad culinaria» del conjunto y que está determinada por la trashumancia. Desde esta óptica, esa personalidad y carácter de lo culinario hispano estaría basado en lo que llama «cocina de errancia», que no se refiere solo a la propia de los pastores que tradicionalmente han paseado sus rebaños de ovejas y cabras de región en región buscando los mejores pastos según la estación, sino que incluiría a guerreros y monjes, órdenes mendicantes, muleros maragatos y muleteros maranchoneros, trajineros y carreteros catalanes y valencianos, arrieros quijotescos de Yanguas y Arévalo: «... errancia de moros, judíos y cristianos, errancia de vagos, de pícaros y mendigos, errancia de nobles, errancia de caballeros errantes, errancia de prostitutas, errancia de santas». Y, cómo no, la de las tropas guerreras: «... la suprema Errancia de la historia, la cocina de guerra», a la que Domingo atribuye un supuesto perfume peculiar y diferenciador de la cocina de España: «... olor a rancho cuartelero, a cantina de campaña».

LAS COCINAS DE ESPAÑA:
DE CUATRO A DIECINUEVE

Aun dando por buenas las anteriores premisas, lo cierto es que, en general, los especialistas y autores no solo no han hecho grandes esfuerzos por definir una «cocina española», sino que ni siquiera han conseguido ponerse de acuerdo en la clasificación de las cocinas regionales, cuyo número varía considerablemente según cada autor.

De menor a mayor y muy sucintamente, cabe citar en primer lugar y por su parquedad al afamado arabista y gastrónomo bilbaíno Luis Antonio de Vega, quien en su primer libro dedicado a materias culinarias, *Guía gastronómica de España*, publicado en 1967 habla de cuatro regiones y deja la puerta abierta a una quinta, aunque en su segunda obra sobre el tema, *Viaje por la cocina española*, aparecida en 1974, la relación supera la veintena y resulta prácticamente inabarcable al incluir subzonas tan imaginativas como el barrio maldito de Arizcun, en el valle del Baztán (al norte de Navarra), donde, según él, se preparaban platos tan genuinos como la Tortilla maldita, el Bacalao a la bozatesa o el Cordero asado a la salacenca. De Vega fue un personaje en extremo pintoresco, y en las entrevistas de la época se refiere a sí mismo repetidamente como «tripasai», una formula vasca que vendría a ser una suerte de síntesis entre el *gourmand* francés y el tragaldabas hispano.

En una entrevista que le hace el periodista Ernesto Salado para el diario *El Español* y que se publica en noviembre de 1957, Luis Antonio de Vega explica su clasificación de manera bastante confusa:

> España se divide en cuatro regiones o en cinco: la septentrional, o de las salsas; la central, o de los asados; meridional o de los fritos y la levantina donde no se come. Esta última definición es totalmente errónea. La puso en circulación gente que aborrece el arroz. La región levantina es de una importancia gastronómica excepcional, históricamente la más ilustre de todas, edificada sobre los mismos cimientos cartagineses.

Para añadir un punto de desbarajuste, sostiene que: «La España gastronomita no tiene los mismos limites que la España política, ya que dos de sus tres archidiócesis se prolongan más allá del Pirineo». Así, por ejemplo, la primera de sus regiones, la «septentrional o de las salsas» comprendería desde Burdeos hasta el cabo Finisterre e incluiría amplios territorios de León y Portugal.

Vázquez Montalbán lo resume diciendo que para el autor: «… la cocina vasca limita al norte con Burdeos y la catalana con Toulouse, afirmación que exagera lejanos pero ciertos lazos entre paladares a uno y otro lado de las fronteras políticas», algo seguramente sobrevenido porque este pertenecía «… a la penúltima generación empeñada en asumir el magisterio de los obispos sobre las cocinas».

Sea como fuere, hay que subrayar su empeño pionero en el establecimiento de límites y su calidad de ferviente enamorado de la cocina de proximidad y el producto local. Al respecto, cuenta el genial articulista César González Ruano que en alguna ocasión Luis Antonio de Vega, Tripassari, le invitó a cenar y beber largamente en

Comarcas culinarias de la Bética, que incluye todas las provincias andaluzas, más las ciudades autónomas de Ceuta y Melilla.

un sinnúmero de locales de Bilbao y tras pasar la noche en blanco, le llevaba a desayunar a un prado donde se les permitía mamar directamente de la ubre de una vaca color canela.

El siguiente autor en el orden que hemos establecido sería el francés Raymond Dumay, quien, apasionado de la cocina tradicional y con raigambre histórico-palatal, aseguraba que la cocina española era una especie de iceberg porque solo son conocidos algunos de sus platos, mientras que la mayor parte de su riqueza culinaria permanece sumergida en el desconocimiento. En su libro *Guide du gastronome en Espagne*, publicado en 1970, divide España en seis regiones culinarias: la cocina del rincón del mar, que incluye las actuales comunidades autónomas de Galicia, Cantabria, Asturias, País Vasco y Navarra; la cocina de los catalanes, haciendo, como es habitual, la salvedad entre la Cataluña tradicional o *Vella* y la más *Nova*; la cocina de los cristianos viejos, que abarca Aragón y el norte de la provincia de Castellón; la cocina de Blasco Ibáñez, que básicamente remite a la Comunidad Valenciana; la cocina de los dioses, que incluye toda Andalucía, Murcia y parte de Extremadura; y la cocina de los antiguos romanos en la que se encuadra al resto de Extremadura y las dos Castillas. Una división que según Vázquez Montalbán: «… tiene cabeza, pero no pies, peca de reduccionismo metafórico y arbitrario».

Hasta ocho suben las regiones o zonas culinario-gastronómicas de España en el libro *Las cocinas de España*, de Manuel Martínez Llopis y Luis Irízar, publicado en 1990. Sin entrar en los porqués de tal división, cada capítulo se adentra directamente y por derecho en una selección de recetas que supuestamente definen lo más peculiar de cada apartado, los cuales se disponen de la forma siguiente: zona septentrional, que reúne a La Coruña, Lugo, Orense, Pontevedra, Asturias, Cantabria, Vizcaya, Guipúzcoa y Álava; la zona del valle del Ebro, que incluye La Rioja, Navarra, Zaragoza, Huesca y Teruel; la oriental, que abarca Lérida, Gerona, Barcelona, Tarragona, Castellón, Valencia, Alicante, Murcia e Islas Baleares; la zona de la Alta Meseta, donde se insertan Palencia, Burgos, Valladolid, Soria, Segovia y Ávila; la de la Baja Meseta, con el adjunto provincial de Madrid, Guadalajara, Toledo, Cuenca, Ciudad Real y Albacete; la zona occidental, que engloba a León, Zamora, Salamanca, Cáceres y Badajoz; la meridional, de la que forman parte Almería, Granada, Málaga, Jaén, Córdoba, Sevilla, Cádiz y Huelva; y la Canaria, con Gran Canaria y Tenerife.

Por su parte el crítico literario e investigador culinario Enrique Sordo, en su trabajo *Arte español de la comida*, publicado en 1960, es bastante más generoso y considera que en la geografía culinaria española pueden considerarse nueve regiones: la del gazpacho, que incluye las ocho provincias andaluzas, más las culinarias extremeña y manchega; la de la escudella, que abarca toda Cataluña; la de la paella, que remite a la actual Comunidad Valenciana y la de Murcia; la del bacalao, con implantación en la Comunidad de Cantabria; la de la fabada que, lógicamente, incluye al Principado de Asturias; la del pote, que recoge Galicia; la del asado, que además de la actual Comunidad de Castilla y León, incorpora a las cocinas madrileña y navarro-aragonesa, junto a las provincias de Guadalajara y Logroño; la balear; y la canaria.

Otros nueve espacios culinarios se incluyen igualmente en el magnífico trabajo de Gonzalo Sol en *El buen gusto de España* (trabajo realizado con la colaboración para el recetario de Ana de Letamendía y de Lourdes Planas) que fue publicado por primera vez en 1990 y que a lo largo de los años fue conociendo sucesivas

Comarcas culinarias de La Huerta, que abarca la Comunidad Valenciana y Murcia, más las Islas Afortunadas, que incluye a las islas Canarias.

revisiones y reediciones, la última de las cuales, en 2010, fue galardonado en el Gourmand Cook Book Award.

Don Gonzalo, autor y editor de las primeras guías gastronómicas que se hicieron en España y Premio Nacional de Gastronomía en 1978, cuando el galardón lo otorgaba el Ministerio de Cultura, divide el patrimonio culinario español en «comarcas-despensa-cocina» tratando de huir en lo posible de: «… fronteras y nomenclaturas propias de la geografía política» y a la vez de la tradicional compartimentalización en espacios culinarios: «… zona de las salsas, de los asados, de los arroces, de los fritos…». Así, la cocina española queda enmarcada por la Bética, que comprende todas las provincias andaluzas; el Cantábrico y el Finisterre, que funde las cocinas del País Vasco, Cantabria, el Principado de Asturias y Galicia; la Dehesa, en la que incluye a Extremadura y a la provincia de Salamanca; la Huerta, que abarca la Comunidad Valenciana y la de Murcia; las islas Afortunadas; el Mediterráneo, contenedor para Cataluña y Baleares; la Meseta Norte, que coincide con los límites de la Comunidad de Castilla y León; la Meseta Sur, que envuelve a Castilla la Mancha con Madrid; y la Ribera del Ebro, en la que inserta las comunidades de Aragón, La Rioja y Navarra.

Por su parte Carlos Pascual, en su *Guía gastronómica de España*, publicada en 1977, amplía las regiones culinarias a quince en las que incluye algunas subdivisiones, pero antes de entrar en la relación y el desglose planta un capítulo con el título: «La cocina española existe», e inmediatamente aclara: «Afortunadamente, hacer hoy esta afirmación es una perogrullada. Pero no lo hubiera sido hace tan solo unos pocos años, cuando las minutas de los grandes hoteles e incluso las de la Casa Real estaban íntegramente redactadas en francés». Sorprende bastante tan simple argumento, que por otra parte ni intenta desarrollar excepto explicando que ya pasaron los tiempos en que la gastronomía era patrimonio de unos pocos, bobalicamente fascinados con la cocina francesa. Sostiene Pascual que el conocimiento se ha ampliado a capas más reflexivas de la sociedad y ha provocado la eclosión de las esencias nacionales, aunque el proceso avanza con cierta lentitud y limitado a unas cuantas zonas: «Solo algunas regiones como el País Vasco, Cataluña o Galicia han sabido destacar la peculiaridad y riqueza de su cocina; pero quedan maravillas desconocidas de otras regiones que es preciso destacar antes que se pierdan por la monótona masificación que impone la vida moderna».

Pascual diferencia culinaria y gastronómicamente «quince cocinas de España»: la gallega: «...elaborada con los elementos característicos de la tierra, antigua, medieval, barroca en su variada amplitud de posibilidades, sencilla de elaboración; cocina humilde, pero recia, plenamente adecuada al paisaje, al clima y las costumbres de sus gentes»; la asturiana, que considera emparentada con la gallega, la santanderina y la leonesa, además de conectada con Bretaña y Normandía: «... regiones estas en las que existe también la sidra y los dulces de manzana, el cerdo negro e, incluso, algo tan característico como las fiyuelas»; la santanderina: «...a la búsqueda de la identidad perdida»; las del País Vasco, Navarra y La Rioja, «cocinas sabrosas, mimadas, exquisitas y abundantes», que se distancian por su geografía y sus distintos devenires históricos; la de Aragón, marcada por el Ebro y los chilindrones, cocina simple, sobria y recia: «... que debe su sencillez no a una carencia, sino a un rasgo de carácter, a una forma de ser que remite a la sobriedad ética de lo

Comarcas culinarias del Cantábrico, el Finisterre y la Dehesa, que funde las Comunidades del País Vasco, Cantabria, Principado de Asturias, Galicia y Extremadura, y la comarca de La Dehesa, que incluye Extremadura y la provincia de Salamanca.

ibérico»; la catalana: «... sin duda, la cocina más sofisticada y culta, más rica y variada, más histórica y documentada de cuantas componen el mosaico de las cocinas de España. Intentar resumir en unas pocas páginas la riqueza de la cocina catalana sería pura insensatez». A pesar de ello se lanza a la aventura, y hace una jugosa descripción de sus cocinas divididas, como no podía ser menos, en las de las Catalunya Vella (Gerona y Barcelona) y la de la Catalunya Nova (Lérida y Tarragona). Sigue el autor con las cocinas del Levante, que incluyen a la Comunidad Valenciana y a Murcia, zona caracterizada por los arroces, aunque de una enorme diversidad añadida por sus peculiaridades geográficas. De la cocina murciana, injustamente maltratada a su entender, dice que es de tradición árabe porque al arroz se le añaden agrios y que sus señas son el pimiento, el tomate, el pimentón y las especias. Entrando en Andalucía, empieza negando la existencia de «una» cocina andaluza, aunque admite los nexos de los fritos, los gazpachos y sopas frías, junto al vino, «histórico y mítico».

Su opinión sobre Extremadura es verdaderamente curiosa porque considera que ha sufrido la injusticia de una cocina inventada sobre fantasías heroicas de una tierra imaginada como solar de la raza, de conquistadores y evangelizadores: «... santos, dioses, monjes, imperio... y de verdad, de verdad, alcornocales y cerdos». Aborda luego el complejo territorio gastronómico formado por León y Castilla, considerando a la primera como cocina-puente y deteniéndose en interesantes regionalismos como la berciana y maragata. Sigue la cocina manchega, de la que se excluyen las provincias de Albacete, Guadalajara y Madrid, que considera «de secano», a base de elementos pobres y caracterizada por «... un protagonismo exagerado, en los platos más tradicionales, del trigo y los cereales (pan, sopas, gazpachos, migas, gachas, ollas de trigo...)». Con las provincias excluidas en el capítulo anterior conforma lo que llama «las cocinas del centro», singularizadas por un estilo culinario que: «... ni es manchego, ni castellano, pero anda entre medias de ambos estilos». A destacar, cosa nada frecuente y escasamente compartida, la consideración de un perfil gastronómico propio para Madrid: «... se puede hablar sin escrúpulo de una gastronomía madrileña».

Termina Pascual su relación con un apartado dedicado a las cocinas insulares. En la balear resalta la mezcla o aplicación de sabores dulces a carnes y pescados, junto al gusto por una forma de *all i oli*, incidiendo en el mito de la «mahonesa» y diferenciando los fogones de Mallorca y los de Menorca. Respecto a la canaria, sostiene que es la más exótica de las cocinas españolas, con elementos arcaizantes como el gofio, peculiaridades como los mojos y universalismo en los vinos que pirateaba Francis Drake en el Atlántico.

Néstor Luján y Juan Perucho, en su obra memorable e imprescindible *El libro de la cocina española*, que vio la luz en 1970 hablan igualmente de quince regiones que se corresponden, más o menos, con la división administrativa de la época: Galicia, cocina creada, dicen, «sobre el fondo lírico del paisaje» y que representa el triunfo del campo sobre la ciudad; Asturias, cuya cocina comparan con el arcaísmo y misterio del bable y de sus iglesias prerrománicas y definen en «poderosa simplicidad expresiva, majestad ruda y al mismo tiempo elegante»; País Vasco, significado por una tradición de mar y montaña: «... mejorada por la inspiración que permiten unas formas de vida confortables, emanadas del bienestar y el progreso y la cultura (...) tierra de cocineros y *gourmets*, que se pone a pensar sobre la mejor manera de preparar los alimentos»; Aragón, de cocina «grave, concisa, opulenta en lo natural» y con una excelencia basada en la óptima calidad del producto; Navarra, cuya cocina consideran presenta indudables analogías con la aragonesa «aunque quizá sea un poco más imaginativa»; Cataluña, que como es habitual, dividen en dos capítulos respectivamente dedicados a la Vella (Barcelona y Gerona) y la Nova (Tarragona y Lérida), la enmarcan en una culinaria que funde la tradición rural/payesa con la mediterránea, manteca de cerdo y aceite de oliva, con influencias de las coquinarias vecinas, provenzal, valenciana y aragonesa; Baleares, con epígrafes para Mallorca, Menorca e Ibiza, es cocina, a juicio de los maestros Luján y Perucho, enormemente influenciada por la historia, más española o inglesa, y el impacto pionero del turismo, pero en todo caso «variada, riquísima, excelente»; el capítulo de Valencia se abre con el viejo refrán «Tierra de Dios, ayer trigo y hoy arroz», lo que lleva a los autores a realizar un meditado paseo por los arroces de la región para terminar con la paella: «... plato barroco de imposible clasificación, en el que se acumulan, y a menudo se armonizan, los más contradictorios sabores»; Murcia, con dos inspiraciones y tres cocinas: «... la ribereña y huertana y la levantina y ubérrima en lo vegetal, y la cocina de interior, la cocina manchega»; el máximo interés gastronómico de Andalucía, cuya cocina definen como «amplia, variada, opulenta, casi mudéjar en dulcerías», radica para ellos en el gazpacho y sus otras exquisitas sopas frías, lo que no excluye un variado repertorio de potajes, guisos y fritos; a la cocina de Extremadura la señalan como «seria, grave, austera» y con grandes platos pastoriles, camperos y venatorios; Castilla la Nueva es la patria de la cocina manchega «recia y venerable, verdadera cocina madre» de inefables morteruelo, gazpachos/galianos, cachuela y guisado de trigo; Madrid, cuya cocina consideran poco más que un fondo gastronómico de Castilla la Nueva: «… natural, sabroso y espontáneo, con aditamentos de algunas especialidades regionales», cocina de meseta, más pastoril que agrícola, «muy sugestiva por su misma depuradísima pobreza»; Castilla la Vieja y León se define, esta vez en plena consonancia con otras clasificaciones tradicionales, como región y zona de los asados, aunque con mención especial, a mayor gloria de Josep Pla, del arroz a la zamorana, el mejor de España en opinión del ampurdanés; y, finalmente, Canarias, con subrayados para el gofio, los platos de pescado, los mojos y el vino de malvasía que obnubiló a Shakespeare, Goldoni y Voltaire.

Comarcas culinarias del Mediterráneo, contenedor para Cataluña y Baleares, y la Meseta Norte, que coincide con los límites de la Comunidad de Castilla y León.

Un pasito más allá irá Lorenzo Millo Casas en su libro *Gastronomía. Manual y guía para uso de yuppies y ejecutivos perplejos o incautos*, publicado en 1990, y en el que certifica dieciséis demarcaciones culinarias. Sin embargo, su enorme escepticismo ante el tan generalizado entusiasmo hacia lo regional-culinario, acabará reduciendo la relación a una mera caricatura. Para empezar, Millo niega la mayor de que la cocina regional se califique, de manera casi unánimemente aceptada, como «original, rica y variada». Cuestiona la originalidad afirmando que por todas partes hay platos que se reclaman autóctonos y timbres de honor de una región, cuando fórmulas casi idénticas se registran en muchas otras zonas. Rebate la pretendida riqueza porque, dice, las clases populares siempre elaboraron sus condumios con lo muy poco que tenían y con las limitaciones que imponían el paisaje y el pecunio miserable. Niega la variedad siguiendo con el mismo argumento, y llama la atención sobre los recetarios regionales que no son más que unas cuantas variaciones sobre el mismo tema. Pero conviene en que, si hay una cosa cierta, tal sería la «cualidad» de «sabrosa», porque la excesiva sustancialidad de lo regional culinario y que a su entender justificaría a una señora marquesa a la que él conoció personalmente quien, cuando aceptaba una invitación para una cena, enviaba al anfitrión una nota de agradecimiento en la que incluía esta advertencia: «Nada de cocina regional».

Diecisiete regiones gastronómicas, que coinciden con la actual distribución administrativa por comunidades autónomas, incluye Rodrigo Mestre en su libro *Guía de los platos tradicionales de España*, publicado en 1999.

Cerrando plaza, Ismael Díaz Yubero, en su libro de lectura obligatoria, tanto por lo didáctico como por lo gozoso, *Sabores de España*, publicado en 1998, resume culinariamente el país en diecinueve zonas, número que es el resultado del sumatorio de las diecisiete comunidades y las dos ciudades autónomas.

De Galicia dice que, en su cocina de mar y tierra ha sabido hacer esencia de lo autóctono sin renunciar a lo foráneo imprescindible con las patatas, el aceite y el pimentón: «… pero sí volvió la espalda, lo que es de agradecer, a tantas cosas que atentaban y atentan contra la pureza de su cultura».

En Asturias nos habla de cuatro regiones gastronómicas: la costa, el centro, el occidente interior y el oriente interior, y comparte la visión orteguiana de que en el Principado la influencia del campo sobre el mar es mayor que la contraria.

Sobre Cantabria viene a decir que tiene una coquinaria influenciada por la castellana, la vasca, la asturiana y la riojana: «... dando lugar a una encrucijada en la que pucheros, quesos y pescados formaron el trípode en el que se asienta la gastronomía cántabra».

A propósito del País Vasco, dice don Ismael, que su recetario da para comer durante un año sin tener necesidad de repetir un plato y que su excelencia se basa en la calidad de las materias primas y en «... el cariño con que el vasco o la vasca cocinan».

Respecto a Navarra, caracteriza su cocina por las tantas influencias recibidas de romanos, galos, árabes, judíos o peregrinos a Santiago, a lo largo y ancho de los siglos, y por una huerta donde se «cultivan todos los tipos de hortalizas españolas».

En lo que atañe a la gastronomía riojana, tras precisar que es bastante más que el vino con el que indefectiblemente se asocia a esta comunidad, se distingue la peculiaridad de la Rioja Alta, de connotaciones castellanas en los asados, y vascas en los platos de pescado, y la Rioja Baja, fundamentalmente huertana e influida por las cocinas navarra y aragonesa.

Llegados a Aragón, Díaz Yubero empieza con una cita de Enrique Lahuerta que remite a «platos fuertes para un pueblo que solo tiene una fe y mucha solidez» y que no necesita de la «alquimia de la marmita y el fogón» porque la maravilla del producto «no requiere acento alguno». El autor matiza a Lahuerta con un ejemplo ilustrativo: «... conseguir con pan duro y un poco de manteca unas excelentes migas exige imaginación y saber valorar los productos disponibles».

A la cocina catalana la considera compleja, rica y variada, con toques provenzales e influencias árabes y judías, y decide dividirla por sus platos y fórmulas en tres regiones: la costa, la montaña y el llano, amalgamado todo ello por una literatura gastronómica que puede presumir de ser la más antigua de Europa.

Respecto a las Islas Baleares, sigue el criterio marcado por autores precedentes y hace una clara división entre las cocinas mallorquina, menorquina e ibicenca, para apuntar a una lucha en la que contienden la cocina internacional y estandarizada derivada del turismo masivo, y la autóctona que, a su juicio, se conserva más que razonablemente.

En Valencia, Ismael se remite a la paella en particular y a los arroces en general, considerando que en su evaluación quien hasta ahora más atinado ha estado es Josep Pla, furibundo defensor de los «arroces monográficos», aunque el autor le matiza diciendo que además necesitan ser congruentes.

Al llegar a Murcia su abordaje lo realiza de la mano del amigo Juan Gómez Soubrier, quien sostiene que la cocina murciana se resume en casi un millar de recetas con sabor propio, y que abarca: «... casi todos los climas y casi todos los rigores y delicias de la geografía: el mar, la montaña fría, el campo soleado o la cálida y húmeda huerta». De su propia cosecha, el autor reseña que con toda probabilidad fuera en Murcia donde se cultivaron los primeros pimientos una vez llegados de América, que allí fue donde los cartagineses dejaron su impronta en los guisos de trigo, y donde los romanos que les siguieron fueron a descubrir los escómbridos de mejor calidad para la elaboración de su mejor *garum*.

Por lo que a Andalucía se refiere, además de aludir a su singularización como la cocina española más discutida y susceptible de polémica, don Ismael entra al trapo de su diversidad aludiendo a platos desde el inicio de su argumento. Así, explica que puede estar caracterizada por productos simples:

> ... como el aceite de oliva, el jamón de Jabugo, el gazpacho, las gambas blancas o la fritura de pescado, pero tan andaluces como los ejemplos anteriores son la urta a la roteña, la olla gaditana, el cordero dinástico, el rabo de toro, los hojaldres rellenos de pichones y almendras, la alboronía, el menudo andaluz, etc.

Sobre Ceuta, aunque portuguesa durante 250 años, conserva una cocina con acentos gaditanos, malagueños y marroquíes, y una ingente variedad de pescados que dan lugar a platos tan sabrosos como personalísimos.

En cuando a Melilla, destaca por encima de todo, su consideración de crisol gastronómico donde conviven, en gustoso amor y compaña, las cocinas española, árabe, judía e hindú, por lo que cada día del año hay algo que celebrar a la mesa.

Respecto a cocina de las islas Canarias destaca, además de algunas de sus fórmulas arcaicas, como el gofio, el carácter de puente vivo en el intercambio de especialidades gastronómicas con las cocinas centro y sudamericanas, con fuertes nexos en platos cubanos, venezolanos o colombianos.

Llegado a Extremadura, Díaz Yubero está dispuesto a comprar sin regateo el argumento de Dionisio Pérez y el mito de unos recetarios conventuales que las tropas napoleónicas expoliaron, a partir de los cuales se edificó parte de la gran magna estructura de la cocina francesa. Para equilibrar la balanza destaca que, más allá de estas opulencias, la coquinaria extremeña, aun contando con materias primas de superior calidad, como el cerdo ibérico, el cordero o la caza, sabe sacar el mejor partido «… de productos que crecen espontáneamente en los campos y están al alcance de cualquiera, como son los berros, los cardillos o tagarninas, las criadillas de tierra, las collejas y los rabiacanes».

Por lo que se refiere a Castilla La Mancha, resaltan las influencias árabes y judías en su cocina, sus excelentes platos de caza, sus pastoriles gazpachos y migas, su pisto, la delicadeza de su azafrán y sus recetas de nominación rotunda, como el ajo pringue, el atascaburras, el tojunto, el hartavagos, el empedrao zorrocotroco o la tachuela.

En Castilla la Vieja y la de León estima que, dentro de su diversidad, se trata de una cocina unificada por el asado del cordero, el lechón o el cabrito, la sobriedad de sus platos de caza y la producción de unas excelentes legumbres que dan lugar a opulentos cocidos.

Acaba la relación de zonas gastronómicas en Madrid, comunidad autónoma uniprovincial y capitalina de difícil clasificación en lo gastronómico y con la cocina:

> … que corresponde a una ciudad históricamente centralista, que durante muchos años ha experimentado un gran crecimiento demográfico, absorbiendo gentes procedentes de todo el país, con una considerable población extranjera, y que, desde hace mucho tiempo, ostenta la capital de todo el Estado, lo que unido a su carácter hospitalario ha dado lugar a un cierto sincretismo culinario.

Más allá de la amplitud con la que Ismael Díaz Yubero trata la compartimentalización de la cocina española en *Sabores de España*, hay que subrayar con grueso trazo, que esta es una de las pocas obras divulgativas que a lo largo de la historia de la literatura gastronómica española no solo incluye una relación más o menos extensa de platos, sino que para cada comunidad y ciudad autónoma presenta un listado detallado y cuidadosamente elaborado de embutidos, salazones y panes típicos. Un trabajo impagable.

Así que, parafraseando a don Francisco de Quevedo y en cuanto a cocinas regionales españolas, entre cuatro, seis, ocho, nueve, trece, quince, dieciséis o diecinueve, «su majestad, querido lector, escoja».

POR SUS PLATOS Y RECETAS LA CONOCERÁS

Hecho un planteamiento general sobre la verosimilitud de la cocina española como un compendio de cocinas regionales, escogidas estas según muy distintos criterios a lo largo de un siglo y medio, no sería ni baladí ni intrascendente que, a estas alturas, se considerase la oportunidad y conveniencia de preparar un listado de los platos y recetas imprescindibles de la cocina española, realizando una selección de lo más significativo y notable de cada una de las cocinas regionales hispanas.

Que sepamos, en los últimos tiempos se han realizado al menos tres intentos para definir, *grosso modo*, el corpus de la cocina española plasmado en platos y recetas que delimitaran y precisaran la misma.

El primero, imposible de clasificar, respondió a la iniciativa de la empresa de seguros Alliance Global Assistance, y se dio a conocer en agosto de 2016.

Con el apoyo, no se sabe si intelectual o moral, de la Federación Española de Hostelería (FEHR), la Sociedad Española de Dietética y Ciencias de la Alimentación (SEDCA), la Escuela Superior de Gastronomía y Hostelería de Toledo, la Asociación Gastronómica de Jaén, el Centro Asturiano de Madrid y Culinary Spain, la aseguradora organizó una votación popular a través de una web montada al efecto de la que inicialmente salieron veinte platos. Tras un nuevo plebiscito con esos finalistas, la organización validó 61.384 votos y de ahí salieron las autodenominadas «Siete maravillas gastronómicas» hispanas, que, por este orden, resultaron ser: las papas arrugadas canarias, el jamón ibérico, el pulpo a la gallega, la paella valenciana, la tortilla de patatas, la quesada pasiega y los paparajotes murcianos. Los platos que quedaron fuera tras el sufragio final fueron: el gazpacho andaluz, el pollo al chilindrón aragonés, la fabada asturiana, la ensaimada mallorquina, la crema catalana, el pisto manchego, el cochinillo asado segoviano, el marmitako vasco, las migas extremeñas, el cocido madrileño, las alcachofas con almejas de Navarra, las patatas a la riojana y el turrón de Jijona.

Todo surrealista y delirante. Tanto más y muchísimo más cuando la iniciativa decía perseguir: «... el reconocimiento de la gastronomía española como Patrimonio Inmaterial de la Unesco, de forma que los ganadores serán promovidos para representar a la cocina de nuestro país como candidata al Patrimonio Inmaterial de la Humanidad por la Unesco».

La segunda se presentó en el contexto de Madrid Fusión 2017 y auspiciada por FACYRE, la Federación de Cocineros y Reposteros de España, en ese momento presidida por el chef madrileño Mario Sandoval.

La relación final vino a ser el resultado de una encuesta realizada entre 2000 personas que debían opinar sobre un listado previo de 130 platos seleccionados y promocionados a través de las redes sociales Twitter y Facebook.

Con los datos del sondeo, FACYRE presentó de manera grandilocuente y formal los diez platos o recetas que consideran conforman la cocina española. A la cabeza del listado figura la tortilla de patatas, plato: «… que se cocina en todo el país y donde las únicas dudas están en si hacerla más o menos cuajada o si añadir o no cebolla». El segundo puesto lo ocupa la paella, sin el tradicional apelativo de «valenciana», que se considera «plato de familia» de los que «… se cocinan en muchos hogares el fin de semana y de los más representativos de nuestra cocina a nivel mundial».

El tercer lugar del *top ten* es para el gazpacho andaluz, definido como «ensalada líquida» y «… un tesoro de nuestra gastronomía». Con el número cuatro en preferencias, el cocido madrileño, aunque los muñidores de la encuesta aclaran que bien hubiera podido ser «el cocido maragato, la escudella o cualquier otro puchero», pero que había sido el capitalino con sus tres vuelcos. Quinto puesto para el cochinillo asado, del que se destaca una «… carne y piel crujiente que hacen le guste a casi todo el mundo». En la sexta plaza del inventario la fabada asturiana: «… plato que enamora a todos».

Séptimo lugar para las croquetas con nota «culta» aclaratoria: «… plato de origen francés pero que la cocina española ha conseguido refinar».

En la octava posición, el pulpo à feira, en este caso sin informar de que, aunque se trata de un buque insignia de la cocina gallega, el mérito de su «invento» y elaboración corresponde al pueblo maragato.

Noveno puesto del *ranking* para el rabo o cola de toro, un clásico de la cocina cordobesa que «… es una auténtica delicia digna de estar en esta selección de los 10 platos de nuestra cocina».

Y cerrando el listado, el bacalao al pil pil, una ingeniosa salsa que idearon los cocineros vascos y hecha «… a base de "muñequilla" moviendo el aceite de oliva y ligándolo con la gelatina del bacalao».

El tercer intento con ese o similar propósito, pero con muy superior enjundia, lo realizó el periodista Carlos Díaz Güell a partir de las opiniones y criterios de cinco docenas de peritos culinarios y expertos gastronómicos, con lo que finalmente conformó un listado que se plasmaría en el libro *Los cien platos de la cocina española*, publicado en septiembre de 2021, que en las diez primeras plazas sitúa a dos grupos con calificación *ex aequo*.

En el primer paquete de platos, con una puntuación de 60 sobre 60, figuran el cocido madrileño, la tortilla de patatas, el gazpacho andaluz, la paella valenciana y la fabada asturiana. Con 59 puntos y completando el *top ten*, el ajoblanco, el bacalao al pil pil, los callos a la madrileña, la empanada gallega y el pulpo à feira.

El balance resulta muy desalentador, teniendo en cuenta que desde los tiempos de la Segunda República contamos con un compendio de dos centenares de recetas de bacalao; y desde principios de los setenta con las 1080 fórmulas culinarias de Simone Ortega, por citar solo un par de ejemplos.

Hacer un recetario fundamentado y de consenso con —digamos, por decir algo—, un millar de platos, no se antoja tarea ni mucho menos quimérica, pero hay que buscar a alguien dispuesto a ponerle el cascabel al gato.

El hat-trick *de la cocina española fuera de sus fronteras*

Resulta muy inquietante que una cocina forjada en el crisol de herencias griegas, púnicas, judías, romanas, visigodas y musulmanas (de las que se hablará capítulos más adelante), además de haber sido la madre de todas las fusiones que en el mundo han sido, tras el encuentro con productos alimenticios y técnicas culinarias del continente americano —de lo que también se dará cumplida después— haya quedado reducida en su imagen foránea a un circo de tres pistas donde se sitúan el gazpacho andaluz, la paella valenciana y la tortilla de patatas.

Ojipláticos o no, volvamos a la perspectiva guiri de tres unidades arquetípicas y digamos algo de ellas.

GAZPACHO: DEL GÓLGOTA A LAS MUJERES AL BORDE DEL ATAQUE DE NERVIOS

De las tres recetas que han terminado subiéndose al cajón de los grandes símbolos de gastronomía española tradicional, el gazpacho es, de largo, la más antigua, pues su origen se pierde en la noche de los tiempos.

Entendiendo gazpacho como fórmula de sopa fría típicamente andaluza, su origen, más que probablemente, esté estrechamente ligado a la posca —bebedijo a base de agua, vinagre, sal, ajo majado y aceite de oliva—, que los legionarios romanos llevaban en sus cantimploras, especialmente aquellos que, como los que romanizaron Hispania, venían de campañas en lejanas tierras muy secas y tórridas

31

donde la posca era la vida. Evidentemente se trata de una eficaz bebida isotónica y refrescante en la que el agua hidrata, la sal retiene parte de esa agua y sostiene la hidratación, el ajo majado actúa como desinfectante intestinal y a la vez vasodilatador para ampliar el flujo sanguíneo y mejorar la refrigeración del sistema, el vinagre que produce sensación de frescor en el cerebro y el aceite de oliva que proporciona energía.

Pero si hemos de dar crédito al diplomático, político y escritor egabrense Juan Valera, la preparación del gazpacho primigenio se extendía más allá de la posca militar. En un ensayo titulado *La cordobesa*, publicado en 1872, razona que: «No era más que gazpacho lo que, según Virgilio, en la segunda Égloga, preparaba Testilis para agasajo y refresco de los fatigadores segadores: "Allia, serpillumque, herbas, contundit olentes"», lo que Juan Sella, en su libro *Comer como un rey* interpreta así: «… significa que la sirvienta Testilis "machaca ajos y perifollo, hierbas aromáticas para paliar los ardores del verano a los esforzados braceros"».

La receta esquemática marca el inicio de un proceso al que se fueron añadiendo otros ingredientes, como pan y pepino, a los que se agregaron el tomate y pimiento cuando estos productos llegaron a la cocina española desde América.

Una esponja atada a una rama de hisopo y bien empapada en posca, fue quizás lo que el soldado romano, de nombre Estefatón en la tradición cristiana medieval, acercó a los labios de Jesús para aliviar en alguna medida la indescriptible sed que sabemos produce la pérdida abundantísima de sangre. Aunque resulte muy atrevido decir que lo último que cató el Redentor en su vida terrenal fue un gazpacho, por ahí van las cosas.

Después, la bebida isotónica y refrescante pasó a ser sopa con el añadido de *atapurres* o migas de pan, y posteriormente plato de fundamento con la inclusión de algunas verduras, sobre todo cebolla, habas tiernas, a veces frutos secos molidos, de lo que derivaría, por ejemplo, el ajoblanco.

Con esta sencilla fórmula, es fácil entender que el gazpacho se extendiera como la pólvora en las mesas musulmanas que se hicieron dueñas y señoras de la inmensa mayoría del territorio peninsular durante el periodo que formalmente duró desde 711 a 1492. Tierras de veranos largos y muy cálidos, en los que el polvo fino vivía durante meses instalado en las gargantas, en el dornillo y luego en el cuenco o plato fueron cayendo pan migado, aceite de oliva, vinagre, agua y sal, todos ingredientes *halal*, lícitos o aceptables según la *sharia* o ley islámica.

Concluida la Edad Media e inmersos ya en el Renacimiento y el Barroco, los Siglos de Oro para la literatura y del Hierro para la vida cotidiana del común de la población, el gazpacho sigue por sus derroteros, aunque en líneas de escaso glamur, al punto de que en 1611, el gran lexicógrafo y criptólogo toledano Sebastián de Covarrubias y Orozco aprovecha las páginas de su muy académica y sesuda obra *Tesoro de la lengua castellana o española* para designar al plato: «… comida de segadores y gente grosera».

En los siglos XVIII y XIX su consumo se generalizó en los grandes latifundios andaluces, pasando a ser salario jornalero o parte del mismo en cortijos, fincas y haciendas, sin que llegara a establecerse una receta formal o canónica.

En el siglo XVIII sigue instalado entre las gentes del campo y como sustento esencial de los jornaleros andaluces, como corrobora el jurista y político Pablo de Olavide en sus escritos.

De su composición habitual en el siglo posterior es ejemplo, entre otros muchos que podrían citarse, la receta que recoge en su libro *Voyage en Espagne* el gran escritor francés Théophile Gautier, que

Gazpacho andaluz.

resume sus peripecias por la Península durante 1840: «Se echa agua en una sopera; a esta agua se le añade un chorro de vinagre, unas cabezas de ajo, cebollas cortadas en cuatro partes, unas rajas de pepino, algunos trozos de pimiento, una pizca de sal, y se corta pan que se deja empapar en esta agradable mezcla, y se sirve frío».

Y así, hasta finales de 1853, cuando Eugenia de Montijo, vestida de satén rosa y tocada de jazmines, contrajo matrimonio con Napoleón III, y al día siguiente, víspera de fin de año, fue entronizada como emperatriz de los franceses, a los que llevó como presentes su ardiente fe católica, a Pepa, su cocinera desde la infancia, y su pasión por el gazpacho.

Y héteme aquí que la receta, de consuelo para cotidianas gusas jornaleras, pasó a ser plato digno de posarse en la mesa de la corte más brillante de Europa. Otra cosa es el balance de significativos daños que el pimiento verde, que según dicen Pepa le echaba a cholón, pudo provocar en la delicada vesícula biliar del emperador. Corramos un tupido velo al respecto.

A finales de la centuria empiezan a aparecer recetas de la mano y pluma de ilustres próceres como es el caso del cervantinista Mariano Pardo de Figueroa y de la Serna, quien como experto gastrónomo se esconde tras el pseudónimo de Doctor Thebussem. En *La mesa moderna*, libro publicado en 1888 el sabio culinario escribe: «… májese sal con un diente de ajo, pimiento verde y tomate, todo crudo: agréguesele una gran miga remojada, y aceite. Trábese todo muy bien en el dornillo; póngasele vinagre y un litro de agua fresca; cuélesele por un pasador claro, échense las migas, y a los cinco minutos se puede servir».

A principios de siglo, en sus libros *La cocina española antigua* y *La cocina española moderna*, que verían la luz en 1913, Emilia Pardo Bazán apuesta por una multiplicidad de composiciones del gazpacho y niega que exista una fórmula canónica. Antes, en un artículo titulado «La vida contemporánea: Refrescos», publicado el 15 de julio de 1907 en la revista *La Ilustración Artística*, escribe que con esta sopa fría pasa como con el café, el té o el chocolate: «… cada cual tiene una receta para hacerlo, y declara que esta receta es la única infalible. No hay andaluz que no se crea especialista en gazpacho, y recomienda procedimientos peculiares para el majado del tomate, el desmigajado del pan, la sazón del ajo y la adición del pepino».

No obstante, en el primero de sus recetarios sí que se atreve a proponer una prescripción personal en la que empieza vertiendo en un mortero (cuyas paredes han de frotarse previa y briosamente con un diente de ajo), pimientos verdes, sal y tomates, a los que aconseja quitar la simiente. Luego: «Se machaca todo; se le añade un migajón de pan; se remoja con agua; se sigue majando; se le añade despacio media taza de aceite crudo; se ponen el vinagre y el agua en una ensaladera; se pasa la pasta por el colador y el vinagre, poniéndole pan a pizcos». Y termina la receta con una recomendación casi impositiva: «Ha de durar la preparación del gazpacho lo menos veinte minutos por lo escrupuloso del majado».

El gazpacho da la vuelta al mundo cuando aparece como condumio popular español en la película *Sangre y arena*, estrenada en 1941, dirigida por Rouben Mamoulian e interpretada por Tyrone Power, en el papel de Juan/Juanillo Gallardo, primera figura del

Sangre y arena, de Rouben Mamoulian, fue la película que dio a conocer el gazpacho a nivel mundial.

toreo; Linda Darnell, que hace de Carmen Espinosa, la novia de toda la vida y luego sufrida esposa del diestro; y Rita Hayworth, encarnando a Sol de Mihura, una aristócrata tan hermosa como disoluta, acaudalada y frivolona que se erige en vértice de un triángulo amoroso fatal en el que se gestará el declive del maestro. Tono trágico y perverso sobre el que se empieza a pergeñar la marca España con toreros y gazpacho.

Sin embargo, la primera referencia es claramente negativa. El aún adolescente y aspirante a figura del toreo le anuncia así a su madre, que friega suelos incansable, su decisión de marcharse a Madrid y a la aventura: «No pienso pasarme el resto de mi vida comiendo gazpacho y tocino rancio». Curiosamente, cuando ya ha alcanzado el estrellato en el mundo de la tauromaquia, su visión del plato parece haber cambiado radicalmente. Invitado a una cena en el palacio de la linajuda dama en la plaza Alfaro (localización casi mágica en el barrio de Santa Cruz, que es sin duda reminiscencia y tributo a la novela de Vicente Blasco Ibáñez en la que se basa la historia), el afamado espada degusta por primera vez y con fruición un asado de faisán guarnecido con patatas diminutas. Alaba la receta y dice que está muy rica, aunque no tanto como el gazpacho, lo que deja en suspenso al resto de comensales que por su alto linaje parecen desconocer el plato. Añade a continuación, que él se crio a base de gazpacho y la de Mihura le pregunta de qué está hecho el plebeyo condumio. Juanillo explica: «Verá, lleva pan, aceite, vinagre, cebollas, ajo, pimiento y mucho tomate. Se tritura todo y… gazpacho, una comida sana. Tiene usted que probarlo». En tono arrebatadoramente sensual, Rita Hayworth/Sol de Mihura dice: «Lo haré». Probablemente a ese mismo compromiso, consciente o inconscientemente, se sumaron en los años siguientes unos cuantos millones de espectadores en todo el mundo.

Con todo, el cambio estructural y el consiguiente lanzamiento al estrellato de la sopa fresca y emblemática de españolidad se basa en las nuevas circunstancias que alumbran el inicio de la década de los sesenta, en la que España da los primeros pasos para salir del aislamiento internacional y de la autarquía económica, de lo que se hablará más adelante.

El último detalle para el triunfo pleno del gazpacho es la introducción a troche y moche del tomate, lo que hasta el momento no había sido ni fácil ni mucho menos habitual, a pesar de la declaración de Tyrone Power/Juan Gallardo.

En esos años sesenta del pasado siglo el gran Josep Pla, «un punto de vista ambulante con boina», al decir de Manuel Vázquez Montalbán, memoria culinaria ensimismada y paladar anclado al país de la infancia, estaba en la redacción de lo que posteriormente sería uno de los libros más preclaros de la culinaria hispana: *El que hem menjat*, publicado en catalán en 1972 y al poco tiempo en español con el título *Lo que hemos comido*. Escritor y cronista riguroso, se preguntaba el ampurdanés sobre la fórmula ortodoxa del gazpacho y para resolver la duda consultó a su amigo el ilustre jerezano Francisco Moreno y Herrera, marqués de la Eliseda y conde de los Andes, máximo gastrónomo de mediados del pasado siglo y en su tiempo casi el único español que hacía crítica gastronómica con el pseudónimo de Savarín.

La receta que el conde reclamó a su cocinero personal y que finalmente recibió Pla se componía de agua fría, pepino, cebolla, ajo, aceite de oliva, vinagre de vino blanco, zumo de limón, pan duro y sal. El lector avispado ya habrá notado que el tomate brilla por su ausencia.

En cualquier caso y lejos de cualquier otra consideración de más enjundia, el tomate se hace el rey indiscutible del gazpacho y ello es, en muy buena medida, gracias a la generalización de la batidora en los hogares hispanos. Aunque los modelos industriales del artilugio ya se vendían a principios de siglo en Estados Unidos, a España llegan cuando llegan y el modelo que se asienta es el denominado como «batidora de brazo» o «licuadora de mano», inventado en 1950 por el suizo Roger Perrinjaquet que lo bautizó como *Bamix*. Pero héteme aquí que de la versión se hizo una variante desarrollada por el ingeniero Gabriel Lluelles. Esta vez el nombre surgió del acrónimo de la empresa española que se lanzó a su fabricación: Pequeñas Industrias Mecánico Eléctricas Reunidas (PIMER). De ahí a minipimer, un pasito de nada.

Convertida ya la sopa en cremita y privado el tacto de primigenios goces, se añade el servido en estado próximo a la congelación para producir en las papilas gustativas una suerte de *electroshock*. Todo ello facilita grandemente la eclosión en el mercado del gazpacho industrial, envasado, fresco y natural, que lanza la empresa sevillana La Gazpachería Andaluza en 1983 y que triunfaría a lo grande en la Exposición Universal de Sevilla, Expo 92. El mundo mundial ya estaba al alcance de la mano. A más a más, los refrigerados en tetrabrik se empezaron a comercializar en 1996. La suerte estaba echada.

No obstante, el mundo *gourmet*, aunque le falta aún mucho trecho para llegar a la tecnoemocionalidad, conviene entonces en que la nueva textura demanda alguna reminiscencia de roce palatal y para ello se inventa la guarnición al gusto en bandeja apretujada de cuenquitos con trozos muy picaditos de pepino, huevo duro, pimiento verde, cebolla o cebolleta, tomate, pan frito y jamón serrano... ¡qué revuelo, Rafael!

Entretanto, el gazpacho ya ha saltado de nuevo a la palestra del cine mundial cuando la película que Pedro Almodóvar estrena en 1988, *Mujeres al borde de un ataque de nervios*, es nominada al Óscar de Hollywood como mejor película en lengua extranjera. En un momento de máxima tensión en el desarrollo dramático de la comedia, Pepa Marcos, dobladora de cine interpretada por Carmen Maura, prepara un gazpacho tradicional añadiéndole una veintena de pastillas de Valium, un potente ansiolítico, sedante y somnífero de la familia de las benzodiazepinas. Lo mete en el refrigerador para ponerlo al punto, hasta que su apartamento se haya llenado con los personajes que pueblan el mundo que hace tiempo la atribula y reconcome. Cuando el policía, al que da vida Ángel de Andrés López, se da cuenta de la situación y está a punto de caer en el abismo del sueño, intenta sacar el revolver e inquiere: «¿Que tiene este gazpacho?», Pepa, sin inmutarse ni un ápice, responde y recita muy pausadamente: «Tomate, pepino, pimiento, cebolla, una puntita

Los personajes de la película de Pedro Almodóvar, *Mujeres al borde de un ataque de nervios*, probando el gazpacho de Pepa Marcos, interpretado por Carmen Maura.

de ajo, aceite, sal, vinagre, pan rallado y agua. El secreto está en mezclarlo bien».

Pero la explosión de popularidad planetaria alcanza su cénit a través de Lisa Simpson, en el capítulo «Lisa la vegetariana», emitido por primera vez en 1995. La niña se dirige a su padre, Homer, cuando este se dispone a preparar una barbacoa para sus amigos, y le dice: «Espera papá, tengo buenas noticias. No tendréis que comer carne, tengo suficiente gazpacho para todos». Los invitados preguntan que de qué se trata y Lisa aclara que es una sopa fría de tomate, lo que provoca una sonora carcajada entre la concurrencia de acreditados *meat lover's*. Aunque, evidentemente, el gazpacho no tiene un recorrido positivo en el guion, de nuevo millones y millones de espectadores de todo el mundo más que probablemente sentirán la curiosidad de probarlo algún día.

Y hasta aquí, no vaya a pifiarse el dicho popular de que con el gazpacho nunca hay empacho.

PAELLA: UN PLATO DE VOCACIÓN UNIVERSAL CON NOMBRE DE UTENSILIO DE COCINA

La paella o más propiamente arroz en paella, que así se llama el enser coquinario en que se prepara, ancha sartén de hierro o acero, con escasa profundidad, gran superficie, dos asitas en el perímetro y origen en el utensilio romano muy similar denominado *patella*, es plato que debió nacer en el espacio comprendido entre la Albufera valenciana, su entorno húmedo y el cordón litoral que los limita, y en el tiempo en que ese ámbito es casi tierra de nadie, entre el final de la Edad Media y el inicio del Renacimiento, siglos xv y xvi.

No obstante, respecto al origen del nombre del utensilio hay otra teoría bastante atractiva que su autor, Carlos Azcoytia, director de la revista digital *historiacocina.com*, publicó en mayo de 2019 con el título «Una aproximación a la historia del arroz en Occidente y la paella». Sostiene Azcoytia que el nombre tendría su origen en la voz *padella*, que designa un tipo de sartenes italianas con asas, similares a la utilizada para la paella y que algún soldado de los Tercios habría traído a la Península durante los siglos de dominación española de las dos Sicilias. Podría ser. El caso es que, en torno al recipiente, hay escaso debate y no así en lo que se refiere a los ingredientes.

Tradicionalmente, la paella fue un condumio de gente humilde y campesina que, además de arroz y agua, le echaba al recipiente aquello que correspondía a la temporada, al entorno (aquí entran de lleno la anguila, los caracoles serranos o *baquetas*, la rata campesina o el *garrofó*) y a lo que llegaba su presupuesto, generalmente magro; de manera que establecer una receta ortodoxa se antoja una quimera. Sin embargo, la diversificación mundial del plato ha llevado a herejías que han animado a los llamados «puristas» a sentar unas bases esenciales que definan la auténtica paella. Para defender las esencias del plato, en 2012 un grupo de valencianos inicialmente liderados por Paco Alonso, Guillermo Navarro y José Maza, creó Wikipaella, según la plataforma, algo así como: «... la respuesta organizada de la ciudadanía a este desequilibrio entre lo que se cree que es y lo que realmente es. Una fuente de conocimiento y reconocimiento alrededor de las auténticas paellas, hecha por todos».

Para Wikipaella existe un patrón estadístico de los ingredientes de la paella auténtica que, para serlo, deben estar presentes en el 100 % de las recetas. A ellos se añaden otros ingredientes que podríamos

Paella valenciana.

llamar secundarios que pueden entrar en la composición en porcentajes variables. Así, los ingredientes inapelables al 100 % son: arroz, agua, aceite de oliva virgen extra (AOVE), sal, azafrán, *garrofó* (alubia muy grande, blanca con alguna manchita, aplanada y en forma de media luna), conejo, *bajoca de ferraúra* (judía verde plana, alargada y con forma de herradura), pollo y tomate. A distintas distancias siguen el pimentón (82 %), los caracoles serranos (62 %), romero (48 %), ajo (48 %), pato (42 %), *tabella o tabella,* judía blanca, tierna y de grano pequeño (15 %), alcachofas (15 %) y costilla de cerdo (7 %). Todo lo demás sea anatema, herejía o negación pertinaz de una verdad manducaria que ha de creerse con fe.

Pues ni por esas.

A primeros de octubre de 2016, el mundialmente famoso cocinero Jamie Oliver publicó en Twitter su personalísima receta de paella, que, entre otros muchos ingredientes, llevaba chorizo ibérico en rodajas. El escándalo entre los puristas fue mayúsculo y en el rifirrafe de aluvión llegaron a intervenir, en calidad de ofendidos, vacas y terneras sagradas de la *jet set* coquinaria como los chefs José Andrés y Alberto Chicote. La fórmula se integraría en su libro *5 ingredientes: platos fáciles y rápidos*, que presentó al año siguiente en Londres. Con una risa algo nerviosa, Jamie dijo: «No me arrepiento de la paella con chorizo, pero tampoco lo volvería a hacer. Me pareció impresionante recibir amenazas de muerte de los españoles por una salchicha».

Asombros que suceden cuando uno no ha leído a don Antonio Machado y por tanto ignora que en España: «De cada diez cabezas, nueve embisten y una piensa».

Aunque justo es reconocer que también se oyeron voces a favor.

Por ejemplo, en la sección «El comidista» del diario *El País* de 14 de octubre de 2016, Ana Vega Pérez de Arlucea, Biscayenne, escribía a propósito del agrio debate en torno a la fórmula de Oliver:

> La paella ontológica divide a España entre aquellos que se rasgan las vestiduras al menor intento de cambiarle un solo grano de arroz y los que lo admiten todo. Unos y otros se dedican epítetos tan hermosos como «fundamentalistas», «talipaelleros» y «terroristas de la apropiación cultural». El integrismo se basa en una lista de ingredientes inamovible y, a veces, en reivindicaciones históricas que mezclan churras con merinas. El artículo de Wikipedia dedicado a la paella (de donde se copia-pega indiscriminadamente), es un festival de

datos que retrotrae la paella primigenia casi a la mitología. Como si para documentar la invención del chorizo arguyéramos la fecha de nacimiento del primer cerdo de la historia, vaya.

A todo esto, el británico siguió erre que erre y en una entrevista en la cadena televisiva BBC se ratificó: «… digan lo que digan, la paella sabe mejor con chorizo».

Parecía momento de revisar las fuentes y de un primer vistazo se infiere que el asunto dista mucho de estar claro y resuelto.

Todo parece indicar que, y así lo atestigua el prestigioso investigador gastronómico José María Pisa, la primera receta escrita de la paella aparece en el libro *La cocina moderna, según la escuela francesa y española*, escrito por los cocineros Manuel Garciarena y Mariano Muñoz y publicado en 1857. Los ingredientes de esta fórmula pionera en el negro sobre blanco son agua, aceite, sal, pollo, tomate, azafrán, judías verdes, arroz, lomo de cerdo, salchichas, ajo, pimientos rojos, perejil, guisantes, anguila o caracoles.

Por otra parte, en una de las obras clave de la literatura culinaria española moderna, *El Practicón. Tratado completo de cocina al alcance de todos*, publicada en 1893, su autor, Ángel Muro, ofrece una receta de «arroz a la valenciana» que lleva, por orden de llegada a la paella-recipiente, pimientos verdes, pollo, pato, lomo de cerdo, salchichas, unos

La paella con chorizo de Jamie Oliver.

dientes de ajo, tomate, perejil, pimiento encarnado, sal, azafrán, un poco de pimienta, clavo, alcachofas, guisantes o judías verdes desgranadas. Finalmente, cuando la paella está casi hecha, se le echan más pimientos y algunos trozos de anguila. Una cosa sencillita.

En *La cocina antigua*, que aparece en 1913, Emilia Pardo Bazán ofrece tres recetas de paella. En la número 3 los ingredientes son manteca de cerdo, pimiento rojo, pollo, congrio, anguila, calamar, alcachofitas y guisantes.

Por su parte, Dionisio Pérez Gutiérrez, alias *Post-Thebussem, en su Guía del buen comer español, publicado en 1927,* se planta en un ascetismo que roza la misantropía y sostiene que la verdadera paella, la genuina, la acreditada y fetén, a más a más de agua y arroz, solo puede llevar anguilas, caracoles y judías verdes.

Siguiendo con la cronología, en el libro *La casa de Lúculo,* publicado en 1929, por el gran Julio Camba, la fórmula de paella canónica lleva pollo, anguila, calamares, cerdo, almejas, pato, pimientos, alcachofas, chorizo y merluza.

Más adelante, María Mestayer de Echagüe, marquesa de Parabere, en su obra *La cocina completa*, de 1933, tras advertir que la paella admite «… cuantos aditamentos se quiera», opta por pollo, lomo de cerdo, congrio, calamares, langostinos, longaniza, guisantes, tomates, judías verdes, alcachofas, almejas, pimientos rojos, cebolla y ajo.

Por último, el genial cocinero Teodoro Bardají, considerado como el fundador de la cocina moderna española, escribe su recetario *La cocina de ellas* en 1935, recomendando para la elaboración de la paella magro de cerdo, pollo, jamón, anguila, guisantes, habas, cangrejos de río, judías verdes, alcachofas, tomate, pimiento verde y cebolla.

Intentando salir del atolladero, el asunto se llevó nada menos que al Boletín Oficial del Estado (BOE) con fecha 21 de mayo de 2021 y al efecto de abrir un expediente para la declaración de la paella valenciana como Bien de Interés Cultural (BIC), que abriría pasó a formalizar ante la UNESCO la declaración de Bien Cultural Inmaterial de la Humanidad.

Tras varias consideraciones de índole histórica y cultural, el BOE entra a fondo en las ocho claves esenciales para su cocinado y degustación, que ya es afinar la cosa.

Según el diario oficial nacional español, el arroz, en cantidad medida para que la capa sea fina, debe incorporarse en forma de cruz para que los granos se distribuyan regularmente en el recipiente. A continuación, se indica que: «… no hay que remover el arroz, por el almidón (…) no conviene si se desea que el grano quede suelto». Aconseja la autoridad que se debe comer con cuchara de madera y de la misma paella para mantener la temperatura, aunque: «… si alguien quiere servirse en el plato deberá hacerlo desde el centro, para que no se tenga que quitar de las raciones de la parte exterior».

En cuanto al material de combustión se recomienda que sea leña de madera de naranjo por el sabor, por el mantenimiento del fuego y por el poco humo que produce. Si no hay madera, pues gas, aunque procurando que la llama sea homogénea en toda la paella.

Para concluir, el documento acredita que la receta se ha transmitido de generación en generación, pero que su internacionalización ha llevado a una pérdida de esencia y orígenes: «… dando lugar a una innovación en los ingredientes», que es donde entra a saco en el espinoso asunto de la paella: «… con chorizo o salchichas o la imagen del cocinero removiendo el arroz como sí se debe hacer en el *risotto* original».

A los paelleristas de fe les sacan de quicio determinadas prácticas, pero las filias se suelen repartir.

Evidentemente todos estarían de acuerdo en condenar a la perpetua, metafóricamente, a Iñaki, el cocinero al que da vida el actor Paco Maestre en la película de García-Berlanga *Todos a la cárcel* y que, amén de otras fechorías, puede resumirse en la petición de uno de los comensales: «¿Quién me cambia esta cucaracha del arroz por otro marisco?». Sin llegar a tales extremos, hay «paellicidios», consumados o en grado de tentativa, de todo punto intolerables. En general, se admite que los tres más graves son los que cita Paco Alonso, periodista y colaborador del diario *La Vanguardia*, y se refieren al colorante, al caldo y al tomate frito.

El primero, que considera más escandaloso, es la sustitución del azafrán por la tartracina, un colorante alimentario clasificado por la UE como E-102. Dice Alonso: «Como la gente es tan inútil, incluidos algunos cocineros mediáticos, que no saben emplear adecuadamente el azafrán, y lo echan todo a perder, optan por los polvos mágicos que sí les funcionan bien, y ahí estamos, cagándola día tras día». Y para aquellos que siguen repitiendo el tópico/*fake* de que el azafrán es caro, baste decirles que la vetusta fórmula de «unas hebras» se sustituyó hace tiempo por la considerablemente más económica y práctica infusión y que incluso se ha llegado a la precisa dosificación en receta elaborada por María José San Román, jefa de cocina y propietaria del restaurante alicantino Monastrell.

La siguiente trampa, sostiene don Paco, es la adicción de pastillas de caldo concentrado o cualquier otro sopicaldo glutamatoso, en referencia al glutamato monosódico que, bajo el epígrafe E-621, actúa como un potente saborizante artificial, pero a la vez anula en buena medida los mecanismos naturales de saciedad, convirtiéndose en un gran aliado del sobrepeso y el fastidio universal. Dice Toni Montoliu, ilustrísimo guisandero y propietario de la Barraca de Montoliu, en Meliana, Valencia, que añadir estos mini hexaedros a la paella convierte al cocinero en un moniato integral. En este punto Alonso se hace eco y portavoz de los expertos que según él coinciden en que: «... el secreto del sabor de la paella está en la fase del sofrito, tanto en la reacción de Maillard, como en el desglase que produce el efecto del ácido del tomate y la amalgama de todos sus ingredientes antes de poner agua, y solo agua, en el caso de la paella valenciana».

La tercera y última alevosa puñalada a la paella es el tomate frito industrial, que según el fiscal de estos delitos no es capaz, como sí lo hace el tomate frito natural, de: «... arrancar y arrastrar las sustancias pegadas en el fondo de la paella, que son su esencia». Además, añade y subraya que el tomate frito del súper suele llevar fécula que apelmaza el arroz y provoca un *socarrat* bastardo.

Deja a un lado el experto un dato que, a quien esto escribe, le pone los vellos como escarpias: un *brick* pequeño (210 ml) de tomate frito del súper contiene alrededor de 16 gramos de azúcar, lo que equivale a cuatro terrones y al total de un donut. Ojo al parche, que el azúcar mata.

Pues nada, a ver en qué para la cosa.

TORTILLA DE PATATAS: DE LAS ARDUAS ANDANZAS DE UN SERENÍSIMO BOCADO

Insólito bocado que se califica de serenísimo en correspondencia al tratamiento que en tiempos se les daba a los príncipes hijos de reyes, porque sin duda se trata de una auténtica joya de la culinaria hispana ante la que inclinarse, y que asombra tanto por lo reciente en el tiempo de su pergeño, como por la desconcertante simplicidad de sus ingredientes.

A considerable distancia del momento correspondiente a la creación de los bocados anteriores, la tortilla de patatas, tiene, dicho en castizo, tres días con la víspera.

Porque es evidente que, más allá o más acá de su origen primigenio, el consumo de la patata, ingrediente esencial de nuestra tortilla patria, no empezó a generalizarse hasta la segunda mitad del siglo XIX.

Como ejemplo de lo dicho nos queda el testimonio contando por un lado con las impactantes imágenes de los aguafuertes de Francisco de Goya, que con el título *El año del hambre* se incluyen en la serie *Los desastres de la guerra*, y de otro, con el relato pormenorizado y vivísimo de Ramón Mesonero Romanos en su libro *Memorias de un sesentón, natural y vecino de Madrid*, y que refieren a la gazuza calagurritana de la capital en 1812.

Pues bien, en ese pavoroso contexto, los madrileños se comieron todos sus perros y gatos, luego las ratas y bichejos inmundos, raíces y yerbas. Se comieron hasta la cal de las paredes, pero no comieron patatas o al menos no de forma generalizada.

Es probable que aquella catástrofe impulsara al Gobierno nacional a promulgar una Real Orden en 1817, urgiendo a los gobiernos locales y regionales a promover el cultivo de la patata.

Estas y otras muchísimas relaciones y anécdotas certifican sin el menor género de dudas que entre el momento en que las patatas empiezan a consumirse de una forma más o menos generalizada y el invento de la tortilla de patatas media un espacio temporal cortísimo, y que fijar este último no ha sido demasiado complicado.

Más allá de algunos académicos apuntes y citas breves que en su momento proporcionó la historiadora María Ángeles Pérez Samper, la historia de este bocado de máxima referencia en la culinaria hispana se ha ido asentando en tres soportes revestidos de su correspondiente discurso.

Inicialmente se hizo fuerte la leyenda, sin referencia histórica escrita, de que había sido invento de la propietaria de un caserío por el que vino a pasar, cansado y hambriento, el general carlista Tomás de Zumalacárregui cuando, entre la primavera y el verano de 1835, se dirigía presuroso a cumplir la orden de don Carlos de tomar Bilbao. La llegada del ilustre huésped cogió a la mujer sin más avíos que patatas, huevos y cebollas, de manera que, en su esfuerzo por aplacar la gazuza del militar, se aprestó a usar aquellos pocos mimbres para hacer un cesto culinario que terminó asentándose como tortilla de patatas.

No sabemos qué le pareció el bocado a don Tomás, porque a los pocos días y ya en el sitio de la capital vizcaína, fue herido por bala rebotada y la consiguiente septicemia le llevó a mejor vida el 24 de junio de aquel año de 1835.

En el pasar de los años apareció un documento anónimo conocido como *Memorial de la ratonera*, que, en la línea de los antiguos memoriales de agravios, se dirigía a las Cortes de Navarra enumerando las miserias de las gentes de Pamplona y de la Ribera navarra explicando que el sustento cotidiano consistía en: «... dos o tres huevos en tortilla para cinco o seis, porque nuestras mujeres la saben hacer grande y gorda con pocos huevos mezclando patatas, atapurres de pan u otra cosa».

La nota estaba fechada en 1817, de manera que adelantaba el gastrodescubrimiento en dieciocho años.

Finalmente, la publicación en 2008 del libro *La patata en España: historia y agroecología del tubérculo andino*, escrito por el investigador del CSIC Javier López Linaje, situaba la tortilla de patatas primigenia en la localidad pacense de Villanueva de la Serena.

López Linaje atribuye la invención a Joseph de Tena Godoy y al marqués de Robledo, porque así consta en un documento fechado el 27 de febrero de 1798, en los días en los que Francisco de Goya andaba inmerso en la pintura de los frescos que iluminan la bóveda

Tortilla de patatas.

de la ermita de San Antonio de la Florida y los franceses enfrascados en una gran revolución que acabaría con el Antiguo Régimen.

Así pues, la patria chica de la tortilla de patatas quedaba establecida en Villanueva de la Serena y diecinueve años antes que la datada en el memorial navarrico.

No obstante, la postulación de Villanueva de la Serena como lugar de nacimiento de la tortilla de patatas, levantó inopinadas ampollas en algunos sectores de la crítica o divulgación gastronómica, especialmente a partir de 2017 y a raíz de la decisión del municipio pacense de erigir un monumento en sus calles, a cuyo efecto la Concejalía de Cultura convocó un concurso de ideas con una dotación de 3000 euros y un coste de ejecución que no excediera los 17.000, total 20.000 euros.

Ana Vega Pérez de Arlucea, distinguida investigadora y divulgadora culinario-gastronómica, ya citada en el epígrafe anterior como «antifundamentalista paellera», reaccionó con cierta virulencia en un artículo publicado por el diario *Hoy* de Badajoz el 16 de marzo de 2018.

Consideraba en sus fundamentos que, aunque las cónyuges de José de Tena y el marqués de Robledo votaron con entusiasmo mezclar la masa del inicialmente pretendido pan de patatas con huevo, tal cosa no está fehacientemente demostrada que llegara a suceder, lo cual se diría «ansia viva» de rizar el rizo.

Y una vez herida de muerte la teoría del origen villanovense, Ana considera la oportunidad de darle el tiro de gracia citando un documento que considera concluyente y que se incluye en el tomo tercero de la *Agricultura general* de Joseph Antonio Valcárcel, publicado en Valencia en 1767; es decir once años antes que el texto que esgrime el investigador López Linaje. Se habla allí de patatas y se dice: «… en España su regular empleo es en guisados y en tortillas», lo que Ana exhibe cual pelotón de soldados estadounidenses alzando la bandera en Iwo Jima: «Lo mejor es que dice simplemente "en España", y nadie, ningún lugar concreto debería atribuirse su origen. La tortilla de patatas era de todos hace 250 años y lo seguirá siendo al menos hasta que descubramos algún dato nuevo».

Obvia, sin embargo, la historiadora y divulgadora, que inmediatamente antes de ese párrafo hay otro que reza: «Algunos llaman criadillas a este género de patatas».

Así todo apunta a que el texto en cuestión no habla de patatas sino de los hongos ascomicetos hipogeos *Terfezia arenaria*, vulgarmente

Monumento a la tortilla de patatas en Villanueva de la Serena.

turmas, criadillas o papas de tierra, que de sobra sabemos que en algunas zonas de Extremadura se preparan en tortilla desde tiempo inmemorial.

Sería, por tanto, una más de las confusiones lingüísticas que históricamente ha padecido la patata, voz netamente española, y de entre las que destaca sobremanera la referente a las cartas que Teresa de Jesús le envía a María de San José, priora de un convento correspondiente en Sevilla, agradeciéndole: «... las patatas, que vinieron a un tiempo, que tengo harta mala gana de comer, y muy buenas llegaron». Distintos investigadores han demostrado de manera irrefutable que lo que la santa de Ávila recibía y alababa era en realidad boniato o moniato, también dicho camote, batata o patata dulce de Málaga.

Estas cosas pasaron y quizá siguen pasando.

El caso es que al final de su vibrante artículo, Ana Vega conminaba a la autoridad competente a dejarse de estatuarias, no fuera a ser: «Por si acaso, no planeen monumentos. Nunca se sabe cuándo van a ser posverdad».

Ese mismo año de 2018, a la autora le fue concedido el Premio Nacional de Gastronomía, tres después, el 10 de junio de 2021, se inauguró en Villanueva de la Serena la obra diseñada por el artista Antonio Ramos, en la que aparece un tenedor de acero de unos cuatro metros de altura clavado en un presunto pincho de tortilla de patatas que en realidad es un triángulo de granito de ocho toneladas con casi otro metro de altura.

Cada uno es cada cual y baja las escaleras como quiere, que diría Joan Manuel Serrat. Porque si de debates se trata, la tortilla de patatas se lleva la palma en cualquier terreno.

La controversia más popular es, sin duda, la que hace tiempo dirimen cebollistas y sincebollistas. Tiene los mismos visos de arreglo que el mucho más viejo litigio de los madrileños con sus callos. Porque, que se sepa, los morristas y los antimorristas solo se pusieron de acuerdo en 1808 y para celebrar el éxito inicial en el ataque a los mamelucos en las cercanías de la Puerta del Sol. Parece ser que, tras en sangriento escarceo a golpe de cachicuerna, los Chisperos de Maravillas, dejándose de remilgos y por vez primera, no tuvieron el menor inconveniente en compartir las fuentes de callos con morros y pata que les ofrecían los Manolos de Lavapiés en sus territorios más seguros de barrios bajos.

Pero volvamos al dilema de la cebolla.

A pesar de que varias encuestas, de distinto pelaje y realizadas en los años 2019 y 2020, coinciden en señalar un gran porcentaje de consumidores «concebollistas», más o menos entre el 60 % y el 70 %; lo cierto es que en los orígenes la especie del género *Allium* brillaba por su ausencia en las tortillas, y los que pudieran considerarse clásicos pioneros la ignoran olímpicamente. Parece que la primera referencia escrita en caracteres de imprenta data de 1854, su autor es José Luis López Camuñas y figura en el libro *Cocina perfeccionada o sea El cocinero instruido en el arte culinario según los adelantos del día y la práctica de los cocineros de más fama*. Y lo dicho, sin cebolla.

Cuarenta años más tarde, en 1894, Ángel Muro publica su obra magna, *El Practicón: Tratado completo de cocina al alcance de todos y aprovechamiento de sobras*, en el que la por él llamada «tortilla española»: «… ha de ser maciza, amazacotada, redonda y de mucho espesor». Pero sin cebolla.

Tiempo después, en 1913, Emilia Pardo Bazán presenta su obra *La cocina española antigua*, donde expone su receta diciendo que las patatas se deben freír en aceite o manteca de cerdo con perejil picado, sin dejar que se pongan recias ni doradas, aunque admite que incluso pueden estar cocidas. Lo que está claro es que las cebollas brillan por su ausencia.

Por fin, en 1935, el gran chef Teodoro Bardají, considerado por muchos el padre de la gastronomía española moderna, introduce la cebolla en la correspondiente receta de su libro *La cocina de ellas*, pero héteme aquí que explica que las patatas no deben guisarse o freírse previamente, sino que han de hacerse con ella y en crudo.

Un año después un grupo de militares desafecto a la República protagoniza un golpe de Estado, que, al fracasar de inicio, abre paso a una guerra que se prolongará durante tres años de pesadilla. En ese contexto de miseria y hambre surge el doble mortal y medio de la tortilla de patatas sin huevo, sin patatas y sin cebolla. La nada cósmica.

Concluida la contienda, Ignasi Doménech Puigcercós, editor, gastrónomo, amigo y colaborador de Bardají, publica *Cocina de recursos* en 1941 y da a conocer los mimbres del aparente milagro culinario pergeñado bajo el fragor de la metralla. La receta dice así:

> La parte blanca de las naranjas situada entre la cáscara y los gajos (no sé cómo se llama) se apartaba y se ponía en remojo a modo de patatas cortadas. Los huevos eran sustituidos por una mezcla

formada por cuatro cucharadas de harina, diez de agua, una de bicarbonato, pimienta molida, aceite, sal y colorante para darle el tono de la yema.

Luego vino el desarrollismo y la tortilla de patatas volvió a tener sus ingredientes y elaboración. José Luis Ruiz Solaguren, el fundador del imperio hostelero José Luis, consiguió hacer enormemente popular el bocado montado en pincho entre lo más granado de la burguesía del barrio de Salamanca, el de mayor renta per cápita de toda España. Un logro.

Y más luego, concretamente en 1996, un discípulo del pope Adrià, Marc Singla, pergeñó la tortilla de patatas deconstruída y servida en copa de Martini para tomar con cucharilla. Y con cebolla. Las espadas siguen en alto.

Tortilla de patatas deconstruída, de Marc Singla.

Señas de identidad: el mito, el rito, el ajo y los prejuicios religiosos

La cocina española, meta provisional de los tantísimos caminos recorridos por culturas y gentes enormemente dispares y a lo largo de varios milenios es, por muchas razones, única y, en su extensión e influencias, carente de parangón en sentido estricto. Ni mejor ni peor; sencillamente única.

Sin embargo, como todo conjunto, por abigarrado que este sea, siempre es la suma de lo que los psicoanalistas llaman objetos parciales, entre los que la fantasía escoge algunos para conjugar los caracteres del todo. Dicho de forma menos campanuda y rimbombante, todo agregado se puede desagregar destilando lo más significativo o identitario, que, para el caso de la coquinaria hispana sería, como el título del capítulo avanza, un mito, el del gusto inmemorial de los habitantes peninsulares por el infanticidio culinario, de donde podría venir el nombre de España; el rito, que equivaldría a una técnica culinaria, la preparación del sofrito, que está en la base de cualquier preparación con aje identitario; y lo que representaba el resumen y esencia de nuestra culinaria en opinión de Julio Camba: el ajo y los prejuicios religiosos.

INFANTICIDAS ANCESTRALES POR AMOR

Dando por cierto el aserto de George Bernard Shaw de que «no hay amor más sincero que el amor a la comida», en la patria hispana ese amor tendría un poco bastante de gastropedofilia. De hecho, el nombre que para el territorio acabó haciendo fortuna, España, frente al de Iberia que le habían otorgado los griegos, tiene su origen en el término Hispania que los romanos tomaron del fenicio *i-spn-ya*, ya que los púnicos, en sus primeras incursiones en la Península se asombraron grandemente de la extraordinaria abundancia de conejos, por lo que bautizaron aquellas tierras como *shapán*, que así llamaban a los hiracoideos, conocidos vulgarmente como damanes o conejillos de roca, roedores muy similares a los conejos, aunque genéticamente parece que forman parte de la familia de los elefantes y los manatíes. Con el tiempo, la denominación cartaginesa evolucionó a *i-shepham-im*, costa de conejos, que los romanos vencedores transformaron en *Hispania*, tierra abundante en conejos, denominación que fueron asentando personajes de la talla de Cicerón, César, Plinio el Viejo, Catón, Tito Livio y muy especialmente el poeta Cátulo, que se refiere a Hispania como «península *cuniculosa*», lo que llevará a que el emperador Adriano acuñe monedas en las que se representa iconográficamente a España como una dama sentada con un conejo a sus pies.

Con todo, el gran asombro de los primeros ilustres visitantes, púnicos y romanos, no vendrá dado por la constatación de que los locales introdujeran gran abundancia de conejos en su dieta y que en

Pajarillos fritos.

tal incluyeran a sus crías, los gazapos, sino por su afición a comerse a los roedores neonatos que eran sacados del vientre de sus madres y preparados al fuego para deglutirlos en su totalidad, cabeza y osamenta incluidas, como durante siglos se hizo también con los pajarillos fritos, que se servían a mansalva en todos los mesones y ventas españolas.

Como producto de la caza con redes o con liga, la fauna pajareril fue siempre variopinta y en la categoría entraban la curruca capirotada, muy común en Andalucía, los gorriones, los herrerillos y los carboneros, junto crías de mirlos y colirrojos, todos ellos y en el presente, en grave riesgo de extinción.

En el siglo XVII, tiempo de portentosas hambrunas, como se verá más adelante, se hizo muy popular la preparación de pajarillos en manojos de media docena de ejemplares, que se untaban o lardeaban con tocino y se freían en sartén junto a dientes de ajo, pan rallado y perejil muy picadito.

Muy entrado el siglo XX, los pajarillos fritos seguían siendo bocado referente en todo tipo de tascas, tabernas, botillerías, cantinas, bodegones y ventorros, al punto de que en muchos de estos establecimientos había un responsable —o irresponsable— de la muy tediosa tarea del desplume.

Así lo cuenta, por ejemplo, José Gutiérrez-Solana en su libro *Madrid, escenas y costumbres*, cuya primera entrega se publicó en 1913, en referencia a la taberna de Román González en Las Ventas del Espíritu Santo de Madrid. Describe al artista del pelar, en este caso nominado como «el niño de la manteca», en estos términos:

> … el muy jilí, el marrajo, les deja solo unas cuantas plumas de la cola; lo demás, bien peladito, y se ríe de la gracia, abriendo mucho las quijadas, con una risa de salvaje, y los abre en canal; con la punta de la tijera los saca las tripas y se las tira al perro; luego va echando, mientras los va contando, los pájaros en un barreño para ser fritos.

Justo el mismo año, 1913, aparece el libro de Emilia Pardo Bazán, *La cocina española antigua*, en el que dentro del capítulo dedicado a la caza de pluma figuran los «pájaros fritos de Madrid» con la correspondiente receta y la excepcionalidad conmiserativa de una llamada a la abolición de la fórmula. Así, escribe doña Emilia: «La caza de estos pajarillos debiera estar prohibida. Son tan bonitos y tan útiles, que da pena verlos llegar estofados y muertos».

Con el final de la centuria, el clamor contra esta práctica empezó a generalizarse y a tomar fuerza, y la captura y comercialización de pajarillos fue finalmente prohibida y penada por ley de octubre de 2003. A pesar de ello, algunos bares, tascas y tabernas encontraron una alternativa para seguir ofreciendo a sus parroquianos la especialidad de «pajarillos fritos», aunque en realidad y por fortuna no eran tales. El bar Texas, en el Tubo de Zaragoza, y Casa Ruperto, en la Sevilla trianera, descubrieron la opción de ofrecer la cazuela legalmente extinta colmándola con un híbrido de codorniz que se cría en granjas cumpliendo todas las normas de bienestar animal legalmente vigentes.

El Texas, bareto evocador de los primeros soldados norteamericanos que llegaron en tropel a la tabernaria hispana tras el Tratado de Amistad y Cooperación con Estados Unidos de América de 1953, cerró en 2018 tras la muerte de su propietario y *alma pater* Juan Lería, que había regentado el establecimiento durante seis largas décadas. Casa Ruperto, hasta donde se nos alcanza, sigue gozando de buena salud comercial.

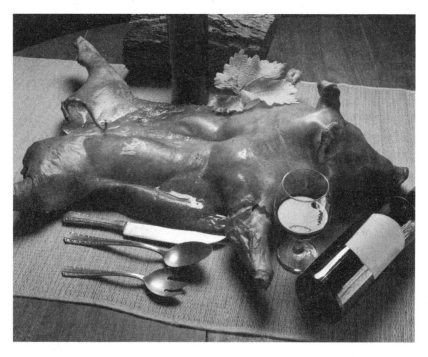

Cochinillo asado.

Para seguir avanzando en el repertorio de víctimas de la gastro-pedofilia hispana, hay que centrar la atención en el cochinillo, ros-trizo, tostón o lechón asado, un bocado de clara herencia romana, que no en vano consideraban ellos la carne de cerdo como la más sabrosa y particular de todas las carnes, al punto de que Plinio el Viejo en su *Historia Natural* llega a afirmar que esta: «... presenta cincuenta sabores diferentes, mientras el resto de los animales solo tienen uno».

El cochinillo para asar tiene que tener menos de dos años de edad, pero la quintaesencia gastropedofílica se concreta en el lechón o cochinillo de leche cuya edad no puede superar los dos meses y su peso no exceder de 6,5 Kg. Rizando el rizo, el cochinillo de Segovia, que desde 2002 ostenta Marca de Garantía, está vigilado por un Consejo Regulador que garantiza que el animalillo no haya recibido más sustento que la leche de su madre, tenga un peso de entre 4,5 y 6,5 kilos y un tiempo de vida que no exceda las tres semanas.

Aunque el cochinillo asado es patrimonio culinario de casi todos los países que en su momento formaron parte del Imperio español, incluida la isla de Guam, la proyección mundial del plato y sus ritua-les aledaños se debe sin duda al cocinero Cándido López, propietario desde 1931 del Mesón de Azoguejo, un caserón que se levanta a esca-sos metros del imponente acueducto de Segovia y que en 1941 fue incluido en el inventario de monumentos artísticos de la localidad.

En aquellos años de cruda posguerra, autarquía, hambru-nas, estraperlo y pertinaces sequías, sobre la figura de Cándido se empezó a construir un relato que acabaría siendo universal. Él fue el primer cocinero mediático de la historia contemporánea. Una dimensión asociada a sus frecuentes apariciones en el Noticiario Cinematográfico Español, NO-DO, un potentísimo vehículo de pro-paganda que entre 1942 y 1981, con periodicidad semanal, se pro-yectaba de manera obligatoria en todos y cada uno de los cines espa-ñoles antes de las películas. El sociólogo e historiador gastronómico Lorenzo Díaz, llega a motejar a Cándido como «el galán del NO-DO», porque sus destrezas coquinarias aparecían casi con la misma fre-cuencia que las magnas inauguraciones de Francisco Franco en loor de multitud. Su primer gesto de audacia consistió en poner sobre la mesa de un local de restauración platos que jamás habían salido de los humildes lares castellanos, como sopa castellana, judiones de La Granja o caldereta de cordero, aunque del repertorio no tardó en sobresalir el cochinillo asado.

Cándido inventó, conscientemente o como resultado de un accidente, la práctica de cortar el lechón con un plato y luego arrojarlo al suelo para que se rompiera en mil pedazos, algo que hasta entonces solo hacían los griegos en sus desposorios.

La puesta de largo internacional acaeció el 11 de junio de 1947 cuando, procedente de Medina del Campo, Eva Duarte de Perón, hizo su entrada triunfal en la ciudad precedida por redobles de campanas de la catedral, salvas de cañón y estampido de cohetería.

Evita, traje blanco de chaqueta, falda por debajo de la rodilla y espléndida pamela, saludó a la nutrida representación de autoridades, contempló una actuación de la Sección Femenina de Coros y Danzas, recibió el regalo de dos grandes platos de cerámica salidos del taller de los hermanos Zuloaga, y entró en el Mesón de Cándido. En su interior se limitó a beber un vaso de agua mineral, pero las fotos del multitudinario acto en la plaza de Azoguejo y la fachada del mesón ya estaban dando la vuelta al mundo.

A comienzos de la década de los sesenta la *jet set* internacional ya había hecho de Cándido un lugar de peregrinación y un objetivo manducario de su cochinillo asado. Por sus mesas pasaron y se dejaron fotografiar los príncipes de Mónaco Grace y Rainiero,

Cándido, partiendo cochinillos a plato.

Cary Grant, Sofía Loren, Orson Welles, Romy Schneider, Edward G. Robinson, Gina Lollobrigida, Salvador Dalí y un inacabable etcétera que terminó convirtiendo al mesón segoviano en un icono planetario.

El siguiente protagonista, el cordero lechal o lechazo, tiene un origen común con el cochinillo pues, aunque la carne de cordero es probablemente la más antigua dentro de los animales domesticados a partir del Neolítico, fueron los romanos y su cultura culinaria del asado quienes introdujeron su preparación en Hispania.

Por otra parte, el cordero es uno de los pocos elementos verdaderamente singulares y a la vez común a las tres culturas culinarias del Libro, judíos, cristianos y musulmanes, que durante siglos convivieron en la península ibérica. Los primeros lo incluían e incluyen en la categoría *kosher*, que cumple con la normativa *kashrut* que figura en los preceptos bíblicos del Levítico; para los musulmanes es comida *halal*, aceptable para la *sharia* o ley islámica; y para los cristianos, que como es sabido carecen de una norma religiosa alimenticia, constituía un nicho de oportunidad para llenar la andorga no solo con las partes más nobles, sino también con los despojos y casquería que desdeñaban preceptivamente los anteriores.

El cordero lechal o lechazo, por normas vigentes que guían la Indicación Geográfica Protegida, IGP Lechazo de Castilla León, es aún lactante, se sacrifica cuando tiene un máximo de 35 días de edad, su peso oscila entre los 9 y los 12 Kg y su carne se prepara asada, sobre todo la paletilla, o a la parrilla, en el caso de las chuletas.

En la clase de los mayores, aunque todavía infantes, está el cordero recental que en Aragón ha alcanzado merecidísima fama con la apelación de «ternasco», también con IGP y Consejo Regulador que indica que el cordero debe tener entre 70 y 100 días en el momento del sacrificio, haber sido alimentado con leche materna y cereales naturales, y pesar entre 8 y 12,5 Kg. Se prepara asado o guisado al chilindrón, que es salsa a base de pimientos rojos asados al fuego y después pelados, pimientos choriceros y abundante ajo, que se añaden con cebollas a la carne asada cuando ya ha tomado tonos dorados, hasta que finalmente se afirma en textura blanda y rumorosa.

En la misma línea histórica de tradición romana y genética ovina, se sitúa el cabrito, cría lactante de la cabra de hasta cuatro meses de edad, que suele prepararse asado desde tiempo inmemorial y ya aparece en la Biblia (Génesis 27, 9 y 10), en unos de los fraudes más portentosos de la historia. Isaac, hijo de Abraham y por tanto segundo de los patriarcas del pueblo de Israel, anciano, ciego y el umbral de la muerte, le pide a su hijo Esaú que salga a cazar y le cocine una pieza que tomarán antes de bendecirle y expirar, pero su esposa Rebeca, que está muy atenta y a la escucha, llama al segundón, Jacob, su favorito, y le dice: «Ve al rebaño y tráeme de allí dos cabritos hermosos. Yo haré con ellos un guiso suculento para tu padre como a él le gusta, y tú se lo presentas a tu padre, que lo comerá, para que te bendiga antes de su muerte». Jacob remolonea un poco como en un ataque de escrúpulos, pero al final acepta y logra sustituir a su hermano con incalificables artes entre las que el cabrito asado tiene su lugar tan de honor como el anterior y celebérrimo estofado de lentejas con el que se negoció la primogenitura.

En cuanto a referencias históricas, la primera que consta por escrito tiene unos 3800 años y hace referencia al mismo cabrito asado como plato o receta preferida de Hammurabi, rey de Babilonia e impulsor de uno de los primeros códigos legislativos de la historia.

Por lo que a España se refiere, la receta aparece por primera vez negro sobre blanco en el *Libro del arte de cozina* de Domingo Hernández Maceras, publicado en 1607.

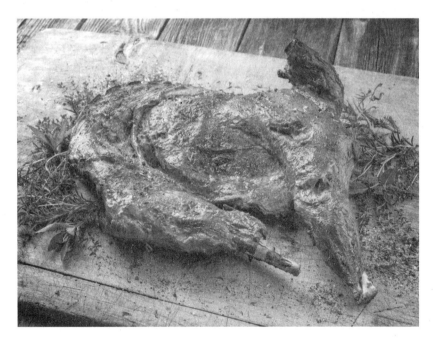

Cabrito al horno.

Se trata de un tratado culinario importante y singularísimo, porque, a diferencia de sus dos predecesores, el *Llibre de Coch* de Mestre Robert/Robert de Noia/Ruperto de Nola, publicado en 1520 y el *Libro del arte de cozina* de Diego Granado, que vio la luz en 1599, no refleja los menús habituales en las mesas de monarcas o alta nobleza, sino que resume aquellos que él mismo preparaba en las cocinas del Colegio Mayor de Oviedo de la Universidad de Salamanca; es decir, lo que se daba de comer durante el curso a los estudiantes universitarios que, como se refleja prolijamente en la novela picaresca de la época, vivían con lo justo y con bastante menos de lo justo. Como dice Santiago Gómez Laguna, editor de la obra publicada por la alta academia salmantina: «Esta cocina no tenía cabida en los recetarios hasta entonces publicados; de pura sencillez era por obvia, desestimada (…) la obra de Maceras es un recetario de lo cotidiano, de la comida diaria de los españoles del siglo XVI y del XVII».

Pues el autor incluye el cabrito asado entre otras tres fórmulas que atañen a la criaturita caprina, *Cómo se ha de rellenar un cabrito*, *Cómo se ha de dar cabrito reboçado* y *Cómo se ha he hazer otro plato de cabrito verde* y que figura en el capítulo 52 (LII) con el título «Del mesmo cabrito assado» y con unas indicaciones que quizá merezca la pena reproducir en su totalidad:

> Despúes de dessollado el cabrito, y lavado, se limpiará muy bien, se assará con poca lumbre, y se regará después con manteca y sal; porque la manteca y sallo haze tierno y de buen sabor; y se servirá con su vinagre. En esto no ay dificultad alguna, sino en saberlo assar con sazón y en su punto, de suerte que no se queme. Y todas las vezes que pusieses a assar qualquier género de assado, si se pudiese assar en una hora, no lo asses en media; porque lo que se assa en media hora, no se puede llamar bien assado, sino quemado, y no tendrá gusto si no es assado despacio.

Otra de las formas tradicionales de preparar el cabrito es al horno y de la manera más sencilla que imaginarse pueda. Con solo dos ingredientes: sal y manteca de cerdo. A partir de esta fórmula básica, la manteca se puede sustituir por AOVE y añadir algunos ingredientes elementales como romero, tomillo, majado de ajos, vino blanco o miel. Poca cosa, porque como decía el verso de Juan Ramón Jiménez: «¡No le toques ya más / que así es la rosa!».

Ah, y antes de pasar a otra cosa, en Canarias al cabrito se le llama baifo, término de más que probable origen guanche, y además de asado se preparaba en salmorejo, al ajillo, embarrado (macerado a base de un majado de ajos, sal, azafrán, orégano, romero, tomillo y comino) y en salsa.

Y la otra cosa es el mar, porque, como diría Lord Byron: «¿Qué sería de la juventud sin el mar?», aunque ya los antiguos griegos sabían de sobra que el chanquete, al que incluían entre los manjares de los que podían disfrutar los pobres, no es ni de lejos sinónimo de juventud, aunque en su denominación y a lo largo de la historia se hayan incluido erróneamente alevines y crías de especies aparentemente próximas.

En el chanquete, la pequeñez es su propia esencia y por tanto no cabría calificar su consumo de infanticida si no fuera porque casi siempre ha ido trastocado y embrollado con pececillos que empezaban a vivir su azarosa vida. Algo de lo que solía ser perfectamente consciente el consumidor, especialmente a partir de ciertos años, en los ochenta, en los que el dramático declinar de estas especies hizo sonar las señales de alarma.

A mitad del siglo pasado, Luis Lozano Rey, brillante naturalista madrileño, catedrático de Vertebrados de la Facultad de Ciencias de la Universidad de Madrid y jefe de la sección de Vertebrados en el Museo Nacional de Ciencias Naturales, dejó meridianamente claro, en su libro *Los peces marinos fluviales de España*, que el chanquete pertenece a la familia de los góbidos, familia que incluye a unas setecientas especies, que viven en aguas poco profundas y que: «… es un pececillo con aspecto de cría por ser diminuto, traslúcido y de consistencia extremadamente delicada». Una descripción que encaja con lo que en su *Historia Natural* dejó apuntado Plinio el Viejo cerca de mil novecientos años atrás: «… nace de la lluvia o la espuma» y que sin duda inspiró al poeta malagueño Manuel Alcántara para definirlo como «aguacero que se fríe».

En realidad, no es muy difícil distinguir un chanquete de una cría de cualquier otra especie similar ya que mientras aquel, a pesar de ser casi transparente tiene un tono inequívoca y exquisitamente rosáceo, el resto de alevines de especies ajenas son azulados o verdosos.

En la cocina española se empezó a valorar a comienzos del siglo XX y en el litoral malagueño, donde normalmente se cocinaba a la bilbaína, con ajo, aceite y guindilla, o rebozados para acompañar pimientos asados, sencillamente fritos o en tortilla.

La brutal eclosión del turismo en los sesenta y setenta hizo caer una verdadera plaga de alegres veraneantes y desprejuiciados peregrinos sobre aquel pececillo y exquisito bocado, al punto de que su extinción se entendió tan próxima que su pesca fue absolutamente prohibida en 1988.

Y tras la ley, como siempre, el intento de transgresión. Los furtivos o bolicheros se lanzaron al saqueo inmisericorde de las costas malacitanas con redes de finísima malla en la que iban cayendo alevines de sardina, de salmonete, de besugo, de boquerón, de jurel, de pijota y de muchas otras especies.

Ante el caos y el riesgo medioambiental vinieron a socorrernos los chinos, poniendo en el mercado (parece que la primera vez fue en el Mercado Central de Abastos de Cádiz, en julio de 2007) una de sus especies de agua dulce, *Neosalanx tangkahkeii* o pez platino, que producen masivamente y sin descanso en enormes piscifactorías sitas en Changzhuo, en el margen sur del río Yangtsé.

Si se vende como chanquete no deja de ser un timo, pero al menos hemos salvado la especie por muy aguacero frito que le pareciera a don Manolito. Si al parroquiano se le ofrece como sucedáneo, todo de acuerdo y alfombra que ni pintada para entrar en otro

Angulas a la bilbaína.

gastroinfanticidio hispano; la angula, es la cría de menos de ocho centímetros y un gramo de peso que aspira a ser algún día anguila de hasta ochenta centímetros de longitud y un kilo, más o menos, de peso. Curiosamente es el único alevín que las leyes de pesca permiten capturar.

Vivas, son transparentes; y cocidas, como se suelen comercializar, blancas o casi y con ojito que parece cantar «no me comas todavía no me comas por favor». Pero se comen, con verdadera fruición, dicho sin hipérbole, en cazuelilla de barro y a la bilbaína, con AOVE, ajo y guindilla; a la donostiarra, aplicando exactamente la misma fórmula; o al ajillo, que es ídem del lienzo.

Su enloquecido consumo, que comenzó en los años de la posguerra española (convendría recordar que durante la Segunda República la tortilla de angulas era el condumio habitual con el que se agasajaba a las modistas que cosían por las casas de las señoras con posibles), hizo que el bocado empezara a ser extremadamente escaso y en correspondencia lo situó a precios inasequibles a la mayoría de los bolsillos. Entonces apareció la gula, sucedáneo manufacturado con pasta de *surimi*, voz japonesa que significa «carne picada», y que se fabrica desmenuzando finamente y mezclando carne de pescados blancos, fundamentalmente abadejo, y jacarandosamente combinado *a posteriori* con almidón, proteína de soja, clara de huevo, sal, aceites vegetales, sorbitol, derivado principalmente de algas rojas, azúcar, y otros condimentos.

La verdad es que, para la inmensa mayoría de la parroquia, que no guarda recuerdos precisos en su memoria del paladar, la gula funciona estupendamente y, por ende, además de prepararse en la fórmula tradicional, es susceptible de convertirse en más que aceptable acompañamiento en ensaladas o guisos de pescado.

Siguiendo en la mar este epígrafe, hay que introducir los camarones que en las costas gaditanas se sirven en cucuruchos de papel de estraza o envueltos en ese bocado inefable que llaman tortillita de camarones.

Como en el caso del antedicho chanquete, se trata de una especie ya adulta y formada que no hay que confundir con una gamba pequeña ni con nada que se le parezca, aunque la tarea de explicarlo no sea sencilla, debido a que la familia que engloba a los crustáceos decápodos nadadores es inabarcable para el profano, y que a la hora de nominar cada cual ha ido actuando como le salía del pie. En España, y en general, se suele llamar gamba o gambón a las especies de tamaño considerable y camarones o quisquillas a las de talla reducida, mientras que en la América hispana suelen llamar camarones a nuestros langostinos, en el mundo anglosajón despachan en general y al abigarrado conjunto con el mismo término de *shrimp* o *prawn* y en el francófono como *crevette*.

Y una vez aclarada la parte, merece y mucho la pena detenerse en el todo: ese bocado singularísimo, gaditano por los cuatro costados, prodigioso y con un pedazo y medio de historia a sus espaldas, que es la tortilla de camarones.

Para empezar arrojando luz sobre esta apetitosa receta es forzoso hacer una referencia a los ciudadanos de la Serenísima República de Génova que empezaron a llegar a Cádiz en el siglo XIII, durante los procesos de repoblación iniciados por Alfonso X el Sabio, para construir barcos y participar en la derrota naval de los musulmanes, por lo que les fueron concedidos privilegios que en el siglo XV, colocaron en posiciones de preeminencia dentro de sectores como el comercio y la banca; una situación que alcanza las más altas cotas de influencia en la centuria XVIII.

Tortillitas de camarones.

65

Además de sus conocimientos marítimo-comerciales y sus artes para la banca prestamista, los genoveses llevaron a Cádiz una receta que acabó fusionando con otra local gaditana para dar luz al prodigio de la tortillita de camarones. Se trata de la farinata, también conocida como *torta di ceci*, que se hace con agua, harina de garbanzos y poquito de aceite, para lograr una masa casi líquida que se hornea y acaba convertida en una especie de crep.

La farinata se encontró con una pariente próxima gaditana, las gachuelas, a base de harina de trigo con la que se puede hacer un rebozado ligero que, curiosamente, llevaron a Oriente las órdenes religiosas españolas, para que, pasados los siglos, desde la gastronomía japonesa nos la devolviera como novedad culinaria en su famosa tempura.

El docto investigador gastronómico algecireño Manuel Ruiz Torres cree que «... es muy probable que, al llegar la receta genovesa a Cádiz, se cambiara la técnica de cuajar esa masa al horno por freírla, que era la preparación más popular en la ciudad, adaptándose al gusto local». Parece que las primeras tortillitas eran de bacalao cecial o de verduras como acelgas y tagarninas, pero en algún momento del siglo XIX hicieron su aparición los camarones, que ya consumían cocidos los pescadores. No hay acuerdo, sin embargo, respecto al lugar exacto del invento. El escritor y gastrónomo Pepe Oneto postula a San Fernando mientras que Ruiz Torres propone como cuna a la ciudad de Cádiz en su libro *La cocina histórica gaditana*, basándose en la letra de una chirigota de 1884 que hace referencia específica a la fórmula.

El caso probado es que la receta que hoy se comercializa y consume en clave fetén nació en la Venta de Vargas, antigua Venta Eritaña, de San Fernando, y de la mano de dos ilustres guisanderas: Catalina Pérez y su nuera María Picardo, en los primeros años de la posguerra y con el canto de una zambra por Manolo Caracol. Catalina aumentó la proporción de harina de trigo sobre la de garbanzos, que tradicionalmente iba a favor de la de estos últimos, y a María se le ocurrió que la cosa podría funcionar mejor si se usaba agua con gas. Así surgió el prodigio de esa tortillita abuñolada, más ligera que sus precedentes, con su cebolla, su perejil y su puntita de sal en finísima masa crujiente que, en buena lid, debiera ser Patrimonio de la Humanidad.

El último de nuestros infantes culinarios, los chopitos, como en el caso de los ya mentados y comentados chanquetes, no lo es tal, aunque por su aspecto pudiera parecer una cría o alevín de pulpo o calamar, que no en vano en algunas zonas de España se les llama pulpitos y calamaritos, amén de puntillas porque en el plato evocan los encajes de Flandes. El chopito es en realidad una protuberancia típica de las sepias o choquitos que recibe el nombre de choquito picudo. Esa prominencia se separa, se eviscera y limpia a conciencia, se enharinan bien y se fríen en aceite muy caliente. Espuma de mar frita con rodajita de limón.

EL SOFRITO RITUAL

Según el diccionario de la Real Academia de la Lengua, un «sofrito» es el «*Condimento que se añade a un guiso, compuesto por diversos ingredientes fritos en aceite, especialmente cebolla o ajo entre otros*»; y «sofreír»: «Freír un poco o ligeramente algo». Lo justito y un poquito menos, porque en definiciones más amplias y de más aliento hispano al menos se dice que…

> … Un sofrito, hogao, hogo o refrito es una especie de salsa caliente que puede contener cebolla, tomate, sal, cilantro, cebollino y ajo troceado en pequeños pedazos que se fríen en aceite de oliva hasta que quedan desechos por el agua que van soltando. La operación del sofrito se realiza sobre una sartén de hierro a una relativa baja temperatura".

En su libro *El señor de los aliños*, Miro Popic, escritor y gastrónomo chileno de ascendencia croata y residente en Venezuela, considera la esencia o el ritual del sofrito como parte de una comunidad universal que llora…

> … cada vez que se encuentra con sus ingredientes en el altar de la cocina presididos por la inefable e imbatible cebolla, vínculo sagrado de una fraternidad cuyo poderío radica en la diferenciación, en la que todos son uno y cada uno lo es todo, forjando identidades, reforzando lo propio, pero sin renunciar a la sazón original compartida a través del fuego, y la transformación que hace con el reino vegetal y animal al convertirlos en comida sustanciosa, rica e irrenunciable.

Este milagro coquinario que para tantos se antoja como irrenunciablemente español, es reivindicado como propio por los italianos, que lo consideran de antigüedad romana debido a que en latín se llama *subfrigere* a la acción de freír levemente un alimento hasta que empiece a dorar, al tiempo que los portugueses sostienen que el invento es suyo y que desde tiempo inmemorial lo denominaron *refogao* de donde derivarían los hispanoamericanos *hogao* y *ajogao*. Por último, cómo no, en la edición española del *Larousse Gastronomique*, el sofrito es una «… preparación culinaria creada en el siglo xviii por el cocinero del duque de Lévis-Mirepoix, mariscal de Francia y embajador de Luis XV».

Cuesta creer que ni el cocinero del duque ni los editores contemporáneos de la prestigiosísima enciclopedia ignoren que la fórmula de preparación del sofrito figure en las dos copias manuscritas del *Libre de Sent Soví*, recetario de cocina medieval de autor anónimo, escrito en catalán y fechado en 1324. Se dice allí que se trata de freír en aceite de oliva o grasa de tocino, cebolla, ajo y ajoporro, que hoy solemos llamar puerro, para dar sabor y sustancia a sopas y guisos.

Sofrito, el alma de la cocina hispana.

Carlos Delgado en su *Diccionario de gastronomía* se muestra parco y solo incluye el verbo sofreír como «freír ligeramente una vianda o un condimento (cebolla, ajo, tocino) en una grasa».

Por su parte, Rosa Tovar y Monique Fuller, en el libro *3000 años de cocina española*, consideran al sofrito como…

> … la base de muchos platos españoles, a los que les da un conjunto de sabores y aromas imprescindibles. Es básicamente cebolla o ajos lentamente fritos en aceite o manteca hasta casi confitarse sin llegar a tostarse. Luego se le pueden añadir al sofrito tomates pelados y picados, pimientos troceados, pimentón, etc., según a qué preparado vaya destinado.

Joan Roca, considerado por distintos medios especializados uno de los mejores chefs del mundo, coloca el sofrito a la cabeza de las recetas que aparecen en su libro *Cocina madre*, como su nombre sugiere dedicado a su madre Montserrat Fontané. Dice Roca en la fórmula de su sofrito:

> En una cazuela o paella ponéis una cucharada de manteca de cerdo o un poco de aceite de oliva. Echad cebolla pelada y cortad bien fina; no debe ser rallada, puesto que pierde toda el agua y se quema con mucha facilidad. Cuando la cebolla empieza a adquirir un color tostado, se añade tomate maduro, pelado y cortado pequeño, aunque también se puede rallar, depende de qué textura necesite el sofrito.

Finalmente, en 2014 el blog *Gastronosfera* explicaba al respecto: «… es la base, el fundamento sobre el cual se construye la estructura del plato y se consigue simplemente con cebolla y tomate, además de aceite y sal, a veces ajo, siempre presente en la mayoría de los platos clásicos».

Aunque la sustancia es la misma, las recetas varían ligeramente en sus ingredientes, pero manteniendo todas en su base troncal la cebolla, alma del sofrito y punta de lanza de la madre de todas las fusiones en la dirección Viejo-Nuevo Mundo. Volviendo a Popic: «Con la llegada de Cristóbal Colón a tierras americanas en 1492 el sofrito se instaló, multiplicó y enriqueció en todas las cocinas con el aporte cultural material de ambos mundos. Fue un verdadero tsunami alimentario que sacudió despensas y fogones y de ahí en adelante, nada se cocinó igual».

De toda la ingente cantidad de productos alimenticios que fueron y vinieron entre ambas orillas del Atlántico, Popic insiste una y otra vez en la cebolla:

> … vegetal humilde y menospreciado, tal vez el más valioso de nuestra cocina, necesario e imprescindible, denominado científicamente *Allium cape*, conocida simplemente como cebolla. La cebolla fue el ingrediente que cambió la cocina prehispánica y dio sazón a la cocina criolla que comenzó a forjarse desde que el caldero y el aceite generaron una nueva manera de preparar los alimentos americanos y los que llegaron de ultramar haciéndose propios.

El sofrito a la española, básicamente cebolla, ajo y tomate cocinados en AOVE, constituye hoy la receta básica que es mayoritariamente aceptada no solo por los *gourmets* sino por los científicos del ámbito nutricional, que tras varias y extremadamente rigurosas investigaciones consideran a esta fórmula un potente elixir de salud.

En este punto y sentido resultó todo un hito la publicación, el 19 de abril de 2019 y en la prestigiosa revista científica *Molecules*, de un artículo titulado «Using Extra Virgin Olive Oil to Cook Vegetables Enhances Polyphenol and Carotenoid Extractability: A Study Applying the Sofrito Technique» (El uso de aceite de oliva virgen extra para cocinar verduras mejora la extractabilidad de polifenoles y carotenoides: un estudio sobre la aplicación de la técnica del sofrito), resultado de investigaciones que, lideradas por la doctora Rosa María Lamuela, directora del Instituto de Investigaciones en Nutrición y Seguridad Alimentaria (INSA-UB), coordinaban y ponían en contexto los distintos trabajos de investigadores pertenecientes al Departamento de Biología Celular, Fisiología e Inmunología de la Universidad de Córdoba, de la Facultad de Farmacia y Ciencias de la Alimentación de la Universidad de Barcelona (UB), del Centro de Investigación Biomédica en Red de la Fisiopatología de la Obesidad y la Nutrición (CIBEROBN) y del Centro de Investigación Biomédica en Red de Diabetes y Enfermedades Metabólicas Asociadas (CIBERDEM).

En tales estudios, experimentos e investigaciones se constataba, para entrar en harina y a título de síntesis, que el tradicional sofrito a base de ajo, cebolla y tomate, preparado con AOVE preserva contra la inflamación, el estrés oxidativo, el riesgo cardiovascular y la sensibilidad a la insulina provocados por el envejecimiento que deriva en diabetes tipo 2, especialmente porque este tipo específico de cocinado favorece la asimilación y la liberación de los compuestos o sustancias bioactivas, especialmente carotenoides y polifenoles, que desde las tres verduras se desplazan hacia el AOVE, lo que favorece extraordinariamente su absorción.

Como curiosidad culinaria cabría reseñar que los científicos trabajaron siempre con muestras preparadas con 100 g de AOVE, 400 g de cebolla, 40 g de ajo y 460 g de tomate pera (*Lycopersicon esculentum*) sin pelar porque esta es la variedad más rica en polifenoles y porque estos son especialmente abundantes en el pellejo del fruto.

LA OMNIPRESENCIA DEL AJO

El ajo es el condimento y saborizante más típico, diríase casi esencial, y con más historia en la cocina española, aun a costa de resistir impávido y a lo largo de los siglos injurias sin cuento y denuestos de muy grueso calibre.

Ya en la obra literaria española de mayor proyección universal, el ajo es vilipendiado en extremo y varios personajes, incluido el propio Don Quijote usan las expresiones «harto de ajo» o «hijo del harto de ajo» para ofender de gravedad al oponente. Por otra parte, el aroma de la liliácea está a punto de dar al traste con la esencia misma de la aventura caballeresca de poner armas y afanes al servicio de una dama, cuando el hidalgo manchego ayuda a subir a su amada Dulcinea a su burra: «… me dio un olor a ajos crudos, que me encalabrinó y me atosigó el alma». Además, es el ajo lo primero y principal que el caballero andante prohíbe a Sancho cuando este se dirige a gobernar la Ínsula de Barataria: «… no comas ajos ni cebollas porque no saquen por el olor tu villanía».

La diatriba adquiere tonos esperpénticos en el inicio del capítulo «La cocina española» en el libro de Julio Camba *La Casa de Lúculo o el arte de comer,* que empieza con la archifamosa sentencia: «La cocina española está llena de ajo y de preocupaciones religiosas». De la segunda parte de la frase nos ocuparemos a continuación, pero ahora, centrándonos en el ajo, hay que informar de que don Julio dice a renglón seguido que en su Galicia natal las mujeres lo llevan en la faltriquera hasta que pierde sus poderes mágicos a fuerza de rozarse con la calderilla y ese es el momento en que se considera apto para dejarlo caer en el puchero: «... el ajo lo mismo sirve para espantar brujas que para espantar extranjeros. También sirve para darle al viandante gato por liebre en las hosterías (...) Aderezado con ajo, todo sabe a ajo»; opinión que comparte Josep Pla en su libro esencial *Lo que hemos comido,* cuando afirma rotundo: «... los alimentos cocinados con ajo, por poco que se te vaya la mano, sabrán a ajo». Y si en lo de espantar extranjeros alguien quiere asociar el aserto con un supuesto comentario de Victoria Beckham, quede constancia de que ella misma lo ha desmentido tajantemente: «Jamás diría algo que mostrara tan poco respeto y que, además, no tiene nada que ver con la realidad».

No obstante, el ajo ha sido idolatrado, como alimento y como medicamento, desde la más remota antigüedad. Los antiguos egipcios lo incluían en la dieta de los constructores de las pirámides. Así lo corrobora el sabio Néstor Luján cuando escribe: «... el ajo es tan viejo como el hombre, pues 4500 años antes de Jesucristo se distribuían platos de ajo cocido como tónico a los obreros que trabajaban en las pirámides de Egipto»; y los judíos del Éxodo lo añoraron tras años de alimentarse con el nutricio pero insípido maná. Para los romanos, conquistadores de grandes extensiones de tierras de todo tipo y climatologías extremas, fue lo que hoy llamaríamos alimento funcional nutracéutico. Lo usaban como antiséptico y antifungicida

Ajo, el gran secundario del recetario español.

de uso tópico para frotar los maltratados e infectados miembros de los legionarios; para prevenir y tratar infecciones intestinales y problemas de gusanos; para mejorar la circulación sanguínea, refrigerar el organismo y poder hacer frente a climas muy secos y extremadamente cálidos; para facilitar la expectoración y atajar problemas pulmonares cuando se veían obligados a pasar meses en territorios húmedos y fríos. Ni el bálsamo de Fierabrás.

Durante la Edad Media, y aun siglos después, se usó contra la peste y la ronquera, para hacer caer las verrugas y para acabar con las lombrices de los niños. En el siglo XX se fue descubriendo el porqué científico de sus propiedades tradicionales y de otras como diuréticas, depurativas, anticolesterolémicas o bactericidas, tras el hallazgo del bioquímico suizo Arthur Stoll de la aliina, que se transforma en alicina cuando el ajo se corta o tritura.

En la cocina española el ajo se lleva la palma, ya que además de fundamento del sofrito, como ya se dijo, es elemento fundamental e insustituible en todos los ajillos, que son legión, en las sopas de ajo, en el ajoblanco, en los asados al ajo cabañil, en las gambas al ajillo, en el bacalao ajoarriero, en las cazuelitas de angulas, en el gazpacho, en el mojo de ajo, en el *all i oli*, en toda receta de ensalada o guiso y en casi cualquier tipo de pasta. La lista sería cuasi infinita.

En cualquier caso y por cerrar citando a Ferran Adrià: «El ajo siempre son palabras mayores».

EL INFINITO DESPENSERO DE LOS PREJUICIOS RELIGIOSOS

En la segunda parte de la ya manida frase de Julio Camba, se dice que la cocina española está hecha a base y en muy buena medida de prejuicios religiosos. Nada más cierto y cabal porque la coquinaria hispana le debe muchísimo a los preceptos místicos y piadosos. Y eso, curiosa y paradójicamente, en una culinaria sin apenas restricciones en materia alimenticia, como sucede con la musulmana y muchísimo más en la judía.

Para empezar, la decisión real de Felipe II de convertirse en el adalid de la Contrarreforma y martillo de herejes contra el naciente protestantismo, llevó a España a un tsunami de jornadas de abstinencia de carne que casi incluía la mitad de los días del año.

Y la prescripción llegó para quedarse unos siglos. Como recuerda Xabier Castro en su libro *Ayunos y yantares*, en el siglo xviii: «... los días de vigilia en la Corona de Castilla llegaron a ser 120 al año, en tanto que, en la Corona de Aragón, más estrictas aún en este aspecto, superaba los 160 días».

En un país cuyos territorios se encontraban lejísimos de las costas, y no tanto por las distancias en sí como por la impracticabilidad de los caminos y la brusquedad de su orografía, que no conviene olvidar que estamos ante el tercer país de Europa (haciendo excepción de los miniestados) en altitud media, allegar pescado fresco a las poblaciones constituía una quimera que solo podían solventar los muy poderosos, con la organización de caminos pespunteados de neveros y casas de postas para ir sustituyendo los animales de carga. De todo ello resultó un esfuerzo por aprovisionar de pescado acecinado o cecial, fundamentalmente bacalao, que resistía lo indecible y podía hacer frente a todas las dificultades antedichas.

A la decisión política de la Contrarreforma y más tarde al empeño de la Segunda República por mejorar la alimentación de la ciudadanía le debemos un recetario colosal que a ojo de buen cubero debe andar por dos centenares de recetas, cuyo protagonista es el bacalao seco y salado, acecinado o cecial.

Bacalao al pil-pil, una de las muchísimas preparaciones del pescado cecial.

A ello se une todo un denso repertorio de fórmulas culinarias relacionadas directamente con la celebración de grandes acontecimientos religiosos como son la Cuaresma, el Carnaval y la Navidad.

La Cuaresma es el tiempo litúrgico de preparación espiritual para la Pascua, que va desde el Miércoles de Ceniza hasta la hora nona del Jueves Santo, y que, como su propio nombre indica, dura cuarenta días, los mismos que Jesús pasó en el desierto y los mismos que duró el Diluvio Universal.

Una porción no muy elevada de fieles practica el ayuno en forma de confusa frugal colación al atardecer, parco desayuno o sobrio almuerzo, pero una gran mayoría de creyentes se mantiene en el precepto de abstinencia que consiste en no comer carne ni el Miércoles de Ceniza ni el Viernes Santo, así como en los otros cinco viernes que incluye la Cuaresma.

En realidad, la renuncia a la carne era práctica común y extendidísima durante casi todos los días del año entre las clases populares de pocos posibles, de manera que la abstención cuaresmal les exigía un pequeñísimo esfuerzo.

Paradójicamente, las normas dietéticas cuaresmales para lo que sirvieron fue para dar alegría a la mesa, sobre todo a partir del siglo XIX cuando empezaron a publicarse libros de cocina con recetas específicas adornadas de buen gusto, inicialmente dirigidas a las clases altas, pasaron rápidamente al acerbo popular que, aunque iletrado, siempre estuvo dispuesto a disfrutar del placer que representa darle contento al estómago y acallar sus gemidos; a ser posible con sabrosos condimentos, sustanciosas salsas y sabores sutiles.

Entre estos textos pioneros destaca *Vigilia reservada. Minutas y recetas*, de Manuel María Puga y Parga, alias Picadillo, que incluye propuestas de menús completos para la comida y la cena del Miércoles de Ceniza, los seis viernes de Cuaresma, Miércoles Santo, Jueves Santo, Viernes Santo y Sábado de Gloria. Veintidós menús en total y todos tan generosos que el prologuista de la edición de 2005 publicada por Trea, el sabio José Manuel Vilabella, dice que Picadillo convierte la Cuaresma en las «bodas de Camacho» y el texto en un libro subversivo y deliciosamente obsceno: «... uno de imagina a los devotos de la época atiborrándose con almuerzos copiosos y cenas interminables, brindando alegremente con un buen champán, libres de pecado, con la tranquilidad del que sabe que tiene asegurada una confortable y larguísima vida eterna».

Por si queda alguna duda, el propio autor subraya al protagonista del proemio en un epílogo que empieza diciendo: «¿Qué os parecen caras las minutas? Suprimid platos. ¿Qué os perecen baratas? Ponedles unas ostritas de entrante, que nunca les estarán mal».

La mayoría de las fórmulas coquinarias adaptadas al precepto eran de pescado y la pluralidad de bacalao, aunque también constaban, en honor de los menos favorecidos, los arenques en salazón húmeda, que se apretujaban en hermosos barriles, y las sardinas rancias, de cubo o de bota, especialmente protagonistas en las cocinas de Murcia y Aragón.

Recetas señeras de bacalao cecial son a la vizcaína, con un rojo sobrevenido de una salsa a base de pimientos choriceros, a diferencia de otras mañas igualmente coloreadas pero por el tomate, como el bacalao a la riojana o el bacalao ajoarriero; al pil pil, un prodigio a base de ajo, pimientos, guindillas y aceite de oliva, rebozado, al horno, a la gallega, con patatas, ajo y pimentón; con sanfaina, preparación catalana y valenciana a base de berenjena y calabacín sofritos en AOVE con ajo picado, cebolla y tomate rallados; a la tranca, con pimientos asados; en salsa verde, desmenuzado y convertido en albóndigas, croquetas o buñuelos; en tortilla, con níscalos y patatas; o con cebolla caramelizada y pasas, al estilo de la madre de quien esto escribe y en consecuencia fijada como canon en su memoria del paladar.

No obstante, la estrella de la cocina de Cuaresma son los potajes, también con bacalao, pero en compaña de condumios respetuosos con el mandato de la fe católica, en el que se incluye un amplio repertorio de verduras, legumbres y huevos. En ese firmamento brilla con singular fulgor el potaje de vigilia, también llamado potaje de bacalao con garbanzos, huevo duro y espinacas, como un recitativo de ingredientes, o bacalao a la madrileña, por casticismo o por azares de formulación en algunos recetarios. Se prepara con los avíos antedichos y la clave de su éxito es dar con el momento exacto en que se han de verter el bacalao y las espinacas sobre los hirvientes garbanzos.

A propósito de estos muy ilustrados caldos, Concha Bernard, en su blog de cocina, llama la atención sobre un libro casi coetáneo en el tiempo con el de Picadillo, *Ayunos y abstinencias. Cocina de Cuaresma*, que el editor y gastrónomo Ignacio Doménech publicó en 1914. Cita el experto varios potajes donde el bacalao, que a tantos se les antojaría imprescindible, brilla por su ausencia. Es el caso del potaje «a la cultivadora», que se elaboraba con judías, zanahorias, repollo, puerro y lechuga, el nominado «a la Pizarro», a base de lentejas, arroz, cebolla, aceite bueno y caldo, el «potaje de calabazas», que llevaba fideos, calabaza, cebolla, apio y patatas, y el «potaje a la aragonesa», sustanciado con harina de maíz, nabos, bacalao, laurel, nuez moscada y costrones de pan.

Otros potajes para la ocasión son el de alubias con alcachofas, los garbanzos marineros, con algún pescado, calamares, gambas o chirlas; cardos con langostinos; arroz con calamares o patatas a la importancia.

La cocina cuaresmal tiene además un importantísimo lado golosón, porque se diría que los «prejuicios religiosos» a los que aludía Camba provocaron una portentosa cascada de dulcería que sería poco menos que imposible de censar.

En primer lugar, habría que situar las torrijas, «pan perdido» o *pain perdu* que le llaman los franceses, porque normalmente las raciones de pan ya estaban pactadas con el encargado del horno para todo el año y al no tener la oportunidad de mojar en las salsas de las recetas cárnicas, solía sobrar en abundancia. Aunque en los últimos años se ha vivido una eclosión de torrijas con ingredientes inverosímiles, básicamente siempre se hicieron empapadas de vino o de leche, dulces o saladas.

La receta de la torrija, o de algo muy parecido a la torrija, aparece en el libro *De re Coquinaria*, del romano o los romanos Marco Gavio Apicio allá por el siglo I d. C. Se trataba entonces de galletas de trigo bañadas en leche, fritas en aceite y regadas con miel. Básicamente lo mismo que ahora, pero con miel en lugar de azúcar y pimienta por canela.

Siglos más tarde, en el XV, el poeta, músico y autor teatral Juan del Encina hace mención de la torrija como sustento de parturientas, y en el siglo XVII el bocado se formaliza en recetas en el *Libro de Cozina* de Domingo Fernández Maceras, que ve la luz en 1607, y en el *Arte de cozina, pastelería y bizcochería*, que firmado por Francisco Martínez Montiño, cocinero de Felipe II y de su hijo Felipe III, se publica en 1611.

El siguiente hito editorial lo protagoniza Emilia Pardo Bazán, que en su libro *La cocina española antigua*, del que ya se ha hablado, hace mención de distintos tipos de torrijas típicas en varias regiones y provincias españolas, incluida alguna versión salada.

A pesar de tan prolijos antecedentes, la torrija tuvo un interesante punto de inflexión cuando a Dolores Ugarte, la esposa del propietario de la Taberna de Antonio Sánchez, sita en la castiza calle madrileña de Mesón de Paredes (entre las plazas de Tirso de Molina y la de Lavapiés), se le ocurrió preparar torrijas como acompañamiento o tapa de las jarras de vino que su clientela se trasegaba a cascoporro, con el objetivo de aplacar y morigerar sus arrebatos etílicos.

Empezó haciendo de a poco y por docenas, pero el éxito de la iniciativa fue tal que la gente empezó a acudir a comprarlas al detalle y sin pasar por el trámite del chateo. La cosa llegó a tal punto, allá por los años treinta del pasado siglo, que Dolores llegó a despachar más de 2000 torrijas por día.

Gloria y fama se asentaron sólidamente, además de por la perfección intrínseca y laminera de las torrijas de la tabernera, gracias en buena medida a que a la clientela habitual del barrio vinieron a sumarse personajes como el rey Alfonso XIII, los grandes pintores Ignacio Zuloaga y Joaquín Sorolla, el novelista Pío Baroja o el pintoresco torero giboso Antonio Rodríguez, de nombre artístico El Chepa de Quismondo, que Zuloaga inmortalizó en un lienzo que hoy cuelga en las paredes del MoMA neoyorkino.

Torrijas, todo un símbolo culinario de los «prejuicios religiosos».

Con todo, la alternativa le vino de manos y patas del auriga apodado El Madriles y su tiro animal, Chotis, dúo del último simón (carruaje de alquiler tirado por un caballo) que circuló por las calles de Madrid. No había tarde o noche, según se hubiera dado la cosa, que El Madriles faltara a su cita en la Taberna de Antonio Sánchez para meterse entre pecho y espalda algunos vinos. Incluso los días en los que el morapio de establecimientos pretéritos había hecho devastadores efectos en el GPS mental del cochero, Chotis dirigía su paso o trote hasta la misma puerta del local. Y la cosa cayó tan en gracia a los «señoritos calavera» que iban por la zona a la busca y captura de amores mercenarios. Nada más entrar estos en el local gritaban a voz en cuello: «¡Al cochero lo que quiera y al caballo una torrija!».

La comanda pasó pronto a la fraseología casticista madrileña y se le decía a cualquier parroquiano descabalgado como cosa chipén y retrechera. Entretanto, El Madriles y su Chotis siguieron deambulando por un Madrid cada vez más atiborrado de taxis en vehículos automóviles.

Después caballo y auriga pasaron a mejor vida, las torrijas siguieron ganando adeptos, pero ya como postre y no como aperitivo, y se quedaron los pájaros cantando.

Pero déjese aquí constancia de que, aunque la torrija se nos ha hecho tan nuestra que muchos piensan que es patrimonio exclusivo de nuestra culinaria, nada es menos cierto. Muy parecidas son el ya mencionado *Pain perdu* de los franceses, el británico *Poor Knights of Windsor*, los suizos *Fotzelschnitten* o las *Rabanadas* de nuestros vecinos portugueses. Así que, de sacar pecho, solo el justo y necesario.

Si la torrija ha de ser de leche o de vino, decíamos al principio, parafraseando a Kipling, ya es otra historia.

Quien esto escribe, que no quiere salir por la gatera en asunto tan crucial, considera que la torrija fetén siempre es de vino, porque hasta hace pocas décadas el vino era muy barato, para clases populares, y la leche bastante cara y compleja de preparar, ya que había que hervirla y estar atento al buen funcionamiento del «cueceleches».

Más allá de la torrija, la dulcería cuaresmal es enormemente diversa en todas las zonas del país.

En Aragón se han hecho tradicionalmente tortas con nueces y huevo pintado en el centro, tortas de chicharrones y mantecados. También brazo de gitano relleno de almendra y yema de huevo.

Para celebrar el fin de triste tiempo cuaresmal en distintas regiones de España también se hacían las monas de Pascua, los hornazos, el pan quemado y las tortas, con un huevo dentro o en el exterior como elemento decorativo.

En Andalucía siempre estuvieron muy extendidos los pestiños, una masa que se dobla por las esquinas antes de freír y a la que luego se añade azúcar o miel, mientras que en la Castilla manchega son típicas las flores de sartén, que se preparan con moldes en forma de flor para cubrirlos de masa e introducirlos en el aceite muy caliente, y, finalmente, endulzarlos a fondo.

Los huevos de Pascua forman parte de tradiciones foráneas importadas y se hacen de chocolate con sorpresa en su interior. En Cataluña es habitual que los padrinos se los regalen a sus ahijados. En el mismo territorio y aledaños, como Aragón, son muy populares los empiñonados o *panellets* que se elaboran a partir de una masa de ralladura de almendras o patatas con un buen puñado de sabores, que luego se cubren con los piñones.

Buñuelos y leche frita se suman a la celebración dulcera. Los primeros se hacen con una masa que se fríe procurando que quede esponjosa y tierna para luego rellenarla con nata, crema o chocolate. En cuanto a la segunda, es muy popular en zonas norteñas de la Península y consiste en una pasta de harina y huevo que se fríe tras dejarla endurecer.

Muy andaluces y muy de ese tiempo pre pascual son los gañotes, tiras de masa a base de harina, huevo, azúcar y canela, que se disponen alrededor de una caña, aceite de oliva, ralladura de limón y semillas de sésamo o ajonjolí.

Al breve apunte se podría añadir una auténtica legión de elementos de repostería y confitería, como los canutos, los cortadillos, los buñuelos de viento, los tirabuzones, las tortas de aceite o las rosquillas fritas. Y así, hasta el infinito y más allá.

Concluido formalmente este apartado de abstinencias, no sería justo dejar fuera del relato a aquellos tantos anticlericales que durante centurias se esforzaron en mostrar su repudio a tales normas. Librepensadores e internacionalistas que hacían ostentación de consumo de carne los viernes de Cuaresma y devotos de los «banquetes de promiscuidad» que se extendieron durante el Sexenio Revolucionario (1868-1873), a los que se unían iniciativas personalísimas como la del orensano Bricio Pampín que según el etnógrafo Xesús Taboada era: «… tremendo blasfemador que practicaba el ateísmo como si lo trabajase a cincel», y que las tardes-noches de Viernes Santo se ponía a comer jamón al paso de la solemne procesión del Santo Entierro.

Antes y sempiternamente enfrentado a la Cuaresma, el carnaval, jarana que tiene su origen en las lupercales que los antiguos romanos dedicaban al dios Pan al objeto de pedirle fertilidad para sus campos y para los vientres de sus esposas. Los *frixuelos* asturianos, leoneses y cántabros de harina, caldo o leche, huevos y miel, junto a las fillas gallegas, prácticamente idénticas, pero con sangre opcional, vienen de ese tiempo. A finales del siglo v el papa Gelasio intentó suprimir estos festejos para sustituirlos por la fiesta de La Candelaria, que rememora la presentación de Jesús en el Templo y la Purificación de la Virgen después del parto. Objetivo conseguido solo a medias y pasando por el aro de ese camelo que se ha venido en llamar sincretismo. Como resume Manuel Vázquez Montalbán en *Saber o no saber* de su *Carvalho gastronómico*, desde una visión cultural: «... el carnaval se presentó como la alternativa sensorial y lúdica de la Cuaresma, y todas las literaturas relacionadas con el cristianismo han reflejado la lucha entre el carnaval y la Cuaresma como una oposición entre el comer y el no comer, gozar y no gozar».

Los tipismos carnavaleros, sobre todo en lo dulce, no se alejan mucho de los cuaresmales en lo culinario/gastronómico, ya que también son de esas fechas los buñuelos, las fillas y los *frixuelos*; los buñuelos murcianos; la leche frita; los husillos y perrunillas, muy de Castilla y León; las orejas de carnaval, originariamente de manteca de vaca aunque mayoritariamente pasadas a la de cerdo, son muy típicas de Galicia en la época de *entroido*, su carnaval; las tortillas de calabaza que hacen en Canarias durante sus fastos y desfiles, junto a las sopas de miel típicas de la isla de La Palma; las casadielles asturianas, empanadillas dulces rellenas de nueces, azúcar y anís; la coca de *llardons* o chicharrones.

Pasando a lo salado, las estrellas del condumio de carnaval son el portentoso cocido gallego con sus garbanzos, sus grelos, su carne abundante de cerdo y manejo singularísimo de la careta, en compaña de embutidos locales como la androlla o el botelo, que es familiar muy cercano, casi hermano gemelo, del botillo berciano con Indicación Geográfica Protegida; la longaniza en el puchero aragonesa, que es un extravío de chorizos, morcillas y por supuesto longanizas; los vecinos catalanes también le dan al embutido, especialmente al *farcit* que es tripa de estómago de cerdo rellena de carne picada, huevos, pan y uvas, y la *botifarra d'ou* que puede llevar huevo o prepararse en tortilla. Al otro lado del mar, los baleares hacen ensaimadas de *tallades*, que llevan por encima sobrasada y calabaza confitada/cabello de ángel. Y en Extremadura, la barroca sopa casi seca de antruejo, que lleva codillo, chorizo, huevos cocidos, cebolla, pan, pata de cerdo o cotubillo, oreja, espinazo y picatostes.

Por lo que se refiere a la Navidad, los dos grandes protagonistas son los dulces que se mantienen en cestillos durante la casi totalidad del periodo y la cena del 24 de diciembre, Nochebuena, profunda y arraigadamente familiar, a excepción de Cataluña en la que la gran comilona se hace el día 25, Navidad, reuniendo a una mitad de la parentela dejando la otra mitad para la comida del 26, Sant Esteve/San Esteban.

Sin embargo, en lo estrictamente culinario, que es lo que aquí compete, hace ya muchos años que la tradicional cena de Nochebuena parece seguir caminos opuestos a las tendencias gastronómicas de vanguardia, cada vez más firmemente asentadas en el producto de proximidad y temporada en preparaciones de fundamento y memoria del paladar. Frente a tradiciones culinarias acrisoladas en siglos, se ha impuesto un único criterio del «haiga», que, emulando a los estraperlistas y nuevos ricos de la posguerra, intenta poner sobre la mesa lo más caro que «haiga» en el mercado, con lo que el recetario tradicional se ha diluido en base al extraordinario protagonismo del marisco, las angulas, los ibéricos de negrísima pata y los exotismos sansirolés.

Bocados y platos con tradición y raigambre son, y para algunos irredentos siguen siendo, en los inicios o ante, el consomé, que los muy raciales consideran hijo bastardo del consumado que, teóricamente y con poco calado académico, los franceses rebautizaron tras birlarnos por la patilla (supuestamente), el recetario del monasterio del Alcántara, las castellanas sopas de ajo generalmente ilustradas con jamón y huevo, el valenciano puchero con pelotas de carne, la también muy clásica y católica sopa de almendras, que en Andalucía podría tornarse caldo con Jerez o sopa de picadillo, mientras que en Aragón suele aparecer en la mesa la sopa de Navidad, con verduras, pollo, cerdo y ternera.

También como ante y en tierras astures salen a plaza los tortos de harina de maíz rellenos o capirotados con picadillo de carne o queso de Cabrales o una crema de andaricas, que es como llaman allí a las nécoras, al tiempo que los vecinos cántabros se regalan con los caracoles a la montañesa acompañados de un sofrito para mojar con pan como si no hubiera un mañana.

Después, seguiría una col lombarda con manzana, pasas y piñones o un finísimo cardo con salsa de almendras, muy típico de La Rioja, al que en Teruel le ponen nueces y en Zaragoza bechamel. En Murcia es altamente representativo el huertano zarangollo, revuelto de huevo con calabacín, cebolla y patata.

Seguidamente y con toda su pompa y circunstancia, besugo al horno calado con rodajitas de limón, que como explicó el gran Julio Camba es un espárido perciforme que solo pierde su cara de imbécil cuando entra en un horno madrileño por estas fechas. Y quien dice madrileño dice de cualquier rincón de la geografía peninsular. También en este aparatado es típico el bacalao ajoarriero, la coliflor con bacalao al gusto gallego, la merluza con almejas del Principado, las angulas en el País Vasco o las preparaciones canarias de sus especies marinas tales que el cherne o el bocinegro.

A continuación, pavo, pularda o capón rellenos, cordero, cabrito o cochinillo asados, y ternasco al horno en Aragón, siempre y preceptivamente acompañados de una fresca ensalada de escarola con granos de granada y ajo crudo majado.

A los postres, un par de mandarinas, que refrescan el paladar y en su pelado perfuman el ambiente, y entrada a saco en la bandeja de la dulcería navideña donde deben brillar con especial protagonismo el pan de higo, los mazapanes toledanos, los turrones duros y blandos de Jijona, las empanadillas de cabello de ángel, el *cuscussó* balear y el turrón de Cádiz, dulce de mazapán relleno de trozos de fruta y cabello de ángel con una forma especial que recuerda un cofre.

Y volviendo a la excepcionalidad gastronómico-navideña-catalana hay que decir que la comida de Navidad, soslayada la cena de Nochebuena, suele empezar con una sopa de *galets*, pasta con forma de caracol que se cuece en un caldo de verduras, patata, pollo, legumbres y gallina, adornada y seguida de *escudella i carn d'olla*, un cocidazo monumental con cuyas sobras se elaboran los preceptivos canelones que se comen en la fiesta del día después, San Esteban. En el postre, los turrones más clásicos, frutos secos y un dulce de origen romano, las *neulas*, una especie de barquillos muy finos hechos con harina, clara de huevo, mantequilla, piel de limón y vainilla, ideales para sumergir en crema catalana.

Prehistoria y primera historia

LA ECLOSIÓN DE OLLAS Y GACHAS EN EL NEOLÍTICO

En el ámbito de la península ibérica, el Neolítico es un periodo que formalmente va desde el 5000 a. C. hasta el 3000 a. C. y que se caracteriza por el surgimiento e implantación progresiva de la agricultura y la ganadería, lo que derivará, para nuestros lejanos parientes, en una vida más sedentaria y menos al albur de los caprichosos azares de la naturaleza, y la generalización de la alfarería doméstica de la que se derivan dos platos señeros de la cocina hispana: las ollas, antecedente claro de la adafina judía y los cristianos cocidos, y las gachas, probablemente la referencia más antigua de la culinaria humana y que, tras innúmeros avatares, aún sigue estando presente en los menús de nuestros días.

Según el paleoantropólogo español Juan Luis Arsuaga, aquella parentela primigenia empezó domesticando unos animales que con el tiempo se convirtieron en bueyes, cerdos, ovejas, cabras y vacas, mientras que en el ámbito del agro comenzaron con la producción de cereales, para seguir con las legumbres, que con la difusión de recipientes cerámicos descubren perfectamente comestibles en forma alternativa a la harina de su ralladura: «… hacen pucheros, los llenan de agua, descubren que así se ablandan los garbanzos, le ponen tocino al asunto y les gusta muchísimo (…) la "olla podrida" procede del Neolítico».

Justo ahí empezaría la historia del «platonazo» que tan de gusto y provecho fuera para Sancho el escudero, además de protagonista de las pesadas digestiones en las tardes de la Vetusta de Clarín o en la nostalgia valenciana del Conde de Montecristo.

Volveremos sobre el asunto, pero ahora es el turno de las humildes y a la vez mayestáticas gachas que se ya se mencionan en la *Ilíada*, la gran epopeya homérica, hace más o menos unos treinta siglos: «…a los trabajadores la comida aparejaban en ingentes ollas, de blanca harina deliciosas puches».

Y aquí hay que introducir el refrán castellano que reza: «Gachas, puches o poleás, que de las tres maneras se llaman las condenás» (aunque también se denominan papas, farrapes, farinetas, zahínas, talvinas y atalvinas), para referirse a la mezcla en agua, leche o ambos líquidos, con granos de cereales, normalmente molidos, con lo que se acababa formando una papilla a la que podían añadirse verduras o trozos de carne para elaborar una olla de mucha mayor densidad.

De las gachas al pan solo faltaban dos pasos, y estos se dieron quizá por casualidad, aunque de forma prácticamente inevitable. Primero en forma de tortas, que una vez enfriadas las gachas se habían cubierto con rescoldos del fuego, y luego el pan cuando los restos de las puches quedaron olvidados en un cuenco y con el paso de los días la masa fermentó de manera natural.

No obstante, ni tortas ni pan pudieron hacerle sombra a las gachas en el consumo popular, sobre todo porque, de un lado, panificar-panificar, no era posible más que con el trigo y la avena y en menor medida el centeno (cereales estos que no estaban al alcance de la

Gachas, un plato tan antiguo como la humanidad.

gran mayoría de las familias), y, de otro, porque para fabricar el pan era necesario construir una infraestructura previa, un horno que necesitaba una estimable cantidad de aditamentos y además requería de una planificación de trabajo y distribución.

Por otra parte, a las gachas se les podía añadir agua a voluntad y con ella alimentos de subsistencia como verduras pasadas, restos de coles o berzas, fabas, grelos y nabos, asequibles a cualquier economía por quebrada que estuviera, de manera que el guisote se estiraba hasta el número de comensales, haciendo bueno el dicho de que donde comen dos, comen tres y hasta veinticuatro.

El éxito de la fórmula de base neolítica ha llegado prácticamente hasta nuestros días y así lo resumía el gran Julio Camba: «... para conocer el arte culinario de la edad de piedra, no hay más que visitar a los pastores de las sierras españolas».

Con todo, mientras que en la mayor parte de Europa las gachas se hacían y se siguen haciendo de avena, como el famoso *porridge*, común a la práctica totalidad del Imperio británico, en España (y más allá de otros cereales y gramíneas de poco pelo, como el mijo, el sorgo, el trigo sarraceno o la cebada, que también se usaban en multitud de rincones de Europa), la base de las gachas fue siempre una leguminosa de la familia de las fabáceas llamada almorta, pero también chícharo, alverjón, pito, tito, arveja, arvejo cantudo, arvejote, bichas, cantuda, cicércula, diente de muerto, fréjol de yerba, garbanzo de yerba, guija, muela, pedruelo, pinsol y guisa.

Las gachas de harina de almortas o titos fueron la base de la manduca popular durante siglos, especialmente en amplias zonas de La Mancha y en algunos periodos se constituyeron en la base de la subsistencia del pueblo, como evidencia, por ejemplo, la plancha 51 de la serie de grabados de Francisco de Goya para *Los Desastres de la guerra* que lleva por título *Gracias á la almorta* y en la que una mujer completamente cubierta y con el rostro oculto reparte entre un grupo de personajes hambrientos algo para comer, con toda probabilidad unas gachas de harina de almorta, tal y como sugiere el rótulo de la estampa.

Sin embargo, tras el fin de la Guerra Civil de 1936 a 1939 empezaron a detectarse brotes de una extraña enfermedad que parecía tener relación con el consumo de gachas de harina de almortas y afectaba al sistema nervioso central en los miembros inferiores, degenerando huesos y articulaciones. Finalmente se estableció que se trataba de una dolencia ya descrita en el siglo iv a.C. como latirismo y derivada de la neurotoxicidad de la almorta. Se pudo comprobar que las zonas más afectadas eran Castilla La Mancha, donde el consumo de gachas era inmemorial, y en la zona del Baix Llobregat, Barcelona, hasta donde llegaban donaciones en especies del gobierno nazi-alemán, entre las que se incluía la que los lugareños llamaban «harina de Hitler». Un estudio del farmacéutico y químico Carlos López-Busto, referido al periodo 1943-1945, señalaba que, haciendo abstracción de los casos registrados en las grandes aglomeraciones, Madrid y Barcelona, las provincias más afectadas fueron Ciudad Real, Cuenca y Toledo. En la primera, sabemos que la mayor parte de los mismos se dieron en la zona noroeste: Villarrubia, Alcázar y Argamasilla, justo en la zona lindante con las otras dos provincias, por lo que sin duda se trató de un foco epidémico ligado a una zona de elevado consumo de harina de almortas como único referente de la dieta.

Sin apenas investigar más el asunto, en 1967 se prohibió el consumo humano y la harina de almortas pasó a expenderse en tiendas de animales.

En 2010, un Comité Científico formado al efecto, investigó a fondo la toxicidad de la leguminosa y llegó a la conclusión de que solo daba problemas a partir de ciertos umbrales, cuando era el único alimento que se consumía día tras día, como ocurrió en la posguerra y en algunos lugares. Finalmente, la Agencia Española de Consumo, Seguridad Alimentaria y Nutrición (AECOSAN), autorizó su consumo en humanos siempre que se realizara: «… de forma moderada». En esencia, la fórmula que ya usaban los griegos arcaicos: «Nada en demasía».

EL YANTAR DEL PUEBLO IBERO

Sabemos algunas cosas de la dieta de los pueblos ibéricos, iberos en el sur y levante, celtíberos en el centro y celtas en el norte y la meseta, gracias, básicamente, a los testimonios del escritor y geógrafo griego Estrabón (63 a. C.-24 d.C.). En su obra *Geografía* relata que la base de la dieta de los lusitanos, habitantes de las montañas vecinas a la cuenca del Duero, consistía en cecina de macho cabrío, sacrificado ritualmente, y unas tortas de harina de bellotas cocidas a la brasa, que, aunque duras o correosas, se conservaban durante largo tiempo. Y resulta curioso constatar que, como veremos más adelante, esa es justamente, con algo de queso rancio de añadido, la base del sustento de los cabreros que en el siglo XVI invitan a merendar a Don Quijote y, por añadidura, la dieta casi idéntica con la que se sustentaban los pastores que apacentaban a sus rebaños en los montes de Toledo, hacia la mitad del siglo XX.

Los platos más extendidos eran el potaje de lentejas, legumbre que se daba bien en diversos suelos y climas, junto a un primitivo gazpacho, similar al actual excepto en algunos componentes, como tomate y pimiento, que para ello habría que esperar a su llegada desde América en el siglo XVI. Por otra parte, la caza aportaba otro elemento importante del cotidiano sustento. Las piezas eran, como desde siempre, cabras monteses y ciervos, pero especialmente conejos que entonces pululaban a millones por todas partes.

Para nuestros primitivos parientes, aquellos conejos constituyeron un recurso alimenticio de primera magnitud. Los cazaban con pegajosa liga o valiéndose de un animal adiestrado, que Estrabón llama «comadreja salvaje» y que probablemente sería un familiar muy próximo al hurón y ya se dijo que el colmo de la exquisitez gastronómica era comerse asados a los neonatos sacados del vientre de la madre y posteriormente asados.

También sabemos por Estrabón que aquellos pueblos fabricaban y consumían generosamente una especie de cerveza de cebada, que

Tortas de pan sin fermentar, alimento básico de los pueblos iberos.

él llama *zythos,* y que posteriormente Plinio el Viejo (23-79), procurador en Hispania en tiempo de Vespasiano, denominará *cerea.* Esta ardiente bebida fue con toda probabilidad el «saltaparapetos» que animó la lucha de los feroces numantinos, los esforzados calagurritanos y a otros colectivos celtibéricos reacios a la colonización romana.

Desde tiempos remotos se conocía la obtención de aceite a partir de la aceituna del olivo salvaje o acebuche, pero serían los griegos quienes aportaran a la Península el olivo «civilizado», junto a una nueva cultura gastronómica basada en los condimentos: sésamo, cominos, orégano, etc.

Todos los pueblos que fueron llegando al solar ibérico dejaron huellas significativas en los hábitos alimenticios de sus habitantes. Los fenicios trajeron con ellos la vid hacia el siglo VI a.C. y, en el litoral, las factorías de salazón provistas de almadrabas. Además, introdujeron un tipo de cerdo mediterráneo que, tras cruzarse con los jabalíes locales, produjo la inmejorable raza de cerdo ibérico de la que aún seguimos disfrutando. Los cartagineses aportaron el básico garbanzo y extendieron el granado y su fruto, la *malum punica*; y los romanos revolucionaron las técnicas agrícolas con nuevos aperos, entre los que figuraba el arado romano que habría de ser utilizado activamente en los campos de Castilla hasta el segundo tercio del siglo XX.

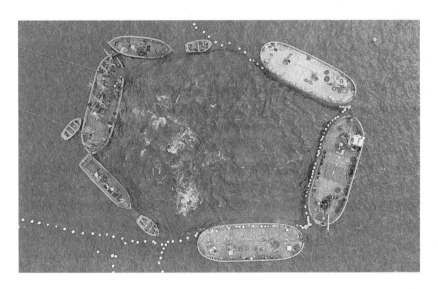

Pesca en almadraba, un invento cartaginés.

Para los púnicos, la fructífera pesca del esturión, la murena y la caballa o escombro (tan abundante entonces que dio lugar a topónimos como Escombreras), en las costas hispanas, se fundió con la existencia de numerosas salinas que dieron origen a la industria de salazón y salpresado, que ya aparece en los textos griegos como *taricheia*. A lo largo del litoral meridional fueron apareciendo factorías en Gadir (Cádiz), Bailon, luego Baelo Claudia (actualmente Bolonia, en las cercanías de Tarifa, Cádiz), Mallaría (en la misma zona), Carteia (junto a Algeciras), Málaka (Málaga), Baria (hoy Villaricos, al noroeste de Almería) o Cartago Nova (Cartagena, Murcia).

De allí saldrían salazones de todo tipo y precio, junto al *garum*, que acabarían siendo la debilidad coquinaria de los gastrónomos romanos, que no tardarían en llegar en grandes oleadas.

LA CONQUISTA ROMANA: HAMBRE Y CANIBALISMO

La conquista romana de la Península fue lenta y en algunos casos la resistencia fue llevada a los más insospechados límites. En el año 209 a. C. en las postrimerías de la Segunda Guerra Púnica, los cartagineses habían perdido casi todo el territorio de la futura España, a manos de Roma. Sin embargo, algunas ciudades, reservorios de la cultura celtibérica, resistieron firmes y fieles a Cartago, como Astapa, la actual Estepa de la provincia de Sevilla, Numancia o Calagurris, la actual Calahorra, ante el colonizador romano como reservorios de la cultura celtibérica.

En estas guerras, el hambre se presenta como un recurso bélico de primera magnitud. Sobre esta estrategia el caso más conocido y popular sin duda es Numancia. El fiero Escipión, destructor de Cartago, solo pudo tomar la ciudad (en el 133 a. C.) por hambre y tras veinte años de enconada resistencia. Precisamente es el hambre la que en su último peldaño lleva a los hombres al canibalismo no ritual. García y Bellido transcribe el texto griego de Appianós en estos términos:

> ... faltos los numantinos de todo alimento, sin granos, sin ganados, ni hierbas, comieron primero (tal como otros lo han hecho en los mismos casos) las pieles cocidas. Pero luego, carentes también de

pieles, se alimentaron con carne humana. En un principio de la carne de los que morían, la cual cocinaban en pedazos, más luego, desdeñando la de los enfermos, se entregaron los más robustos a matar a los más débiles.

Otro episodio de canibalismo, narrado si cabe con tintes de mayor atrocidad, tiene lugar en la defensa de Calagurris, la actual Calahorra, cerca de Logroño, a comienzos del siglo I a. C. Salustio hace referencia al recurso del «manjar nefando» por parte de los sitiados, pero el texto más explícito es el de Valerius Máximus:

> La macabra obstinación de los numantinos fue superada en un caso semejante por la execrable impiedad de los habitantes de Calagurris, los cuales para ser más tiempo fieles a las cenizas del difunto Sertorius, frustrado el asedio de Cn. Pompeius, en vista de que no quedaba ya ningún animal en la ciudad, convirtieron en nefanda comida a sus mujeres e hijos; y para que su juventud en armas pudiera alimentarse por más tiempo de sus propias vísceras no dudaron en poner en sal los infelices restos de los cadáveres.

Aquel suceso penetró a tal punto en la fraseología común que, en textos del siglo XIX y aún del XX, encontramos referencias al drama en la expresión «hambre calagurritana».

Es probable que en el violento choque entre culturas que supuso la invasión romana, el punto de encuentro culinario-gastronómico fuera el gazpacho. Aunque en rigor de este plato no se pueda hablar más que en plural (el número de variantes de gazpachos es y debió ser enorme), lo cierto es que su base esencial e invariable se remonta, como ya se dijo, a tiempos casi prehistóricos.

FRENTE AL HAMBRE CALAGURRITANA, EL LUJURIOSO BANQUETE ROMANO

En el imaginario popular, la cocina y gastronomía romanas están indefectiblemente asociadas a los grandes suntuosos banquetes descritos en obras clásicas, como *El Satiricón*, de Petronio, y en los textos de Juvenal o Marcial. Pero, en realidad, la imagen simplemente se corresponde, con un segmento de la sociedad, y eso, además, solo a partir de la conquista del Asia Menor, en el siglo ii a. C. cuando el Imperio descubre el refinamiento de las cortes griegas del Oriente.

Hasta ese momento, la dieta romana era austera y frugal en todas las categorías sociales. La comida cotidiana consistía en el llamado *pulpentum* o *puls*, unas gachas de harina de cebada, mijo o guisantes, que cuando era posible se enriquecían con tropezones de queso o huevo cocido; guisos a base de coles, habas y algún trozo de cordero; queso de leche de oveja; y frutas cuya variedad dependía de la zona y la estación del año.

A partir de la orientalización del gusto romano, mientras la clase más desfavorecida continúa instalada en esta dieta básica, los poderosos se lanzan a una vorágine culinaria en la que van apareciendo platos como jabalíes rellenos de tordos, lenguas de flamenco y de ruiseñor, truchas alimentadas con higos secos, pezones de marrana, lirones cebados con castañas, y un sinfín de similares extravagancias.

El banquete constituye un verdadero rito de lujo y ostentación sin límites. En general, comienza con la ablución de manos, tras una sesión de baños o termas. Sigue la *gustatio*, consistente en una degustación de aperitivos variados, y de esto se pasa a la *summa cena* de cuatro platos o servicios, para concluir con la *secundae mensae*, a modo de postre, que incluía manjares secos y muy condimentados, para estimular la sed de un vino fuerte mezclado con agua caliente y especias, que regaba todo el festín buscando activamente la ebriedad.

Banquete romano, emblema universal de la gula libidinosa.

En muchos banquetes no faltaban los vomitivos, lo que hace reflexionar a Séneca en una suerte de definición de filosofía gastronómica de aquellas gentes: «… vomitan para comer y comían para vomitar, pues no querían ni siquiera perder el tiempo en digerir los alimentos traídos para ellos desde las partes más lejanas del mundo».

Estas opíparas comilonas se celebraban en *triclinium* o comedor, de los que en las casas opulentas solía haber dos, uno para verano y otro para invierno, orientados hacia el sol en las direcciones convenientes. La estancia-tipo disponía de tres lechos situados en torno a la mesa en la que se servían las viandas. En cada uno de los lechos se instalaban tres comensales de derecha a izquierda: lecho superior, medio e inferior.

Normalmente, los banquetes empezaban a la hora *nona*, hacia las tres de la tarde, y se prolongaban hasta bien la noche. Se comía y se bebía sin límite, mientras se charlaba de lo divino y humano, y se gozaba de variados entretenimientos, como bailes, audiciones musicales o lecturas poéticas.

Entre estas atracciones hay que destacar la de las bailarinas conocidas como *puellae gaditanae*. Aunque, como apunta García y Bellido, probablemente no todas fueran gaditanas, la Gades romana, la actual Cádiz, fue el centro creador de este género de «artistas de variedades» y en su puerto era donde se contrataban y embarcaban

Las alegres *puellae gaditanae*.

para Roma. Bailaban las gaditanas, sinuosas y lascivas, al son de las *baetica crusmata*, castañuelas andaluzas de marfil, barro cocido o madera, y entre finales del siglo I y comienzos del II su presencia se hizo de todo punto ineludible en cualquier banquete de fuste que se preciara. Marcial las describe de esta forma: «Su cuerpo, ondulado muellemente, se presta a tan dulce estremecimiento y a tan provocativas actitudes que haría desvanecerse al propio Hipólytos si las viese».

El Hipólito referido por Marcial es el personaje de la tragedia griega, modelo de virtud y castidad inquebrantables, quien probablemente también lo hubiera pasado regular escuchando las canciones de estas singulares artistas, sobre cuyas desvergonzadas letras Juvenal opina que «... no osarían reproducirlas ni las desnudas meretrices».

DESCENDIENDO POR LA ESCALA SOCIAL

Como es lógico, los nobles y patricios hispanos procuraban imitar, dentro de sus posibilidades, el opulento modelo de la nobleza metropolitana, aunque el protagonista de sus mesas y festines era el cerdo. Mientras, la dieta de la plebe, campesinos, obreros urbanos y soldados, se reducía, en el mejor de los casos, a la mera subsistencia.

Normalmente se hacían tres «comidas». Al levantarse, con el alba, se tomaba un vaso de agua y algún higo seco. El almuerzo, *ientaculum*, a mitad de mañana, consistía en un trozo de queso, alguna fruta si la había y un trozo de pan. A mediodía se solía hacer una comida en el lugar de trabajo, el *pandrium*, en la que se consumían restos en frío de las sobras de la cena del día anterior y algún trozo de cebolla cruda o en vinagre. Finalmente, a la caída de la tarde se hacía la comida fuerte, la cena contemporánea, servida en toscos cacharros de barro cocido, la vasa saguntina, y a base de las inefables gachas de harina de mala calidad, el *pulpentum*, o un potaje de legumbres, habitualmente garbanzos, con coles, ortigas, castañas o lo que hubiera. En ocasiones, el menú se completaba con pescado en salmuera y fruta de la peor calidad. El consumo de carne era siempre extraordinario y se limitaba a la casquería más vulgar.

Los soldados popularizaron entre la población general el consumo de los ajos, que habían traído en sus mochilas desde Egipto, y el de las ortigas, que solían plantar en los alrededores de los campamentos y cuyo consumo, abandonado posteriormente, volvería a recuperarse en ciertas zonas rurales españolas en el siglo XVIII, como consecuencia del hambre y la necesidad. También eran muy populares las malvas, con las que se preparaban frescas ensaladas con algún añadido de jaramago o rúcula y flores de siempreviva. Asimismo, era frecuente acompañar las carnes segundonas con puerros, en bulbos y en hojas, o con achicoria silvestre. Esta herbácea de hojas amargas, pariente y precursora de la escarola, ya se hacía en ensalada aderezada con dientes de ajos crudos majados, semillas de granada, aceite de oliva, vinagre de vino y sal, que, felizmente, ha llegado vivísima hasta nuestros días.

Las cebollas eran casi omnipresentes en el cotidiano sustento y se producían distintas variedades para consumir en crudo, cocidas o asadas, mientras que los rábanos se cultivaban de manera distinta a la actual, dejando crecer sus tallos, que eran más estimados que la propia raíz.

Calabazas y calabacines se tomaban tras un largo proceso de ahumado suspendidos del techo junto al hogar. El cardo era producto de semilujo y sus tallos, según nos cuenta Llopis: «… solían confitarse teniéndolos en maceración con una mezcla de vinagre y miel perfumada con selfión y cominos».

En el apartado de las legumbres, los romanos hispanos fueron muy afectos a las lentejas egipcias, redondas y oscuras, con las que se confeccionaban innumerables guisos. También las habas, que además de en recetas estrictamente culinarias, se usaban para distintos rituales, como para elegir al rey de la fiesta en las Saturnales, siguiendo la tradición griega donde representaban un papel protagonista en ceremonias religiosas y en la emisión del voto. Los garbanzos era patrimonio de las clases bajas, debido a que Roma los despreciaba como producto estrella de la cocina del eterno enemigo cartaginés, aunque en los espectáculos públicos, tostados o torraos en yeso, eran la golosina preferida de las masas.

Con todo y como se ha avanzado, el pan fue el producto esencial de la dieta durante siglos, hasta el punto de que llegó a alcanzar un alto simbolismo político, que se resume en la expresión *panen et circenses*: subsidios oficiales para el pan de la plebe y los espectáculos gratuitos.

No obstante, las calidades del pan romano diferían notablemente. Había un pan candeal blanco, hecho con la flor del trigo, que comían los ricos; otro más corriente para gentes de segundo nivel; y un tercero, moreno y fabricado con trigos de mala calidad, al que se añadían harinas tan sospechosas que el vulgo conocía como *panis castrensis* y *panis sordidus*.

La plebe, además de este pan de ínfima calidad, engullía gachas y verduras pasadas, y ante lo inaccesible de la carne de cerdo o carnero, recurrían, cuando podían, a los asados de perros, gatos y ratas. Por su parte, los esclavos solían conformarse con los restos y desperdicios de las comidas de sus amos, que habitualmente debían disputar ferozmente a los perros.

El *garum*, salsa de un fluido obtenido de la maceración de vísceras de pescado, fue más que uno de los buques insignia de la flota gastronómica romana, un objeto de culto culinario. Se tomaba solo o diluido con agua, *hidrogarum*; con vino, *oenogarum*; con aceite, *oleogarum*; o con pimienta, *piperatum*.

Según Plinio, el más preciado en la Roma imperial era el que se fabricaba en Cartago Nova, Cartagena, conocido como *garum sociarum* (o *garum* de los aliados).

Pero además de una *delicatessen* gastronómica, el *garum* era considerado por sus supuestos valores añadidos. Los médicos e higienistas romanos (como ya habían hecho los griegos) le concedieron importantes valores médico-dietéticos. Lo recomendaban como

Garum romano, salsa de vísceras fermentadas de pescado.

tónico, aperitivo y reconstituyente; algo muy similar al aceite de hígado de bacalao que se prescribía, hacia la mitad del siglo XX, a los niños de la posguerra española para tratar de evitar el raquitismo.

En cuanto al vino, se hacía uno, muy valorado en el mercado, a partir de la variedad de uva balisca, que daba un mosto muy dulce, pero que al añejar se convertía en seco y oloroso. Famosos fueron los caldos de Tarraco y el *lauro* en áreas de cultivo próximas a la actual Sagunto.

Los aceites de oliva constituyeron una de las bases económicas de la Bética. Como es sabido, una de las colinas que rodean Roma, el monte Testacio es un promontorio totalmente artificial creado a partir de las ánforas con las que se transportaba ese aceite. Eran, por decirlo en lenguaje actual, «envases no retornables» que, una vez usados, se partían en pedazos y se arrojaban a un vertedero que con el tiempo se convertiría en una montaña. Estos recipientes estaban hechos de barro sigilado, es decir, sellado por el productor, por lo que en recientes excavaciones se ha podido constatar que una gran parte de esta exportación procedía de la zona que hoy se incluye en la Denominación de Origen Sierra Mágina, en la provincia de Jaén.

En la Bética se desarrolló igualmente la producción hortofrutícola y entre los éxitos más destacables hay que apuntar la obtención de una fruta de gran demanda en su tiempo, la *malina*, como resultado de un exitoso cruce entre ciruelo y manzano. También fue notable la exportación de higos secos desde la Bética y la Edetania (entre las actuales provincias de Castellón y Valencia), que se desecaban al sol, se prensaban y se disponían en cajas de madera o en cestos de esparto.

En cuanto a las manzanas, se conocían una veintena de variedades, algunas de las cuales fueron desapareciendo con el tiempo. Se comían crudas, cocidas en agua o en vino, asadas sobre las brasas o secadas al sol.

Las peras eran aún más abundantes en su diversidad, al punto de que Plinio describe hasta 38 variedades. Se consumían en fresco, secadas tras cortarlas previamente en finas láminas o confitadas en miel.

Muy populares eran igualmente las cerezas, los higos, que solían comerse secos y aplastados a modo de pan, y el membrillo persa que se degustaba asado o cocido con miel y una pasta de harina.

Las moras se consumían recién cogidas del árbol o la zarza y con ellas se elaboraba un jarabe, el *diamorom*, que se usaba como medicamento.

En cuanto a los dátiles, eran postre del gusto de todos los estratos sociales y con ellos se fabricaba un licor dulce, el *caryotum*, extremadamente popular.

No obstante, el rey frutícola era, con diferencia, el melón; un melón de pequeño tamaño, nunca mayor que el de una naranja gorda, que Plinio llamaba «melopón», y del que fueron apasionados los emperadores Claudio Albino y Tiberio.

En cuanto a las hierbas que hoy consideramos aromáticas, el repertorio hispanorromano era exuberante. Entre las más utilizadas figuraban el eneldo, el anís, la alcaravea, el cebollino, el perifollo, el cilantro, la ajedrea, el jaramago o rúcula, el apio, el hinojo, el fenogreco, las hojas de nardo, el orégano, el laurel, el levístico, el rábano picante, las malvas, el mirto, la albahaca, la amapola, el perejil, el poleo, la ruda, el romero, la salvia, la mejorana, el serpol, el tomillo, la ortiga y la menta.

No existen datos respecto a la esperanza de vida de los hispanos de la época romana que seguían las dietas antedichas, pero puede deducirse que esta se situaba en torno a los 40 años.

LA APARICIÓN DEL GASTRÓNOMO ANTES DE LA INVENCIÓN DEL *GOURMET*

No sería osado afirmar que fueron los romanos quienes inventaron la figura del gastrónomo, con el tiempo y la Revolución francesa *gourmet* y/o *gourmand*, tan apreciada en estos tiempos; un icono que admitiendo lo que dice Faustino Cordón, «cocinar hizo al hombre», da un paso más, quizá un salto, en el proceso de civilidad de la especie humana, en pos de una casi espiritualidad en la forma de entender y, por supuesto trascender, el sustento alimenticio propio de cualquier forma de vida.

Aunque algunos de los clásicos griegos, como el aedo Homero, en la octava centuria a. C., Arquestrato de Gela, a mediados del siglo IV a. C. o Chrysippo de Tyana, en el III a. C., ya habían deslizado fórmulas culinarias en sus piezas literarias, fue en la Roma imperial donde empezaron a surgir los recetarios con cuerpo de libro autónomo.

De entre todos ellos, sobresale y brilla con propia luz el bien elaborado conjunto de 481 recetas que figuran en el libro *De re coquinaria,* atribuido a Marco Gavio Apicio.

Pero, aunque la referencia sea siempre el libro de Apicio, en realidad, no hubo uno, sino tres Apicios. Aunque distantes en el tiempo, todos ellos compartieron su pasión por el refinamiento en el comer y beber. El primer Apicio vivió en la época del dictador tardorrepublicano Lucio Cornelio Sila (138-78 a. C.), y fue famoso por su voracísimo apetito. La vida del segundo discurrió por los tiempos del emperador sevillano Trajano (53-117 a. C.), y pasó a la historia por haber inventado un utilísimo método de conservación para las ostras. El tercero y último, Marco Gavio Apicio, es la cúspide de este esfuerzo colectivo y a él es a quien en verdad le debemos la redacción y justa fama del libro *De re coquinaria*.

Los clásicos le prestan atención y citan prolijamente. Séneca, filósofo y cordobés de lo más fino, dice que: «… llamaba la atención con sus cenas, un hombre que sabía elaborar los buenos ingredientes y distinguir cualquier tipo de animales». Otro prohombre del conocimiento humano, Plinio el Viejo, añade que: «… había nacido para satisfacer cualquier lujo en la "cocina"».

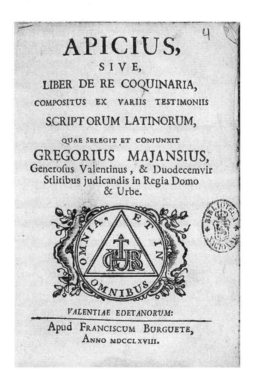

Una de las primeras ediciones del libro *De re coquinaria*, de Marco Gavio Apicio.

De este Apicio, Marco Gavio, se cuentan innumerables hazañas y extravagancias gastronómicas, como la referente a una ocasión en la que fletó un barco para ir a Libia a probar sus renombrados langostinos; expedición que parece no fue coronada por el éxito, ya que, una vez catados los ejemplares que le habían acercado al barco desde la costa, y comprobar que la fama del marisco era inmerecida, decidió no desembarcar y poner de nuevo rumbo al puerto de Ostia, desde el que había salido.

Los diez libros de recetas que conforman *De re coquinaria* son el fruto del esfuerzo de un compilador que, en el siglo IV o en el V, cuando el Imperio romano de Occidente estaba a punto de ser engullido por la furia de los bárbaros del norte y se empezaba a alumbrar la gran oscuridad que sobrevendría en la Edad Media, tomó la iniciativa de recoger aquel precioso conocimiento almacenado a lo largo de diez siglos en un corpus homogéneo de diez libros. Cada uno de los libros se titula en lengua griega y se refiere a un grupo de productos o preparaciones: *Epimeles* (compendio de reglas culinarias, remedios caseros y enumeración de especias); *Sarcoptes* (que habla de estofados y picados); *Cepuros* (relación de hierbas y condimentos culinarios); *Pandecter* (que incluye diferentes platos); *Ospreos* (dedicado a las verduras); *Tropetes* o *Aeropetes* (referido a las aves); *Polyteles volatilia* (conjunto de exquisiteces y narración de excesos); *Tetrapus quadripedia* (donde aparecen los cuadrúpedos comestibles); *Talassa mare* (capítulo de productos del mar); y *Halieus piscatura* (también referido a los peces y sus distintas variedades). A esta decena de libros temáticos, Vinidario, un germánico del siglo VII, le añadió un anexo, *Excerpta a Vinidario*, con recetas inspiradas en el original de Apicio.

La primera edición impresa de esta pieza literaria universal la realizó Guillaume Le Signerre, en 1498, en una imprenta de Milán; la segunda corrió a cargo de Bernardino de Venecia, entre los años 1503 y 1504. A partir de entonces, un sinnúmero de impresiones y estudios han ido aportando luces sobre tan singular monumento al saber gastronómico.

Las recetas de Apicio carecen de cualquier atisbo de influencia hipocrática y, en caso alguno, pretenden ser saludables o correctamente nutricionales. Para él o ellos la cocina era una vía de exaltación existencial y tanto les daba que los datos comportaran riesgos de dolencias gástricas o nocivos efectos relacionados con la hartura y el empacho. Como dice Vázquez Sallés en su introducción de *El arte de la cocina*:

Para el gastrónomo, los 1440 minutos de un día eran demasiado efímeros para dedicarlos a la salud del cuerpo, y quién sabe si el origen del famoso bolero que predicaba que «se vive solamente una vez» está en algunos de los principios de Marco Gavio Apicio. En este sentido, sus «vulvas de cerda rellenas» son una exquisita muestra de la incapacidad o la desgana del gastrónomo de cuidarse como mandarían los postulados de la famosa Escuela Alejandrina de Medicina.

Marco Gavio Apicio murió con las botas puestas y poniéndose las botas. Después de haber gastado la mayor parte de la cuantiosa fortuna heredada de sus padres, y consciente de que a partir de aquel momento no podría mantener el vertiginoso ritmo de vida que había llevado hasta entonces, ni conseguiría satisfacer su desbordada gula y carísimos apetitos, tomó la decisión de suicidarse ingiriendo un veneno letal.

Marcial, epigramático y lacónico, le cantó: «No podías hacer nada más propio de un glotón».

EL FIN DEL IMPERIO

La caída del Imperio romano no fue algo súbito, sino un largo proceso, caracterizado por la decadencia del sistema productivo, la progresiva ruina de los cultivos, las frecuentes guerras y saqueos, las epidemias y las carestías, que llevaron a la población a un estado de emergencia que fue realidad cotidiana durante varios siglos. Para el conjunto del Imperio la crisis empezó en el siglo III, y se fue agudizando en los siguientes. El hambre se convirtió en una constante en todos los rincones del Imperio. Massimo Montanari, uno de los grandes estudiosos de la historia de la alimentación europea, incluye algunos testimonios referidos a provincias romanas que, probablemente, podrían ser tomados literalmente para Hispania. Cita, por ejemplo, a Gregorio de Tours refiriéndose a la Galia del siglo IV:

Muchos hombres hicieron pan con pepitas de uva, con candelillas de avellano, algunos incluso con raíces de helecho prensadas, las ponían a secar y las molían, mezclándolas con un poco de harina. Otros muchos hacían lo mismo con la maleza de los campos. Los hubo que, careciendo por completo de harina, cogían hierbas y las comían, con lo que se hinchaban y sucumbían.

El Imperio romano, olvidado de sus glorias pasadas, caía con estrépito entre aullidos de hambre.

BÁRBAROS Y VISIGODOS

La en principio lenta y después estrepitosa y rápida caída del Imperio romano fue provocada por la invasión en tropel de los pueblos bárbaros del norte que, durante siglos, habían resistido con peor o mejor fortuna el poder omnímodo de Roma. Para los romanos, en ese término de «bárbaros» se incluía a toda una gran variedad de pueblos de la Europa septentrional, que vivían al otro lado de sus fronteras.

En su imparable avance por los dominios del Imperio, varios de estos grupos tribales penetraron el territorio ibérico. En las oleadas iniciales, vándalos, suevos y alanos se entregan al saqueo de forma brutal y despiadada. Martínez Llopis cita un texto de un historiador contemporáneo de las primeras invasiones bárbaras, en el que el hambre secular de los humildes se extrema hasta el límite:

> Los bárbaros habían penetrado en Hispania a sangre y fuego, la peste les acompañaba haciendo estragos, el hambre llegó a tal extremo que los hombres comieron carne humana. Las fieras, acostumbradas a cebarse en los cadáveres hacinados por el hambre, la guerra y las enfermedades, hacían estragos en los hombres más vigorosos y estaban acabando con el género humano.

Pero tras las primeras violentas invasiones y sucesivas oleadas, llegan los visigodos quienes, de manera mucho más civilizada, se asentaron definitivamente en la Península a partir del siglo VI (habían estado con anterioridad como tropas federadas de los romanos), después de ser vencidos en el 507 por los francos en la batalla de Vouillé. En número aproximado de 200.000, y tras numerosas y crueles refriegas —especialmente con los suevos—, consiguen estabilizar la situación en los territorios peninsulares y establecen su capital en Toledo.

Inicialmente, la dieta de aquellas hordas nómadas y guerreras, a excepción de algunas verduras como la col blanca de origen nórdico, las habas, los guisantes y las lentejas, era básicamente carnívora y de muy elemental elaboración en las llamas de la hoguera. No es de extrañar, pues, que Eslava Galán les llame «gentes del churrasco».

En sus flujos migratorios de conquista, llevaban consigo rebaños de ovejas, vacas y cerdos, cuya carne comían simplemente asada al fuego o cocida en perolas, junto a coles, ajos y cebollas. También consumían una sopa de leche mezclada con sangre, y el resto de su vianda consistía en caza atrapada en el camino y cereales (preparados como gachas) o frutas, normalmente obtenidas en los saqueos a los pueblos derrotados en la lucha.

De sus hábitos culinario-gastronómicos en la etapa inicial nos quedan algunos testimonios que reflejan su peculiar concepto del banquete festivo. Parece que cuando las bebidas alcohólicas a las que eran tan aficionados empezaban a hacer sus efectos, era habitual que un comensal se levantara y, tomando un buen trozo de carne asada, retara al resto a que tuvieran la osadía de arrebatársela. Alguien solía aceptar el reto y entonces los contendientes se enzarzaban en una pelea a espada por el bocado hasta que uno de los dos caía gravemente herido o muerto. No obstante, los visigodos no tardaron en adoptar los modos de dieta de los romanos, incluyendo en ella el aceite de oliva. Reyes y nobles comían recostados y aunque nunca intentaron reproducir el modelo de orgía gastronómica de sus

Banquete visigodo, reconstruido en el municipio de Ribarroja de Turia.

predecesores, sí que gustaban de los buenos modos en el servicio de mesa y de un cierto sibaritismo en la confección de los platos.

Las clases altas de las ciudades y los campesinos acomodados seguían un orden de comidas cotidianas similar al de los romanos. San Isidoro de Sevilla nos cuenta en sus obras que al levantarse tomaban un desayuno que llamaban *ientaculum*, porque rompía el ayuno; un almuerzo a mediodía, el *pandrium*; la *merenda* a mitad de la tarde; y la *coena* o *vesperna* como cena y comida fuerte del día. Su dieta sigue siendo básicamente carnívora: asados de cerdo, y en menor medida oveja y vaca, y platos de caza. También era habitual el consumo de un plato a base de pescado en salazón, carne picada y verduras, generalmente espinacas o alcachofas, que llamaban *minutal*. Como condimentos, usaban pimienta, azafrán, canela, jengibre, tomillo y orégano.

Los humildes, la inmensa mayoría, continuaron comiendo gachas que llamaban *pulte* y que además de la elemental harina de cereales de poca monta, mijo, espelta o escaña, se confeccionaba con las legumbres que tenían a mano: garbanzos, habas, lentejas y guisantes. Una variante de este modesto yantar era el *pulmentum*, muy similar al *pulte*, pero con el añadido de tasajo de oveja o de cabra.

El pan, como en etapas anteriores y posteriores, seguiría siendo alimento básico, aunque de muy diferente categoría según la clase social a la que estuviera destinado. Los pobres comían una especie de torta, *cibarius*, confeccionada con harinas de la peor calidad, o *rubidus*, pan moreno y recocido, mientras que los afortunados consumían el *siligineus*, muy próximo a nuestro pan candeal.

Buenos bebedores, los visigodos fabricaban varios tipos de vino y sidra, aunque su libación favorita era una cerveza, la *cervisia*, que preparaban dejando germinar granos de trigo en agua que después fermentaban, molían y mezclaban con un vino ligero para someterlo a una nueva fermentación.

Una Edad Media y tres grandes culturas culinarias

En general, se considera que la Edad Media española es el basto periodo de tiempo que transcurre entre la caída de la monarquía visigótica, a raíz de la primera invasión árabe de 711, y el final del siglo xv, formalmente 1492 con la conquista de Granada por los Reyes Católicos, que alumbraría el Renacimiento.

Un lapso temporal por tanto amplísimo, durante el que, en buena parte del mismo, se desarrolla una convivencia más o menos amable entre tres comunidades del Libro: musulmana, judía y cristiana. Convivencia que tendrá su reflejo en los hábitos alimenticios y culinarios de los tres colectivos, aunque, en lo más bajo de la escala social, la desnutrición y el hambre harán tabla rasa de miseria y gazuza entre credos y culturas.

LAS DOS COCINAS CRISTIANAS: LA DE LOS POBRES Y LA DE LOS RICOS

Tras innúmeras catástrofes bélicas y epidémicas, seguidas siempre de feroces hambrunas, la vida medieval se organizó en torno a la comida hasta el punto de que el lenguaje coloquial se llenó de expresiones referidas al yantar. Parece que es el caso del tan enraizado en el imaginario popular «derecho de pernada», atribuido al supuesto privilegio de los nobles para pasar la noche de bodas con las esposas de sus siervos. Porque se da la circunstancia de que tal prerrogativa no figura en texto escrito alguno y, por el contrario, algunos medievalistas ponen sobre la mesa pruebas de que la tal pernada no era de índole sexual, sino alimenticia. Como ejemplo, José Carlos Capel cita la investigación del profesor José Luis Martín, sobre el fuero de libertades concedido al lugar de Gósol, en 1273, por Galcerán de Pinos, en el que se lee:

> Nos Galcerán de Pinos, franqueamos y hacemos libres para siempre a todos los hombres y mujeres que actualmente o en el futuro habiten en el castillo de Gósol. Los libramos igualmente de la obligación de darnos, a nosotros o a nuestros sucesores, la pata o cualquier otra parte del buey o de la vaca que por algunos sean sacrificados en su casa (…) retengo, sin embargo, que de todos los demás bueyes o vacas que se despeñaren o fueren despeñados en dicho castillo o en sus términos o de otro modo se causaran la muerte, no den como ha sido costumbre hasta ahora una pata.

De lo que puede deducirse que el pretendidamente rijoso «derecho de pernada» medieval fue en realidad la facultad señorial de percibir un cuarto trasero de cualquier animal que fuera sacrificado por alguno de sus vasallos o fallecido por nefasto accidente.

EL MÍSERO YANTAR DE LOS DESHEREDADOS DE LA FORTUNA

La gran mayoría del pueblo comía una sola vez al día, a la caída de la tarde; aunque a ese yantar añadían un par de minúsculos tentempiés al levantarse de madrugada para iniciar las faenas del campo, y un almuerzo a pie de labor. Un régimen dietético que como comprobaremos se prolongaría casi inalterable hasta la mitad del siglo xx.

La base de la alimentación en todos los estratos sociales fue siempre el pan, hasta el punto de que llegó a ser sinónimo de alimento. Los humildes lo comían de pésima calidad y cuando podían. Normalmente, la harina de trigo, mezclada con la de cebada o centeno, se molía a mano, por lo cual tenía gran cantidad de salvado. Pero, habitualmente, el pan se sustituía por tortas o gachas de cebada, mijo y alforfón, y se acompañaba de potajes a base de harina de legumbres como habas, guisantes y lentejas. El humilde yantar siempre se acompañaba de vino aguado, considerado también como alimento.

Otra alternativa común eran los potajes de farro, preparados con cebada a medio moler, que, tras ser cernida y remojada, se cocía en un caldo ilustrado por algún trozo de tocino o de tasajo de cabra. De uno de estos menús «típicos» nos habla el Arcipreste en tono airado: «Diom' pan de çenteno, / tiznado, moreno, / e diom vino malo, agrillo e ralo/ e carne salada».

Platos populares y extendidos fueron los *formigos*, receta que se ha conservado en Asturias y que consiste en una especie de migas a base de sémola de trigo o miga de pan, muy similares al árabe *alcuzcuz*, a las que, cuando se podía, se las acompañaba con torreznos o tocino frito; el *avenate*, a base de harina de avena y leche de almendras; el *ordinate*, de harina de cebada, almendras crudas y alguna carne de despojos; y las *talvinas*, de harina de trigo, cuscurros de pan frito y almendras fritas.

Para los pobres, las legumbres seguían en protagonismo dietético al pan. Los más indigentes comían lentejas y arvejas. Con garbanzos y habas, más que guisos se hacían pan y gachas, aunque los primeros se popularizaron con la eclosión de la olla, probable

Los formigos medievales que han sobrevivido en la cocina asturiana.

heredera de la adafina judía que se cocinaba en la víspera del *shabat*, y claro antecedente del cocido. No obstante, la cocina de legumbres también formó parte importante de la cocina conventual y de los menús de abstinencia en todos los tramos del escalafón social.

El consumo de arroz, cocido en caldo de carne o en leche de cabra u oveja, se extendió a partir de las pestes y hambrunas del siglo XIV, aunque bastante antes ya formaban parte de los recetarios árabes y judíos, cuya influencia siempre fue notoria en los reinos cristianos.

Respecto a las hortalizas, se comían mucho más por obligación que por devoción ya que, además de ser consideradas por la ciencia médica oficial como indigestas y «de poco mantenimiento», había pocas y mal seleccionadas. Algunas hace tiempo que desaparecieron de los campos y huertas, como la oruga, una crucífera de sabor picante con la que se hacían varios tipos de sopas. No obstante, la necesidad obliga. Las cebollas, ajos, coles, nabos, zanahorias, bledos y berzas (especialmente estas últimas) estuvieron siempre presentes en los pucheros y potajes de los desheredados. Papel muy destacado tuvo la berenjena, que junto al cordero se constituyó uno de los nexos comunes a las tres culturas culinarias. También había guisos específicos de temporada, como el higate, que se preparaba con higos y brevas.

La carne fue un raro y hasta desconocido exotismo para campesinos, siervos y otros grupos desamparados que a lo más que les era dado acceder era a tasajos (carne seca y ahumada de ovino o de vaca vieja) y a la porción más innoble de la matanza del cerdo: menudos, tocino de mala calidad y unto —tocino enranciado—, para aderezar guisos y potajes.

Pescado fresco se comía poco (excepto en las poblaciones costeras, naturalmente), debido a la dificultad de conservarlo y transportarlo; pero como su demanda era mucha, a partir del momento en que la Iglesia impuso la Cuaresma de cuarenta días y un sinnúmero de jornadas de abstinencia, se recurrió al cecial o seco y salado, del que por supuesto había muchas categorías y calidades. Además del muy católico bacalao, se hacían ceciales de congrio, de pescada, de la muy quijotesca truchuela, de atún, de cazón, de pulpo para consumo de arrieros y muleros, de melva, subespecie del atún, de sardina o de lija, pez que ya aparece en el registro fósil del Terciario inferior.

LA OBSCENA OPULENCIA DEL
BANQUETE MEDIEVAL

Frente al estado de continua emergencia alimenticia del campesinado, nobles, caballeros y clero se regalaban con fastuosos banquetes. Los excesos en la mesa eran tales que ya en el siglo XIII constan peticiones orientadas a limitarlos en alguna medida.

A iniciativa del rey Alfonso X, las Cortes, reunidas en Valladolid en 1258, recogen la indicación de que los señores limiten sus pitanzas a dos carnes en la comida y una en la cena: «Que rico ome nin otro ome ninguno coman sinon dos carnes cada día, e la una en dos guisas; o caza si la cazare o si gela diere el que la cazare; e el día de carne que non coman pescado, si non fueran truchas, e a la cena que coman de una carne qual touvieren por bien, de una guisa e non más».

Carne limitada a tres fuentes diarias y a otras tantas en pescados de vigilia; más caza y marisco aparte. Nada mal en un contexto en el que la mayoría de la población probaba la carne una o dos veces al año.

El gran espectáculo del banquete medieval: opulencia frente a miseria.

En la misma norma se intenta poner coto a los grandes despilfarros que se realizan en las bodas: «E otrosí, manda el Rey que non coman a las bodas más de cinço varones e cinço mugieres de parte del novio e otros tantos de parte de la novia sin compaña de su casa (…) E que non duren las bodas más de dos días».

Del cerdo se hacían potentes embutidos; chorizos y morcillas que nunca faltaban en las despensas de los nobles y prelados. También se comía jamón, pero la carne que marcaba de manera más indeleble la distancia entre clases era la caza. Los nobles y poderosos mantuvieron el privilegio del arte cinegético, como un ejercicio preparatorio e imprescindible para la formación bélica que les era consustancial. De hecho, entre guerras constituía la casi única actividad de la clase alta.

Así lo recogen leyes y fueros como el de Navarra de los siglos XIII y XIV, aunque, como se ve, la norma incluye excepciones: «Villanos non deven caçar. Ningun villano non debe caçar ninguna caça sacado del tocho salvo delas fieras, como puerco montes o onso o cirevo o corço». La infracción de esta regla era castigada con extrema dureza y crueldad, normalmente con amputaciones de miembros y muerte, como tantas hemos visto en las películas protagonizadas por Robin Hood, pero que sistemáticamente se han ocultado a los ojos y al entendimiento hispano.

Carnero y cabrito se preparaban en potaje, en adobo, con tocino o con higadillos de ave, aunque a veces la complejidad del guiso era extraordinaria, de lo que es buen ejemplo la lebrada o potaje de juntada, que consistía en hacer una liebre asándola en primer lugar, sofriéndola después y guisándola finalmente con cebolla, hígados, almendras y huevos.

Por el contrario, las estrellas culinarias de los poderosos fueron muchas, pero Ruperto de Nola, el autor del libro *Art de Coch*, publicado por primera vez en 1520 y sin duda el más influyente en el gusto aristocrático de su tiempo, cita solo tres platos: «… de cuantos manjares hay en el mundo son la flor estas tres y más principales, y son estas: salsa de pavo, *mirraustre* y manjar blanco, las cuales deben ser coronadas de una corona real cada una por sí, porque comúnmente son la flor de todas las otras y primeramente de la salsa común».

La dulcería era parte sustancial y protagonista del banquete y se agrupaba en cuatro grandes apartados: dulces de frutas; sopas o cremas dulces; frutas de sartén; y dulces de queso.

Capítulo aparte en el periodo lo constituye la casquería. La tan hispana cultura culinaria de los despojos podría pensarse limitada a las mesas humildes, pero en realidad de la misma participaron todos los estamentos sociales, debido en gran parte a la peculiaridad castellano-leonesa de una abstinencia atenuada para los sábados, que luego veremos. Este curioso relajo del precepto religioso permitía comer la llamada «grosura» (algo así como carne de segunda, que incluía despojos de toda índole) los sábados (de allí nombres como el sabadiego asturiano); y de ello se beneficiaban especialmente los que podían comer habitualmente carne.

Esta circunstancia abrió las puertas a un amplio recetario en este campo. Con manos de ternera se hacía una gelatina llamada *hiladea*, y, con manos de carnero, un potaje aderezado con salsa de almendras, jengibre y azúcar. Con cabrito se hacían, la *gastronada* dorada, a base de cabezas y asaduras, garbanzos, huevos y especias; y las *rorolas*, fritura de hígados, pan, huevos, queso y especias a discreción. Mezcla de asaduras de cabrito y carnero, con cebollas, tocino, migajón de pan empapado en vinagre y remate de huevos escalfados, se llamaba *frejurate*.

Y, POR ENCIMA DE TODO, EL PAN

El pan, que para los cristianos tenía el valor añadido de alimento eucarístico, se hacía de trigo para las clases más pudientes, mientras que las menos favorecidas, es decir, la inmensa mayoría, lo comía de centeno. Pero también se hacía «pan» de avena, de cebada, de alforfón o trigo sarraceno, de mijo y hasta de arroz (porque solo el trigo y el centeno son realmente panificables). Con el resto, y «a falta de pan, buenas eran tortas» para cocer en agua o leche, en sopas o en forma de gachas, tan antiguas que ya aparecen citadas en la *Ilíada,* y que se prestaban no solo a los cereales sino a legumbres varias, como lentejas, guisantes y habas.

Entre los cristianos más pobres eran también muy populares los *formigos*, de los que ya hemos hablado. En un nivel superior se situaban unas gachas, llamadas talvinas o atalvinas, en las que la harina del cereal se diluía en leche de almendras. También era común sustento de la gente cristiana el *avenate* y el *ordinate*, un majado de avena o cebada desleído también en leche de almendras. Por su parte, los judíos preparaban de ordinario la *harisa*, bien con trigo cocido o con migas de pan que adobaban con grasa y algo de carne de cordero para, finalmente, espolvorear con canela.

Avenzoar (1073-1162), coetáneo de Rodrigo Díaz de Vivar, el Cid Campeador, en su obra *Kitab al-Agdiya*, dedica un capítulo a los panes, donde cita una enorme variedad de posibilidades, que incluyen los de garbanzos, lentejas, almortas, habas, panizo o arroz, aunque, siguiendo la doctrina hipocrática, común a cristianos y musulmanes, solo considera saludables los de trigo y los de cebada. Del pan de trigo dice que es moderadamente caliente y húmedo, y adecuado para cualquier tipo de persona, sana o enferma, de cualquier edad y en toda época del año; respecto al de cebada, el mejor según él tras el de trigo, afirma que es frío y relativamente seco, por lo que lo recomienda especialmente para personas de complexión caliente. En la misma línea hipocrático-galénica, escribirá Arnaldo Vilanova en su tratado *Regimen Sanitatis,* en 1307.

En la Edad Media, cuando falta el pan, el riesgo de perder la vida es alto. Por citar un ejemplo entresacado del cantar de gesta por antonomasia, a lo largo de los días en los que las huestes del Cid asedian y sitian el castillo de Alcocer, aunque finalmente sus moradores le pagan tributo requerido, el narrador de la gesta señala un riesgo inminente porque empieza a faltarles el sustento: «Fallido á a mío Çid el pan e la cebada».

La base de la alimentación medieval fue siempre el pan.

Por añadidura, el pan, la comida, y esto es importante, también es vínculo y fraternidad. Los que comen del pan de alguien son sus amigos, su familia, sus deudos, su gente. Y romper ese nexo generado por el pan es poner en riesgo la pervivencia del clan y sus lazos de cohesión, solidaridad y apoyo mutuo.

DON CARNAL Y DOÑA CUARESMA

La cocina cristiana también estuvo marcada por el precepto temporal de abstinencia de carne durante la temporada de Cuaresma, el Adviento, la santificación de fiestas solemnes y las vigilias en días señalados, lo cual venía a dar un sumatorio que abarcaba a casi un tercio del año. Frente a este conjunto se alzaba y antecedía Don Carnal, personaje ligado al Carnaval que evocaba la alegría, la fiesta y la jarana, el bullicio y el derroche de color; un reinado efímero que concluía con su quema en efigie el Sábado de Piñata.

Fragmento de *El combate de don Carnal y doña Cuaresma*, obra de Pieter Brueghel el Viejo.

En el recetario de Doña Cuaresma encontramos numerosas fórmulas de pescado para aquellos que podían permitírselo, tales como las tencas fritas; las sardinas en *caçuela*, con pan empapado en vinagre, ajos, almendras fritas y piñones; el potaje de calamares y *xibias*; las truchas estofadas con membrillos, en salsa de vino blanco, ralladura de jengibre y nuez moscada; la cebolla entera, con azúcar y canela; la merluza almendrada; y el más popular escabeche de caballa. También platos de verduras y hortalizas, como habas tiernas en leche de almendras; lentejas con alcauciles/alcachofas; garbanzos en almendrate, con almendras tostadas, perejil, molla de pan, vinagre de vino blanco, pimienta negra en grano y ralladura de jengibre; el *salviate*, torta de huevos con hojas de salvia y azúcar; las almojábanas, de requesón, harina de trigo, azúcar, hierbabuena fresca, canela molida, suero de leche y miel de azahar; los flaones, de requesón y queso curado rallado, huevos, hierbabuena, agua de rosas y miel de romero; o el *higate*, potaje de higos, con caldo de ave, azúcar y jengibre.

Para Don Carnal quedaban platos como el lechón relleno de queso, la gallina armada, horneada en fuente de barro con un salsa de huevos batidos, harina y perejil picado con la que se pintaba varias veces hasta conseguir «armarla» de una costra consistente; los menudos de cerdo con ajos; el jarrete de cabrito; el potaje de manos de cordero; el cabrito en leche de almendras; los jarretes de ternera en salsa agria con huevos duros y zanahorias; el salserón de palominos asados; el pollo al agraz; la gallina a la morisca o en pepitoria, que como se referirá más adelante pasará a ser santo y seña de la cocina madrileña y bocado de entre los favoritos de la reina Isabel II; el potaje de lebrada, liebre guisada con sus higaditos, panceta, almendras picadas, vino blanco, ralladura de jengibre y hojas de menta; las perdices confitadas; el almodrote, también de perdices, sofritas y lardeadas con manteca de cerdo, caldo de carne, queso rallado, ajos y yemas de huevo; el jabalí asado; o el lomo de ciervo en adobo.

VINO QUE DEL CIELO Y DEL INFIERNO VINO

El vino formó parte indisociable de todas las mesas medievales. Precisamente, es un vaso de vino el premio que reclama Gonzalo de Berceo, cuando, en el siglo XIII, se aventura a escribir en romance, un incipiente castellano, y no en latín, como hasta entonces se suponía que se debía expresar cualquiera que tomase la pluma: «Quieron fer una prosa en roman paladino, / En qual suele el pueblo fablar con su veçino, / Ca non so tan letrado por fer otro latino, / Bien valdrá, como creo, un vaso de bon vino».

Los pobres lo consumían malo y aguado, mientras que los ricos copaban los de mejor calidad y los especiaban en diferentes formas.

El éxito del vino se debía en buena parte a que era considerado un alimento y un producto terapéutico. No obstante, en el Medioevo abundan las advertencias sobre los peligros de su consumo inmoderado.

En el *Libro de buen amor*, escrito en el siglo XIV, el Arcipreste de Hita versifica así los peligros del morapio:

> Faze perder la vysta e acortar la vida, / Pierde la fuerça toda, sy's toma syn medida;/ Faze temblar los huesos, todo eso olvida. / E con el mucho vino toda cosa perdida. / Faze oler el huelgo, que es tacha muy mala, / Huele muy mal la boca, non ay cosa qu'l vala, / Quema las asaduras, el fígado trascala. / Si amar quieres dueñas, el vyno non te cala.

Sin embargo, tras las apocalípticas advertencias, concluye en positivo: «Es el vyno bueno en su mesma natura:/ Muchas bondades tiene, sy se toma con mesura». Alguno pensará que quizá hubiera sido más lógico que el fraile pícaro y mordaz hubiera empezado por ahí.

En este punto conviene precisar que, aunque suele darse por hecho que los musulmanes no consumían vinos ni licores para cumplir los preceptos coránicos, la realidad fue muy otra. Aunque el cultivo de la vid, la producción y comercialización del vino eran tareas reservadas a cristianos, los afectos al islam lo solían consumir con bastante regularidad y prudencia. Pero en la época omeya, el vino entra con fuerza incontenible en reuniones festivas y literarias, se ritualiza la forma de escanciarlo y beberlo en distintas copas y jarras, aparece la gran copa que se comparte entre los presentes a modo de crátera griega e, incluso, emerge un género poético, el o la *jamriyya*, que se dedica a exaltar sus valores y virtudes.

Se bebe vino en toda la escala social, y en los palacios y grandes mansiones se construyen habitaciones para el consumo, llamadas «casas de bebida» o *dâr al-šarâb*, lugares reservados y fuera del circuito habitual para festejar de manera lo más íntima y discreta posible, aunque en algunos casos la afición al morapio se desborda, como parece que fue el caso del caudillo invicto Almanzor, llamado el Victorioso, que en agosto de 1002 fue a morir a Medinaceli como consecuencia, más que probablemente, de una cirrosis hepática, dejando en su archivo personal varias cartas en las que sus galenos le conminaban a reducir la ingesta de vino en beneficio de su salud.

EL CAMINO DE SANTIAGO COMO RUTA GASTRONÓMICA

El Camino de Santiago marca profundamente la vida cotidiana medieval y se convierte en un eje de encuentro gastronómico en que confluyen productos y hábitos alimenticios.

El descubrimiento del supuesto sepulcro del apóstol, a comienzos del siglo IX, está rodeado de confusas circunstancias, pero su éxito será clamoroso inmediatamente. Dice la leyenda que Pelagio, un asceta autoflagelado y sometido a severos ayunos, tuvo la visión de una catarata de estrellas que vertían su mágico flujo en un lugar

La fusión coquinaria en el Camino de Santiago. Imposible saber si fue antes la fabada o el cassoulet; las filloas o las crêpes.

118

entre el pueblo de Padrón (Iria Flavia) y el Pico Sacro. Teodomiro, obispo de Padrón, no tuvo la menor duda sobre la identidad del santo, y el rey Alfonso el Casto se apresuró a construir una basílica en el lugar. La Iglesia católica, como en otros muchísimos casos, superpuso un santuario y una ruta sobre el camino que, desde hace muchos siglos atrás, habían recorrido peregrinos celtas hacia el fin de la Tierra; el *finisterrae*.

El Camino fue un auténtico *boom* en el naciente turismo medieval y en el siglo XII apareció la guía pionera de esta «red turística» (el primer manual de viajes que se publica en Europa), el *Liber Sancti Jacobi*, ordenada y compuesta por el papa Calixto II.

El continuo deambular durante los siglos de ingentes muchedumbres de peregrinos propició un fecundo intercambio de productos alimenticios y técnicas de elaboración que aún pervive. Sin entrar en un debate chauvinista sobre los antes y después, resulta evidente la relación entre el queso francés de Roquefort, el Picón de los Picos de Europa, el Cabrales asturiano y el Tresviso santanderino. Lo mismo ocurre con los *frixuelos, filluelas* y filloas gallegas y asturianas, prácticamente idénticas a las *crêpes* francesas; con la fabada asturiana, estrechamente hermanada con el *cassoulet* del Languedoc; o con el repollo relleno, típico de todo el Principado pero muy especialmente de Pola de Allande, localidad señera del Camino Primitivo, que se hace de manera prácticamente idéntica en Francia, con el nombre de *chou farci*; en Alemania, como *kohlrouladen*; o en Bulgaria, donde se nomina *zeleva surna*. Como se dijo, saber si fueron o vinieron es otra historia.

La cultura vinícola se vio también notablemente reforzada con el ajetreo del camino compostelano. Los monjes de Cluny primero, y después los del Cister, trajeron en sus morrales peregrinos esquejes de vides de Borgoña, que plantaron en nuestros pagos.

LA COCINA MUSULMANA

Los musulmanes entraron en España en el año 711 con una reducida fuerza militar, que en total no debió superar los 10.000 hombres, pero al año siguiente llegaron otros 18.000 al mando de Muza, caudillo militar yemení. En solo 7 años, los invasores habían dado por concluida la ocupación de la Península. Solo algunos territorios de norte quedaron fuera de su control. Desde este momento, hasta finales del xv, transcurre un periodo de dominación y lucha que habitualmente y de forma simplista se conoce como Reconquista, y que fue tiempo de guerras, pero también de convivencia entre las tres culturas o «castas», como las llama el historiador Américo Castro: musulmana, cristiana y judía.

En la primera fase de la conquista, la minoría árabe se instaló en los feraces campos andaluces y extremeños, mientras que los bereberes nómadas se adentraron en tierras de Castilla, León y Galicia, donde la supervivencia se les complicó rápidamente. A mediados del primer siglo se empezaron a suceder las malas cosechas; las consiguientes hambrunas y epidemias diezmaron su población, reduciendo al máximo su inicial capacidad expansiva. En el sur peninsular las cosas fueron mejor y el dominio se asentó sobre sólidas bases.

El territorio español bajo dominio musulmán se convirtió en la provincia más lejana del Califato de Damasco, situación que se prolongó durante medio siglo, hasta que, en el año 756, Abderramán I, de la familia de los Omeyas, invadió las posesiones califales, derrotó al emir de Córdoba y fundó un reino independiente: el Califato de Córdoba.

Los conquistadores asumieron los avances de la agricultura romana y la modernizaron mediante sistemas de irrigación que hicieron fértiles los páramos y brezales. Plantaron higueras, granados (de los que llegaron a existir once variedades), limoneros, naranjos (de fruto aún ácido), palmera datilera, cerezos, manzanos y perales, pero la base de la alimentación en general, y casi exclusiva para los estamentos populares, siguieron siendo los cereales (trigo, cebada, avena, sorgo y centeno en zonas frías), razón por la cual cualquier episodio de mala cosecha o pérdida de la misma devenía en carestías y hambrunas. También se cultivaban y consumían abundantemente legumbres, como garbanzos, lentejas y altramuces, y una gran variedad de hortalizas, como puerros, espárragos, berenjenas, calabazas, acelgas, zanahorias, alcachofas, varios tipos de lechuga y escarola.

Respecto a las carnes, aquellos pocos que las tenían a su alcance, debían respetar lo escrito en el Corán:

> Os están prohibidos para comer los animales muertos, la sangre, la carne de cerdo y todo animal que se haya sacrificado a otro que a Dios; y todo animal ahogado, y que haya sido muerto de golpe, caída o herida de cuerno, y los que hayan sido presa de una fiera, con excepción de aquellos que, cogiéndolos aún vivos, los mataseis vosotros mismos, por una sangría.

Como puede comprobarse, y a diferencia de los preceptos judíos que más tarde se verán, la norma no afecta tanto a las especies animales, a excepción por supuesto del cerdo, como a la forma del sacrificio que, por su variedad y extensión, acabará convirtiéndose en ritual.

La estrella, desde luego, era y sigue siendo en los países árabes, el cordero, que se preparaba en un sinnúmero de recetas y presentaciones.

El aceite de oliva, ante esta prohibición coránica de consumir manteca o grasa de cerdo, fue siempre protagonista de las elaboraciones culinarias. Se producía y comercializaba en tres tipos o calidades: el mejor, llamado «aceite de agua», resultaba de la trituración de la aceituna, un lavado de agua caliente y una final decantación; el conocido como «aceite de almazara», que se conseguía prensando la pulpa del fruto y posteriormente se transfería a una pileta donde se decantaba; y el de menor calidad, «aceite cocido», que se preparaba a partir del orujo del primer prensado, mezclado con agua hirviendo. Las aceitunas se curaban y aliñaban para comerlas solas o como aderezo en los guisos.

La cocina andalusí dejó una profunda huella en la gastronomía española.

La cocina de Al-Ándalus compone un variado recetario que en la mayoría de los casos influyó y se vio influida por las cocinas cristiana y judía con las que convivió durante siglos. Los que tenían acceso a la carne solían degustar la altamandría, un picado de pollo, gallina, paloma y pájaros, que se cocía con arroz y se aderezaba con varias especias; el cordero con huevos; la *kubba*, de carne de cordero deshuesada, picada y macerada, con la que se amasaba una pasta que se servía con distintas guarniciones; la *atriyya*, carne de cordero cocida con cebolla, aceite, fideos finos, cilantro seco, pimienta, canela y jengibre; o el plato que menciona Al-Razi a base de jarrete de ternera, cocido con cebolla, ajos, apio, cilantro, perejil, azafrán, ramas de canela y hojas de hierbabuena. Platos comunes a todas las categorías sociales, aunque con variantes ricas y pobres al modo de la olla cristiana, eran la *harisa*, con harina de trigo u otro cereal y gallina deshuesada; la *sajina*, una suerte de gachas de harina en la que se cocían verduras; y el alcuzcuz, pasta de harina y miel que se amasaba en granitos redondos y se cocía al vapor de agua. Pescado se comía poco, fresco en la costa y en salazón en el interior, aunque fue muy popular un aperitivo a base de una pasta preparada de forma similar al mencionado *kubba* de carne; o el almidonado, pescado picado en forma de albóndigas con pimienta, cilantro seco y canela, rebozado de harina de trigo y frito en aceite de oliva.

Los pobres, pertinaces más que en sus gustos en sus escasísimas posibilidades a lo largo de los siglos y, en general, ajenos a los cambios de usos y costumbres gastronómicas, se aferraban a las gachas de harina de lo que hubiera: cereales y legumbres, acompañadas de hortalizas o trozos de casquería, aunque de vez en cuando se permitían algunas gollerías como las zanahorias que figuran en el recetario de Ibn Razin, cocidas en aceite de oliva, molla de pan empapada en vinagre, ajo tostado, alcaravea y mostaza en grano.

En el siglo xi Córdoba inicia su decadencia para ceder el testigo de esplendor a Sevilla. En sus postrimerías y comienzos del xii se produce otra invasión, la de los almorávides, que dará lugar a la eclosión de los reinos de Taifas. Para sobrevivir, mantener o acrecentar respectivas influencias, cada taifa debe recurrir a ejércitos o partidas de soldadesca mercenaria, cuya retribución consume una buena parte del presupuesto. Sobre el pueblo, eterno pagano, caen impuestos tras impuestos y el hambre se extiende por las anteriormente boyantes posesiones musulmanas.

EL GRAN GASTRÓNOMO ANDALUSÍ

Como los romanos tuvieron su Apicio, Al-Ándalus legó a la gastronomía uno de los más innovadores gastrónomos de la historia. Su nombre era Abu I-Hassan Ali Ibn Nafi, conocido por Ziryab y por su alias «pájaro negro cantor». De origen kurdo, la peripecia vital de este singular personaje guarda ciertos paralelismos muy posteriores con la relación Mozart-Salieri y los gustos de Rossini. Músico y cantor afamado en Bagdad, tuvo que abandonar la metrópoli a causa de los incontrolados celos de su maestro musical, Ibn al-Mawsili, para recalar, en compañía de su familia, en la corte cordobesa de Abderramán II quien, subyugado por los valores del exiliado, le ofreció un palacio, una renta mensual elevada y otras muchas prebendas. Pero, como sucedería con Rossini siglos después, más que la música y el *bell canto*, la verdadera afición y motivación espiritual de Ziryab era la cocina y el arte gastronómico.

Su eclosión en el siglo XII va a cambiar los modos y maneras culinarios tenidos como canónicos hasta aquel momento, y además será el responsable de la incorporación al recetario establecido de un

Ziryab, un refinado gourmet en Al-Ándalus.

sinnúmero de nuevos platos que, en muchos casos, llevan su nombre. Es el caso de la *zirbaya*, evidente deformación de *ziryaba*, que será el precedente del afamado manjar blanco (que haría furor en el Renacimiento español y en los siglos posteriores) del francés *blanc manger*, y de varias recetas italianas, como los *blasmangiere*, *blasmangeri* o *blasmangieri*, directamente inspiradas en el plato concebido por Ziryab. También fue él quien introdujo en la culinaria española y europea, los espárragos, el gusto por las albóndigas —cuyo nombre proviene de la voz árabe *albunduqa*, que significa «bala» o «avellana»—, y de las habas a la rondeña, tan del gusto de la banda de bandoleros que comandaba Luis de Vargas quien, al decir del poeta Fernando Villalón, «avasallaba a los ricos y a los pobres socorría».

Con Ziryab se consolida en Al Ándalus una cocina refinada y cada vez más compleja en su elaboración; una cocina evocadora de exotismos orientales y que vuelve a trascender el acto humano de alimentarse.

LA COCINA SEFARDÍ

Los judíos se instalaron en España desde tiempos remotos, aunque siempre constituyeron una clase aparte. Los romanos fueron tolerantes con ellos y también lo fueron los primeros reyes visigóticos, hasta que Recaredo abandonó el arrianismo, convirtiéndose al catolicismo. A partir de entonces, fueron perdiendo privilegios y se iniciaron periódicas persecuciones, de muy distinto calado según las épocas.

Los invasores musulmanes los acogieron con los brazos abiertos en la época del califato, cuyo esplendor intelectual propició la emergencia de figuras de la talla del médico y filósofo Moisés Maimonides, pero la llegada al poder de los almorávides marcó el fin de tan brillante etapa. Los judíos tuvieron que optar entre convertirse al islam o emigrar, y un gran número de ellos lo hizo hacia tierras cristianas peninsulares, donde el pueblo les acogió con recelo y antipatía. Sin embargo, en las cortes de los reyes Alfonso VII, Alonso VIII, Fernando III y Alfonso X, los judíos tuvieron una singular presencia e influencia en la ciencia, la diplomacia y las finanzas.

A finales del siglo XIII, la nobleza y el clero, muy fortalecidos frente al poder real, comenzaron a presionar para que los judíos fueran desposeídos de regalías y se les prohibiera la recaudación de contribuciones, oficio que ostentaban casi en monopolio. La burguesía urbana también empezó a negarse a pagar los intereses de usura (entre el 33 % y el 50 % mensual) que imponían a sus préstamos. En el verano de 1391 se levantó una oleada de odio antijudío de extraordinarias proporciones; miles de hebreos fueron asesinados y sus aljamas destruidas en Toledo, Córdoba, Baleares y Sevilla. Las revueltas concluyeron con órdenes de confinamiento en juderías y la obligación de portar sobre el pecho un distintivo infamante: una rueda roja de tela roja y amarilla, la rodela bermeja. En 1480, el Santo Oficio, creado por bula pontificia de Sixto VI, comenzó una persecución más sistemática y brutal.

La hispana estrella de David empezó a oscurecerse hasta apagarse definitivamente cuando el 31 de marzo de 1492 los Reyes Católicos firmaron en el palacio de la Alhambra recién conquistada, el «Edicto general sobre la expulsión de los judíos de Castilla y Aragón».

La cocina judía está fuertemente condicionada por su religión, plagada en sus libros sagrados de rígidas normas alimentarias. En el Levítico se explicitan multitud de prohibiciones, como, por ejemplo: «He aquí los animales que comeréis de entre las bestias de la tierra.

La adafina judía, que pasa por ser la madre de todas las ollas y cocidos.

Todo animal de casco partido y pezuña hendida y que no rumie lo comeréis, pero no comeréis los que solo rumian o solo tienen partida la pezuña».

Con esta especificación concreta, los judíos no pueden comer, por ejemplo, ni conejo, ni liebre (rumiantes sin la pezuña partida); ni cerdo, ni jabalí (que tienen la pezuña partida pero no son rumiantes). Respecto a los peces, de mar o de río, solo pueden comerse aquellos que tengan aletas y escamas, al tiempo que se excluyen todos los moluscos y crustáceos.

Otros dos preceptos que condicionan fuertemente la coquinaria hebrea son la prohibición de comer la sangre de los animales y guisarlos en la leche de su madre, lo que, entre otras cosas, implica tener que dejar pasar varias horas entre una comida de carne y la ingestión de un producto lácteo, y la necesidad de disponer en el hogar de un doble juego de vajilla y cubertería, para separar los destinados a la carne y los utilizados para cualquier receta que incluya leche.

La cocina española es tributaria de algunos platos judíos, como el pisto manchego, las berenjenas con queso o los pescados rellenos (su *idish*), pero lo más valioso de esa herencia es sin duda la olla medieval, renacentista y barroca, y el cocido que ha llegado intacto a nuestros días. Más que probablemente, olla podrida y cocido tienen su antecedente en la adafina, que los hebreos preparaban a partir de la tarde del viernes, para celebrar la fiesta semanal del *shabbat*. En su versión de más alcurnia, la olla judía se hacía con garbanzos, fideos, ternera, pollo, verduras y huevos duros. Como después ocurriría con el cocido, la adafina era una comida completa que se servía en tres vuelcos: una sopa preparada con el caldo; un plato de garbanzos y verduras, adornado con los huevos duros partidos en mitad; y un tercero de carnes.

Otros platos señeros de la cocina sefardí fueron los *fartalejos*, de queso fresco, huevo duro, hierbabuena y mejorana; la *hodra* o sopa de las siete verduras; la *orisa*, guiso de cordero con cebolla, ajos, huevos duros, pimentón de ñoras y azúcar moreno; o el pescado cocho, mero frito con ajos, ñoras, cilantro y cominos, acompañado de habas cocidas.

Tras la orden de expulsión, los judíos conversos, los llamados «marranos», se esforzaban para demostrar su nueva fe católica sustituyendo la carne de cordero o ternera en su adafina, por carne de cerdo, con atención especial a la morcilla, ya que, al consumirla, por estar hecha a base de sangre, se infringía un doble precepto mosaico.

LA PRIMERA GRAN FUSIÓN DE COCINAS CRISTIANA, MUSULMANA Y JUDÍA

Como ha quedado de manifiesto, a lo largo del extenso periodo temporal que representa la Edad Media, conviven varias culturas gastronómicas que, sin perder su personalidad y peculiaridades, se van imbricando unas en otras hasta constituir un todo homogéneo. Toda Europa ha heredado hábitos y costumbres culinarias y gastronómicas de romanos y bárbaros del norte, pero con el asentamiento del islam en la mayor parte de España y la puesta en valor subsiguiente de los judíos que se incorporan a sus cortes (como traductores, matemáticos, médicos, economistas, etc.), la cocina judía deja escapar sus aromas por todas partes.

Cuando la Edad Media toca a su fin, la simbiosis gastronómica es un hecho incontestable en toda la cristiandad occidental. De ello da fe de incalculable valor el relato de conocimientos culinarios que exhibe Aldonza, protagonista de *La lozana andaluza*, a su llegada a Roma. Acuciada por el hambre se ve obligada a ejercer la

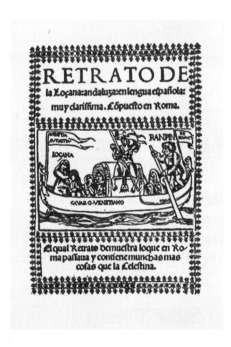

Aldonza, la protagonista de *La lozana andaluza* de Francisco Delicado, ejemplifica la fusión gastronómica de las tres culturas del Libro.

prostitución, pero antes de entrar en el pupilaje exhibe méritos ajenos al comercio carnal, que se sustancian en singulares habilidades coquinarias.

Poniendo a su abuela por maestra de cocina, dice:

> … en su poder deprendí hazer fideos, empanadillas, alcuzcuçu con garbanzos, arroz entero, seco, grasso, albondiguillas redondas y apretadas con culantro verde, que se conoscían las que yo hazía entre ciento. Mirá, señora tía, que su padre de mi padre dezía: "¡Estas son de mano de mi hija Aldonça!» Pues, ¿adobado no hazía? Sobre que cuantos traperos había en la cal de la Heria querían proballo, y máxime cuando era un buen pecho de carnero. Y ¡qué miel! Pensá, señora, que la teníamos de Adamuz, y çafrán de Peñafiel, y lo mejor del Andaluzía venía en casa desta mi agüela. Sabía hazer hojuelas, prestiños, rosquillas de alfaxor, textones de cañamones y de ajonjolí, nuégados, xopaipas, hojaldres, hormigos torçidos con azeite, talvinas, çahinas y nabos sin toçino y con comino; col murciana con alcaravea, y "olla reposada no la comía tal ninguna barba». Pues boronía ¿no sabía hazer?: ¡por maravilla! Y caçuela de berengenas moxíes en perfiçión; caçuela con su agico y cominico, y saborcico de vinagre, esta hazía yo sin que me la vezasen. Rellenos, cuajarejos de cabritos, pepitorias y cabrito apedreado con limón çeutí. Y caçuelas de pescado çecial con oruga, y caçuelas moriscas por maravilla, y de otros pescados que serían luengo de contar. Letuarios de arrope para en casa, y con miel para presentar, como eran de membrillos, de cantueso, de uvas, de berengenas, de nuezes y de la flor del nogal, para tiempo de peste; de orégano y de hierbabuena, para quien pierde el apetito. Pues ¿ollas en tiempo de ayuno? Estas y las otras ponía yo tanta hemencia en ellas, que sobrepujaba a Platina, De voluptatibus, y a Apicio Romano, De re coquinaria, y dezía esta madre de mi madre: «Hija Aldonça, la olla sin çebolla es boda sin tamborín.» Y si ella me viviera, por mi saber y limpieza (dexemos estar hermosura), me casaba, y no salía yo acá por tierras agenas con mi madre, pues me quedé sin dote, que mi madre me dexó solamente una añora con su huerto, y saber tramar, y esta lançadera para texer cuando tenga premideras.

La primera gran fusión gastronómica de la historia ya es un hecho incontestable.

Renacimiento, lides quijotescas, hambrunas colectivas y glotonería real

En lo político, el siglo XVI que da inicio al Renacimiento se inicia con la muerte de Fernando II de Aragón, el Católico y la autoproclamación como rey de España de su nieto Carlos de Habsburgo, que se había criado y vivía en Flandes en ese momento. El 19 de septiembre de 1917 desembarcó en Tazones, parroquia del concejo asturiano de Villaviciosa, con 17 años, sin saber una palabra de español y rodeado de consejeros flamencos que, en cuanto pisaron tierra peninsular, comenzaron a saquear ávidamente las arcas del Estado y a copar los puestos clave en la administración y el ejército.

Recreación anual del desembarco de Carlos V en Tazones,
Asturias, para tomar posesión del reino de España.

A lo provocador de la llegada se sumaba la poca apariencia del nuevo monarca quien, dotado de una mandíbula inferior desproporcionada y con la mirada perdida, acabó de soliviantar a la nobleza castellana, que vio cómo se desmoronaban sus antiguos derechos y privilegios ante un cortejo extranjero, pendenciero y rapaz.

El descontento de la nobleza se trasladó pronto al pueblo llano y la situación se tradujo en un sentimiento común antiflamenco que desembocaría en la rebelión de los Comuneros quienes, entre otras cosas, exigían la expulsión inmediata de los extranjeros y la residencia real en Castilla. La revuelta se ahogó en sangre durante batallas que tuvieron lugar entre los años 1520 y 1521, concluyendo con la decapitación pública de los tres cabecillas visibles: Juan de Padilla, Juan Bravo y Francisco Maldonado, en la plaza Mayor de Villalar, actual provincia de Valladolid.

No obstante, el indiscutible triunfo sobre sus oponentes, el rey, ya emperador (su proclamación como tal tuvo lugar en 1519, cuando contaba 20 años), debió meditar sobre los porqués de la insurrección y modificó sustancialmente su política anterior, cediendo a algunas de las pretensiones de sus súbditos y poniendo algún coto a las rapiñas iniciales de su corte flamenca.

Entretanto, la Inquisición proseguía implacable la persecución de judíos cristianizados. Entre 1489 y 1525 la institución procesó a 234.500 conversos acusados de falsedad. De ellos, 18.320 fueron quemados, 9660 juzgados en rebeldía y 206.526 condenados a penitencias públicas y confiscación de bienes.

El siguiente hito del siglo será la expansión de Castilla por las nuevas tierras americanas. En el plazo de unos cuarenta años, especialmente desde 1518 a 1560, tras dejar atrás las islas antillanas colonizadas en primera instancia, se da el gran salto y se conquista medio continente, que convierte a la corona en el más grande imperio ultramarino del mundo.

Tras la abdicación de Carlos V, pasó a ocupar el trono Felipe II, quien sería rey de España entre 1556 y 1598 y de Portugal en el periodo comprendido entre 1580 y 1598. Su reinado, jalonado de guerras en todos los frentes, constata dos éxitos claros: la detención de la amenaza turca y berberisca en el Mediterráneo, con la victoria en la batalla de Lepanto, de 1571, y el fin de la guerra con Francia, heredada de su padre, tras la batalla de san Quintín, que condujo a la paz con el país vecino firmada en 1559.

En el lado del «debe», hay que situar el rotundo fracaso de la llamada «Armada Invencible», y las inacabables guerras de los Países Bajos, que representaron un fabuloso quebranto económico y una sangría de vidas humanas. Ante la rebelión de los protestantes holandeses contra la monarquía católica española, se fue optando por alternativas y planteamientos que oscilaron entre la brutal represión llevada a cabo por el duque de Alba, a la política más flexible y conciliatoria de Luis de Requesens, que propició una bastante generosa amnistía para los rebeldes. Desgraciadamente, la esperanza de paz que abría aquella iniciativa fue abruptamente abortada por el saqueo de Amberes, en abril de 1573, protagonizada por unas tropas a las que no se pagaba la soldada debido a la crisis financiera.

Al final de su reinado, una serie de malas cosechas consecutivas y los fabulosos gastos bélicos acumulados, provocaron una brutal alza de precios. España se convirtió en el país más caro de Europa, se profundizó la miseria del campesinado y creció el descontento.

Las consecuencias de estas crisis circulares (mala cosecha, acaparamiento, subida de precios, hambre, emigración campesina, consecuente mala cosecha…), tuvieron unos enormes efectos destructivos a medio y largo plazo. De un lado se abandonaban las tierras de labor huyendo de la hambruna, y de otro, esta estampida humana producía una desnutrición y un debilitamiento que abrían la puerta a enfermedades de todo tipo y difusión de epidemias. Las carestías del periodo bajomedieval, que se adentran en las primeras etapas del Renacimiento, tuvieron una incidencia especialmente grave respecto a siglos anteriores debido a la dependencia exclusiva del cereal en la alimentación. A ello habría que sumar los indeseables efectos sobre la alimentación de ciertas políticas «estatales» que habían puesto en marcha los Reyes Católicos. También suman en el debe las constantes guerras del emperador.

Lucas Labrada describe la situación del campesinado gallego en la España imperial:

> Los infelices labradores gallegos obligados a pagar las rentas, los pechos y los servicios reales y personales salían todos los años por el mes de abril y mayo a ganar un jornal a los reinos de Castilla, en número de más de 30.000 hombres y mujeres, volviendo por el mes de agosto a hacer su triste cosecha, de la cual en el año más abundante no les quedaba con que sustentarse más que un poco de pan de maíz y centeno, berzas y agua, sin hora de alivio ni descanso, desnudos, descalzos toda la vida, sin tener nada suyo, pues hasta los

bueyes de labranza y más ganados eran de los dueños de las tierras, a quienes pagaban por ellos sus ganancias y alquileres, viviendo siempre abrumados de trabajo, pensiones y fatigas, y siendo estériles los años y cosechas del país, les desamparaban los más por no perecer de hambre, saliendo con sus mujeres, hijos y familia, unos al reino de Castilla, y otros a trabajar y pedir limosna por varias partes.

El autor, que habla del maíz haciendo sin duda referencia a su antecedente, mijo o millo, presenta un cuadro que veremos repetido un par de siglos después en los escritos del padre Feijoo. Lo mismo que ocurrirá fatídicamente con sus vecinos asturianos, quienes a finales del siglo aparecen retratados en las páginas del *Libro de entretenimiento de la pícara Justina*, de Francisco López de Úbeda: «Estos encontré en diversas tropas o piaras, con tales figuras, que parecían soldados del rey Longaniza o mensajeros de la muerte de hambre, lo cual creyera cualquiera que los viera, flacos, largos, desnudos y estrujados y con guadañas al hombro (…) por estar prevenidos para la pesca andan siempre descalzos».

La imagen resulta tan dantesca que resulta inconcebible que aquellos seres degradados hasta el límite, hechos jirones, muertos de hambre en vida, pudieran sobrevivir y reproducirse en sucesivas generaciones de miserables hambrientos.

EL *QUIJOTE* COMO RECETARIO CULINARIO

Se ha dicho en muchas ocasiones que El *Quijote* es o puede leerse en parte como un libro de cocina. También se ha señalado que su autor debió pasar sus buenas fatigas alimenticias, porque mientras se detiene y detalla las comidas de los humildes, pasa casi sobre ascuas y con descripciones generalistas por los banquetes de los poderosos.

En cualquier caso, el *Quijote* es un interesante muestrario de mesas altas y bajas que caracterizan el tránsito de la Edad Media a la Edad Moderna, el Renacimiento. Así, como escribe Lorenzo Díaz: «Podremos hablar, por un lado, de una cocina de necesidad, una culinaria de ribetes poco imaginativos y que correspondería a la pitanza de las clases populares y a una cocina de azar, una coquinaria literaria llena de exóticos menús, de ricos asados y trufada de aromáticas hierbas».

Dentro del primer apartado, como veremos más adelante, encontramos varios ejemplos, aunque como paradigma quizá habría que situar el ágape con los cabreros del hidalgo manchego; y respecto al segundo grupo, es forzoso colocar por encima de todo las casi míticas bodas de Camacho.

De la importancia que don Miguel de Cervantes concede al arte culinario en la cultura e historia de un pueblo, da idea el hecho de que decida definir el personaje de su historia justamente a partir de sus hábitos alimenticios.

En el mismo inicio de la novela, concretamente en el segundo párrafo se nos dice que Alonso Quijano disfrutaba cotidianamente del siguiente menú: «Una olla de algo más vaca que carnero, salpicón las más noches, duelos y quebrantos los sábados, lentejas los viernes, y algún palomino de añadidura los domingos consumían las tres partes de su hacienda». Sobre la olla y en aquella época se decía que: «Vaca y carnero, olla de caballero», de forma que, de entrada, sabemos que estamos ante un caballero, pero sin duda venido a menos,

Salpicón manchego, la cena cotidiana de Don Quijote.

porque la precisión de «más vaca» nos está diciendo que sus recursos son escasos, ya que en aquel tiempo el ganado vacuno se dedicaba a las labores del campo hasta que, reventado de fatigas y viejo, no quedaba más alternativa que entregar a la olla sus aperreadas carnes.

El salpicón de la cena era una preparación a base de cebolla picada y en ruedas para el adorno, pimienta, sal y vinagre, que aliñaba las sobras del mediodía; un plato de recurso, una suerte de ropa vieja, propia y referente de hidalgos sin fortuna.

Respecto a los «duelos y quebrantos», se ha desarrollado un interesante debate en el que algunos quisieron ver una expresión derivada del guiso que se hacía con los despojos de reses muertas accidentalmente, que los pastores allegaban a sus amos. Duelo por la pérdida de la res y quebranto de huesos del animal. Sin embargo, parece más plausible que la denominación se refiera a un plato de huevos fritos con torreznos de tocino entreverado, que entraría dentro del grupo de alimentos conocidos como «grosura», que castellanos y leoneses tuvieron el privilegio de consumir en sábado, como una forma de abstinencia atenuada de la que inmediatamente hablaremos.

Duelos y quebrantos, un tipismo sabatino castellano-manchego.

Con las lentejas de los viernes completamos un retrato de cristiano viejo, que sigue y respeta las normas de la Santa Madre Iglesia. Por último, con el dato de que Alonso Quijano consume tres cuartas partes de su renta y hacienda en la manutención, nos hacemos idea de una situación económica no muy boyante.

Antes de entrar en menús, hay que subrayar que el *Quijote* es un relato donde el hambre sobrevuela hechos y peripecias. No en vano el lema de Sancho es «muera Marta y muera harta». La obsesión de los españoles humildes del Renacimiento no es otra que la de comer, y, si es posible, hasta hartarse; una filosofía nutritiva que vuelve a hacerse presente en la voz de Sancho: «… y para mí, como yo esté harto, eso me hace, que sea de zanahorias, de perdices». Un hambre, omnipresente y feroz de la que el caballero andante, haciendo de la necesidad virtud, se convierte en apologeta: «La mejor salsa del mundo es el hambre, y como esta no falta a los pobres, siempre comen con gusto».

Hambre y desnutrición endémica debieron ser fieles compañeras de los campesinos que labraban los campos y de los pastores que acompañaban por valles y barrancos los rebaños de ovejas y cabras. De sus raciones nos habla el *Quijote* cuando el hidalgo se sienta a comer con unos cabreros que encuentra sentados en torno a una lumbre y un puchero donde cuecen tasajo de cabra. Don Quijote, ante el atónito asombro de los cabreros, empieza a discursearles sobre «la dichosa edad de los siglos dorados» de tal suerte que…

> …No entendían los cabreros aquella jerigonza de escuderos y caballeros andantes, y no hacían otra cosa que comer y callar y mirar a sus huéspedes que, con mucho donaire y gana, embaulaban tasajo como el puño. Acabado el servicio de carne, tendieron sobre las zaleas gran cantidad de bellotas avellanadas, y juntamente pusieron en medio queso más duro que si fuera hecho de argamasa.

Comida parca, desequilibrada y limitadísima en nutrientes esenciales que, gracias a los testimonios directos de pastores de los Montes de Toledo, sabemos que se trasladará implacable a través del tiempo hasta alcanzar la mitad del siglo xx.

Y en la antípoda del refrigerio pastoril, se nos presenta el espectáculo pantagruélico de las bodas del rico Camacho, quien a pesar de que finalmente no logra desposarse con la bella Quiteria, organiza un festín popular por todo lo alto que constituye todo un modelo de los ágapes patrocinados por hacendados rurales económicamente poderosos. Al sarao llegan los personajes cervantinos guiados por el hambriento escudero:

> Lo primero que se le ofreció a la vista de Sancho fue espetado en un asador de un olmo entero un entero novillo y en el fuego donde se había de asar ardía un mediano monte de leña; y seis ollas que alrededor de la hoguera estaban no se habían hecho en la común turquesa de las demás ollas, porque eran seis medias tinajas, que en cada una cabía un rastro de carne: así embebían y encerraban en sí carneros sin echarse de ver, como si fueran palominos: las liebres ya sin pellejo, y las gallinas sin pluma que estaban colgadas de los árboles para sepultarlas en las ollas, no tenían número: los pájaros y caza de diversos géneros eran infinitos, colgados de los árboles, para que el aire los enfriase. Contó Sancho más de sesenta zaques de más de dos arrobas cada uno, y todos llenos, según después pareció, de generosos vinos:

Don Quijote come con los cabreros.

así había rimeros de pan blanquísimo como los suele haber de montones de trigo en las eras. Los quesos puestos como ladrillos enrejados formaban una muralla, y dos calderas de aceite mayores que las de un tinte servían de freír cosas de masa que con dos valientes palas las sacaban fritas y las zambullían en otra caldera de preparada miel que allí junto estaba.

Sancho contempla todo aquello cual si de una visión se tratara y, ante su sorpresa e incredulidad, tras solicitar permiso para mojar en el caldo su mendrugo pan, el cocinero de dice:

> Hermano, este día no es de aquellos sobre quien tiene jurisdicción el hambre, merced al rico Camacho. Apeaos y mirad si hay por ahí un cucharón, y espumad una gallina o dos, y buen provecho os hagan. No veo ninguno —respondió Sancho—. Esperad —dijo el cocinero—. ¡Pecador de mí, y que melindrosos y par o poco debéis ser! Y diciendo esto, asió de un caldero, y encajándolo en una de las medias tinajas, sacó en él tres gallinas y dos gansos, y dijo a Sancho: «Comed, amigo, y desayunaos con esta espuma, en tanto que se llega la hora del yantar».

De nuevo la dualidad hambre frente a sobrenatural y monumental hartazgo, tan repetida en la famélica historia de los españoles.

A alguien con un estómago y un aparato digestivo acostumbrado a escaso mendrugo de pan y puñado de bellotas asadas, le largan tres gallinas y dos gansos para que vaya abriendo boca antes de la comida formal. Nadie sabrá jamás cuantos miles de hambrientos murieron de un hartón, aunque siglos más adelante encontraremos testimonios de primera mano respecto a los riesgos de estos pendulares comportamientos alimenticios.

El que fue invento gastronómico del siglo, la olla podrida, también aparece en el *Quijote*, Cervantes pone estas palabras en boca de Sancho: «Aquel platonazo que está más adelante vahando me parece que es olla podrida, que por diversidad de cosas que en tales ollas hay, no podré dejar de topar con alguna que me sea de gusto y provecho».

La base de la olla podrida, cuyo nombre parece que deriva de *poderida*, por poderosa, en cuanto a la cantidad de productos que contiene, se dispersó en variantes regionales, adaptándose a los ingredientes del paisaje y a los gustos históricamente derivados de aquellos.

Así, en Asturias y Galicia se prepara el pote, cuyo nombre evoca el recipiente en que se cocina; en Andalucía, el cocido se llama puchero gitano o cocido «colorao», dependiendo de que en su composición se incluyera tocino o chorizo curado en manteca «colorá»; en Cataluña se llama *escudella de carn i olla* o sencillamente escudella; mientras que en Madrid recibió el nombre de la forma de cocción: cocido.

Por último, merece mención la afición, que se desarrolla durante el Renacimiento y que tendrá su máxima expresión en el siguiente siglo, de consumir «incitativos» o «llamativos», como se les llamará más tarde a los alimentos que incitan o llaman a beber vino. La anécdota es que en el *Quijote*, dentro de este grupo aperitivo, se incluye el caviar. Así consta en la merienda que Sancho comparte con unos peregrinos alemanes camino de Compostela:

> Todos traían alforjas, y todas, según pareció, venían bien proveídas, a lo menos, de cosas incitativas y que llaman a la sed de las lenguas. Tendiéronse en el suelo y haciendo manteles de las hierbas, pusieron sobre ellas pan, sal, cuchillos, nueces, rajas de queso, huesos mondos de jamón, que si no se dejaban mascar no se defendían de ser chupados. Pusieron así mismo un manjar negro que dicen que se llama cabial y es hecho de huevos de pescado, grande despertador de la corambre.

Podría llamar la atención el hecho de que, en una merienda de apariencia tan miserable, con huesos mondos para chupar, se incluyera el aristocrático caviar, pero lo cierto es que en la España de entonces y en siglos posteriores la exquisitez se obtenía en abundancia de los esturiones que remontaban el Guadalquivir hasta las mismas puertas de Sevilla. De hecho, hasta la mitad del siglo XX, cuando la contaminación del río hizo imposible la vida de los esturiones en las aguas del río, existió una compañía española de conservas de caviar, cuya fabrica principal era Doña Pepita, instalada en Coria del Río. No obstante, es probable que Cervantes conociera ya el caviar tras sus correrías por Europa como soldado, pero al mismo tiempo llama sobremanera la atención que a lo largo de toda su extensa novela no aparezca ni uno solo de los productos llegados de América, teniendo en cuenta que, en 1615, cuando se publica la segunda parte de la obra, ya hay algunos, como el maíz, la batata o las judías, bastante bien asentados en el consumo popular. Algunos especialistas en la obra cervantina apuntan a un posible despecho personal en tal omisión, puesto que don Miguel intentó varias veces, sin éxito, conseguir un destino en el Nuevo Continente. Así, en febrero de 1582 dirigió una carta a Antonio de Eraso, del Consejo de Indias, para recabar algún puesto en América, aduciendo sus méritos en Lepanto y cautiverio en Argel durante cinco largos años, pero se le deniega por no haber vacantes. Ocho años después, en mayo de 1590, solicita la contaduría del Nuevo Reino de Granada, la gobernación de la provincia de Soconusco en Guatemala, la contaduría de galeras en Cartagena de Indias o el corregimiento de la ciudad de La Paz. Esta vez la respuesta del Consejo es que abandone la idea de colocarse en ultramar y se busque algo en la Península con lo que «se le haga merced». La única merced que consiguió fue la ruina, pero muy probablemente gracias a ella hoy el mundo puede leer y gozar con las aventuras del ingenioso hidalgo manchego. Eso sí, sin que en página alguna se le abra el apetito con un producto americano.

Cavial, la merienda que Sancho comparte con peregrinos alemanes a Santiago.

LA CARNE DE SEGUNDA SABATINA
PARA LA ABSTINENCIA ATENUADA

El debate sobre la composición de los «duelos y quebrantos», mencionados en el segundo párrafo de el *Quijote*, nos lleva a la curiosísima evidencia de una comida específica de sábado, que durante siglos constituyó una peculiaridad en los antiguos reinos de Castilla y León. La abstinencia de carne, común a los países católicos de Occidente, se sustituyó en estas regiones españolas por una fórmula de abstinencia atenuada, en la que los buenos cristianos comían despojos y embutidos específicos, llamados «sabadeños» en Castilla y «sabadiegos» en León, considerados como «carne de segunda», aceptable a los ojos de Dios, libre de pecado y dentro del precepto.

Comían despojos y grosuras en cuya nómina se incluían los hígados, las mollejas, los menudillos, las alas y pescuezo de las aves de corral, así como la cabeza, las patas o pezuñas, el vientre o la asadura de reses o animales de casa.

La práctica de abstinencia atenuada o de comida de sábado no pasó desapercibida para los viajeros extranjeros que vinieron a España y algunos de ellos dejaron constancia escrita de su perplejidad y asombro. Eloy

Sabadiego, embutido asturiano que recuerda la «abstinencia atenuada».

Terrón recoge un ramillete de menciones entre las que cabe destacar la de un noble bohemio, León de Rosmithal quien, a su paso por Burgos a comienzos del último tercio del siglo XV, escribe lo siguiente:

> … los cristianos comen los sábados las entrañas o asaduras de los animales y se abstienen de otras carnes, y preguntándoles nosotros la causa de esto, nos respondieron que aquello no era carne aunque estaba en ella (…) en estos lugares encontramos por primera vez cristianos que comían carne los sábados.

Curiosa matización la de «no ser carne, pero estar en ella», que en el siglo XVII vuelve a llamar la atención al viajero portugués y profesor de la ilustre Universidad de Coímbra, Bartolomé Pinheiro da Veiga. En su visita a Valladolid, y tras quejarse de la escasez y mala calidad del pescado que circula en los mercados durante el tiempo de Cuaresma, dice:

> La segunda y más notable cosa de Castilla en este género es que generalmente los sábados comen menudo y esto sin bula ni licencia alguna del papa, más en fuerza de una costumbre casi inmemorial tolerada por los Sumos Pontífices, lo cual hasta cierto punto justifica el uso de aquel manjar en semejantes días. Porque menudo de puerco llaman al tocino, cabeza, pescuezo, lomo, pies, manos, orejas, rabo, asadura y demás partes internas de aquel animal.

Nos consta que esta peculiaridad sobrepasó en algunos casos las fronteras castellano-leonesas. Por ejemplo, un documento de la diócesis de Lugo, emitido en 1669, autoriza a los feligreses a comer en sábado: «… todo género de grosura, y solas las extremidades de animales, como son cabezas, pescuezos, asaduras, vientres, pies, y manos, sangre, y salazones de puerco».

En alguna ocasión, a lo largo de los siglos, la autoridad religiosa intentó poner freno a este abuso legalizado por la costumbre; entre otras cosas porque parece que algunos feligreses, no satisfechos con el pie, se tomaban la mano. Por ejemplo, en 1566, el obispo de Sigüenza trató de imponer su encarnada autoridad alegando:

> Y porque hemos sido informados que, de pocos años a esta parte, allende de comerse el sábado cabezas, pies y lo de dentro del puerco, se ha comenzado a introducir el comer los tocinos, especialmente en fresco, prohibimos el comer de aquí en adelante parte de los dichos tocinos, fresco ni añejo.

Pero la pastoral tuvo poco o ningún éxito, como lo prueba el hecho de que muy a finales del siglo xviii todavía existía esta costumbre. Lo menciona la condesa D'Aulnoy al hablar de bulas y de la excepción del sábado: «Encuentro bastante singular el que coman ese día las patas, la cabeza, los riñones, y que no se atrevan a comer otra cosa del mismo animal».

El hecho cierto es que la práctica de la comida de sábado, aunque extendida en todos los estratos sociales, benefició especialmente a los poderosos; a aquellos que comían carne a diario y cuya abstinencia solo implicaba un consumo restringido a determinadas piezas del animal. Esta circunstancia explica a la vez el enorme éxito de los despojos en el condumio popular y el que algunos platos llegasen a formar parte de la cocina aristocrática.

EL ORIGEN DE LA EXCEPCIONALIDAD

Pero ¿de dónde procedía esta peculiar forma de abstinencia atenuada de los sábados entre los católicos castellano-leoneses? Sobre el particular existen varias versiones. Martínez Llopis dice lo siguiente al respecto: «A finales del siglo ix, Pablo I otorgó a Fruela el privilegio de poder comer grosura los sábados, limitando la abstinencia a los viernes, permitiendo tomar en estos días aves palmípedas, toda clase de pescados y también la carne de ballena, que era bastante abundante, pero prohibiendo los huevos».

Algún otro autor desliza la razón de la costumbre a unos cuantos siglos más adelante; concretamente al voto realizado por los reyes cristianos tras la victoria contra los moros de Alfonso VIII en Las Navas de Tolosa.

Aquel año de 1212 se habría instituido la fiesta del Triunfo de la Santa Cruz, incluyendo el peculiar compromiso religioso de abstinencia atenuada en sábado. Sin embargo, parece más plausible (y esto no entraría del todo en contradicción con lo planteado por Llopis), que la práctica fuere herencia de los godos que llegaron a España dando fin a la dominación romana. Aquellos pueblos bárbaros habían adoptado el cristianismo arriano en el siglo iv, en el transcurso de su asentamiento en el norte de Grecia.

La primera Iglesia cristiana, cuyos preceptos siguieron vigentes en la griega de Oriente, estableció como días de abstinencia de carne los miércoles y los viernes, y esto es lo que siguieron respetando los visigodos que finalmente recalaron en la península ibérica. Por el contrario, probablemente con el único afán de diferenciarse de la rama oriental, la Iglesia romana de Occidente añadió el sábado a la abstinencia semanal.

Aunque con posterioridad los visigodos decidieron abjurar de su arrianismo para pasarse con armas y pertrechos espirituales a la Iglesia de Roma, los hábitos habían calado y se llegó a un consenso tácito de respeto, eso sí muy relativo, a la abstinencia sabatina. En esta línea, algún autor afirma que en el siglo VIII los españoles llegaron a un acuerdo con el entonces papa, Paulo I, tras haberles reprochado este comer carne en sábado como hacían los cristianos griegos. Buscando una vía de conciliación, se habría establecido la norma de disfrutar de un intermedio en forma de grosura.

De esta tradición proceden platos y preparados singularísimos, entre los que se incluyen los callos, con o sin garbanzos, comunes a gran número de regiones españolas; las chanfainas extremeñas; los zarajos conquenses; las madrileñísimas gallinejas y entresijos... y todas las complejas recetas expuestas ya en el apartado de cocina medieval de despojos.

VENTAS EN TIERRA DE NADIE

Las ventas, lugares establecidos en caminos y despoblados para reposo de los viajeros, eran lugares siniestros más acondicionados para animales que para personas. La oferta no excedía de un jergón de paja para dormir, un asiento a la lumbre para remediar algo el frío, y, solo ocasionalmente, alguna bazofia para llenar el estómago salvando insalvables escrúpulos, como aparece en el *Quijote*. Cuando el hidalgo llega a la venta, las mozas le ofrecen una cena de viernes:

> ... y no había en toda la venta sino unas raciones de un pescado, que en Castilla llaman abadejo, y en Andalucía bacallao, y en otras partes curadillo, y en otras truchela (...) pusiéronle a mesa a la puerta de la venta por el fresco, y trújole el huésped una porción de mal remojado y peor cocido bacallao, y un pan tan negro y mugriento como sus armas.

El embajador veneciano Andrea Navagero informa de que en 1523 los reyes de España, informados del calamitoso estado de estos establecimientos (y es más que probable que no les informaran a fondo), intentaron remediar la situación, aunque con éxito escaso o nulo.

EL MESÓN COMO ALTERNATIVA URBANA

Los mesones empiezan a aparecer en las ciudades en el siglo XVI. Al contrario de lo que ocurría en los mesones campesinos, en estos establecimientos se podía comer más o menos decentemente y los mesoneros eran gente amable, querida y respetada. Algunos, como La Fama (en la zona de los espartales de la actual calle Atocha) ya existían en tiempos del emperador Carlos; y otros, como el Mesón de Paredes, alcanzaron fama y renombre gracias a sus buenos «oficios de boca», y a la creación de platos como los emparedados de pernil, receta de doña Ana de Paredes.

Este es precisamente un punto de interés respecto a los mesones porque, en su conjunto, frente a la cocina palaciega y noble, supieron poner en pie una cocina de clase media y populares en platos como los pasteles (unas empanadas a base de caza, sobre todo liebre que, como veremos, en la siguiente centuria sufrirían las diatribas e injurias de los literatos), las empanadas de carne o pescado, los torreznos de cerdo en rebanada de pan, las aceitunas guisadas y aliñadas, y otros diversos condumios.

GLOTONERÍA IMPERIAL

Mientras el pueblo se consumía en desnutrición severa y hambres atroces, sus soberanos engullían como posesos. Aunque la justa fama corresponda al emperador Carlos, su hijo Felipe, que completaría el mandato sobre el siglo, tampoco le fue demasiado a la zaga.

Carlos V nació con defecto congénito, prognatismo o «quijada prognática», que marcaría de forma indeleble su peripecia personal de portentoso tragaldabas. La mandíbula inferior era sensiblemente más prominente que la superior, una malformación que, a pesar de los disimulos de la poblada barba de la edad adulta y la caridad de los pinceles de Tiziano, le impediría a lo largo de toda su vida masticar

Venta de Don Quijote en Puerto Lápice.

Recreación del antiguo mesón regentado por Simón Miguel
Paredes, en el callejero histórico de Madrid.

los alimentos, que invariablemente tenía que tragar casi enteros. La cosa era de tales proporciones que Eslava Galán cuenta que, en una visita a Calatayud, un caballero se le acercó para aconsejarle, con socarronería aragonesa: «Mi señor, cerrad la boca que las moscas de este reino son traviesas».

Pero a pesar de hablar mal y masticar peor, no se moderaba lo más mínimo a la hora de saciar su feroz apetito, algo de lo que da cumplida cuenta Mocenigo, un embajador veneciano, cuando el emperador ha alcanzado la edad de 48 años:

> … come y bebe tanto en las comidas que todos resultan extrañados, si bien es cierto que no cena por la noche, sino que toma una colación a base de dulces y confituras, y por mucho que los doctores, que siempre están presentes en su mesa, a menudo le recuerdan que determinado manjar le es perjudicial, no por esta razón se priva de él y prefiere habitualmente los platos pesados y todos aquellos contrarios a su naturaleza. Lo peor de todo es que no mastica los alimentos, sino que los engulle, como dice todo el mundo, lo cual se debe en gran parte a los pocos dientes que le quedan y al mal estado de estos.

Lo que diplomáticamente omite el diplomático, es que tras la cena de dulcería, a la madrugada, en el primer despertar, el monarca tenía por norma y costumbre embaularse una escudilla de caldo de pollo con pan, leche, azúcar y especias.

Consecuencia directa de su tragonería, cotidianamente satisfecha con platos de caza, guisos muy grasientos y especiados, abundantes raciones de dulcería, y vino y cerveza a discreción, fueron sus constantes desarreglos intestinales, estreñimiento crónico y hemorroides (que trataba de remediar mediante el uso de un curioso artilugio fabricado para él con anillos de hueso), asma y una dolorosísima gota que en su fase más avanzada le terminó agarrotando y deformando las articulaciones. En 1557, viejo (aunque no había cumplido aún los 60 años), achacoso de tantos males y casi tullido por la gota, abdicó en su hijo Felipe II y se retiró con un séquito de unos sesenta servidores al monasterio extremeño de Yuste. Pero ni la jubilación anticipada ni las soledades del paraje consiguieron quitarle el apetito. Carlos V comió y bebió hasta el último aliento. Emilio Castelar (quien además de presidente del Poder Ejecutivo de la Primera República, fue historiador, escritor y periodista), relata en un artículo como fueron los últimos años del emperador en Yuste, donde murió en 1558:

No se moderó gran cosa en la mesa después de su abdicación y su retiro. Apartado del mundo para satisfacer sus propensiones individuales, interrumpidas por los públicos negocios, debía darse todo entero a la más natural y más fácil de satisfacer: a la propensión a la comida y a la mesa. Curábanse los suyos muchísimo de que no le faltase ninguno de los manjares preferidos. Los correos de Lisboa a Valladolid rodeaban mucho, apartándose del camino recto y ordinario, para dejarle pescado de mar en Yuste. Recibía el corregidor Placencia las órdenes más estrechas de Valladolid, a fin de que proveyese al emperador en cuanto a viandas le demandase, y con esto y con todo aún tenían mil dificultades entre sí, abocados a verdaderos litigios. Las monjas españolas, tan diestras en el arte de la confitura; los prelados, de tan provistas despensas entre nosotros; los nobles mismos, a porfía, le mandaban regalos. Perejón refiere que Valladolid le regalaba sus pasteles de anguila, Zaragoza sus terneras, Ciudad Real su caza, Gama sus perdices, Denia sus salchichas. Cádiz sus anchoas, Sevilla sus ostras, Lisboa sus lenguados, Extremadura sus aceitunas, Toledo sus mazapanes y Guadalupe cuantos guisos inventaba la fértil fantasía de sus innumerables cocineros.

Haciendo suyo el decir castizo «comer hasta hartarse, que todo lo demás es gula», el rey creó todo un vasto sistema de intendencia en su monacal retiro, en que vuelve a incidir el novelista Pedro Antonio de Alarcón:

> Maravilla leer el ingenio, verdaderamente propio de un gran jefe de Estado Mayor militar, con que resolvía la gran cuestión de las vituallas, proporcionándose en aquella soledad de Yuste los más raros y exóticos manjares. Sus cartas y las de sus servidores están llenas de instrucciones, quejas y demandas, en virtud de las cuales nunca faltaban en la despensa y cueva de aquel modesto palacio de Yuste los pescados de todos los mares, las aves más renombradas de Europa, las carnes, frutas y conservas de todo el universo. Con decir que comía ostras frescas en el centro de España, cuando en España ni siquiera había caminos carreteros, bastará para comprender las artes de que se valía a fin de hacer llegar en buen estado a la sierra de Jaranda sus alimentos favoritos.

Las artes no eran otras que una tupida red de neveros (pozos donde se recogía la nieve invernal durante todo el año), que suministraba hielo a las pesadas carretas de bueyes, cargadas muchas veces de alimentos perecederos y conducidas por esforzados arrieros, en turnos de día y noche. Lo de las ostras era verdadera afición. Le gustaban las gaditanas frescas y conservadas en agua de mar refrigerada con nieve helada, pero tampoco le hacía ascos —antes al contrario— a las que le llegaban escabechadas desde Galicia o cocidas con pimentón desde Asturias. De los melones daba cuenta en proporciones que hacían honor a la tradición familiar, iniciada por su bisabuelo Federico, seguida por su abuelo Maximiliano (con tal entusiasmo que se dice que murió de un atracón de aquellas dulces cucurbitáceas) y heredada por su hijo Felipe II.

Tampoco fue melindres con el ibérico jamón, especialmente en su retiro de Yuste; eso sí, con antecedentes de lo que hoy llamamos denominación de origen. Al menos eso nos cuenta Jacinto García: «... el soberano también gustaba, y mucho, del jamón de Montánchez, que siempre tenía a mano y cuya excelencia se atribuía al hecho de que aquellos puercos comían, junto con bellotas, gran cantidad de víboras y culebras».

Pero quizá sin duda la estrella gastronómica en la mesa del imperial glotón fue la olla podrida de la que, aunque extensa, merece la pena reproducir la receta que en su libro *La mesa del emperador. Recetario de Carlos V en Yuste*, reproduce José V. Serradilla:

> Toma dos libras de garganta de puerco salada, y cuatro libras de pernil desalado, dos hocicos, dos orejas y cuatro pies de puerco partidos y recién sacados de un día, cuatro libras de puerco jabalí con el callo fresco, dos libras de salchichones buenos, y limpio todo hágase cocer con agua sin sal, y en otro vaso de cobre, o de tierra, cuézanse también con agua y sal seis libras de carnero y seis libras de riñonada de ternera, y seis libras de vaca gorda, y dos capones, o dos gallinas, y cuatro pichones caseros gordos, y de todas las dichas cosas las que estuvieren primero cocidas se vayan sacando del caldo antes que se deshagan y consérvense en un vaso, y en otro vaso de tierra, o de cobre con el caldo de la sobredicha carne cuézanse dos cuartos de liebre traseros cortados a pedazos, tres perdices, dos faisanes, o dos ánades gruesas salvajes frescas, veinte tordos, veinte codornices y tres francolines, y estando todo cocido, mézclense los dichos caldos y cuélese con cedazo advirtiendo que no sean demasiado salados. Ténganse aparejados garbanzos negros y blancos que hayan estado a remojo, cabezas de ajo enteras, cebollas partidas, castañas mondadas, judigüelos o frisones hervidos, y todo se haga cocer justamente con

el caldo, y cuando las legumbres estén casi cocidas, póngase repollos, y berzas, y nabos, y rellenos de menudo, o salchichas, y cuando esté cocido antes tieso que deshecho, hágase toda una mezcla e incorpórese, gústese muy a menudo por respeto de la sal, y añádase un poco de pimienta y canela.

La receta de esta imperial olla podrida cobra especial relevancia si se compara (aunque no haya nada que comparar) con la habitual en las mesas de sus súbditos a base de un puñado de garbanzos, unos nabos y un trozo de tocino rancio.

DE TAL PALO, TAL ASTILLA

Felipe II no fue tan imaginativo gastronómicamente como su padre, pero tampoco tuvo mal saque. Solo hacía dos comidas al día, almuerzo y cena, y en cada una de ellas se reconstituía con el mismo menú: varias sopas y pan blanco, pollo frito, perdiz o paloma, un trozo de caza mayor, pollo asado, una tajada de venado y un pedazo, de unos dos kilos, de carne de vaca; fruta, muy poco, a la hora del almuerzo, y ensaladas a la tarde-noche. Su afición carnívora era tal que, fundamentando el ruego en su débil constitución, consiguió una dispensa papal para comer carne los viernes, excepto el día de Viernes Santo, en el que muy católicamente comía pescado.

Con semejante dieta no es extraño que sufriera de constantes indigestiones y estreñimiento crónico. Para remediar estos males, sus médicos le administraban, con regularidad puntual, dosis de trementina, vomitivos y enemas, al tiempo que sus sirvientes procedían a instalar nuevo orinal en el retrete real cada dos semanas.

Fruta, ya se ha dicho, comía poca, excepto melones. El romanista, biógrafo e hispanista alemán Ludwig Pfandl, citando cartas cruzadas entre el soberano y su hija Catalina Micaela (fruto de su tercer matrimonio con Isabel de Valois), dice: «Otra vez comió el buen papá tan buenas raciones de melón, "porque los había muy buenos", que hubo de estar dos días en cama pagando las consecuencias».

Los agasajos con los que los grandes señores obsequiaban a su rey tampoco contribuían a equilibrar la dieta. Dionisio Pérez da cuenta de la merienda de «dulces y pescados» con la que el conde de Benavente regaló a Felipe y a su esposa Isabel de Valois: «... que se compuso de más de quinientos platos, servidos por pajes muy galanes, que iban de uno en otro llevando descubierto cada plato, siendo el último una trucha de veintidós libras, por cuyo peso iban remudando los pajes (…) detrás iban muchos frascos de plata con diferentes géneros de vinos y aguas cocidas».

Uno de los banquetes más notables del siglo fue el ofrecido por el cardenal de Sevilla y el duque de Béjar a Ana de Austria, cuarta y última esposa de Felipe II, con quien contraería matrimonio en 1570. La futura madre del sucesor, Felipe III, fue agasajada en Santander con un menú formado por 180 fuentes de distintas y ricas viandas.

Años más tarde, en 1585, el rey disfrutó de un ágape de 85 fuentes, organizado por el ayuntamiento de Valencia.

Y MÁS ASTILLAS

El hijo de Felipe II, el príncipe Carlos de Austria, aunque no llegó a reinar, merece una cita en este apartado de gulas y tragonías reales. Su plato favorito era el gigote de carnero, un contundente guiso de carne picada que le servían en cantidades extraordinarias y que además solía acompañar de buenas raciones de capón cocido. Su caso añade un punto patológico a los ya notables de su papá y abuelo, porque todo apunta a una sintomatología bulímico-anoréxica esquizoide. Eso explica que, tras tres días de severísimo ayuno, sin probar ni un minúsculo bocado, el soberano se diera un buen atracón de empanada de perdices, bien sazonada y especiada, que le produjo una sed abrasadora. Para calmarla recurrió a jarros de agua helada y de ello sobrevino una diarrea que los médicos no pudieron atajar y que finalmente le llevó a la tumba.

Hambre popular y gula imperial en el mismo decorado de ocaso histórico.

Episodios culinario-gastronómicos de la conquista

Los exploradores y luego conquistadores españoles llegaron al Nuevo Continente pertrechados con lo justo, y algo menos, de alimentos y materia comestible.

Las tripulaciones de la nao y las dos carabelas llegaron a lo que creían las Indias Occidentales sin recurso alguno «de boca», famélicos y con frecuencia diezmados por el hambre, por lo que inmediatamente se tuvieron que adaptar a los alimentos locales y sus formas indígenas de elaboración y condimentación. Así, poco a poco, fueron adaptándose al sabor de los ajíes, el maíz, las judías, las papas, el cazabe, el tomate o el pimiento.

Claro que el apartado de novedades gastronómicas no todo fueron productos que hoy consideraríamos de «buen mantenimiento». En el segundo viaje, el 9 de enero de 1493, los expedicionarios llegaron a la desembocadura de un anchuroso río, donde el Almirante vio salir hasta alta mar tres sirenas, descubriendo que no eran tan hermosas como afirmaban los relatos que él había leído. No obstante, la visión de aquellos rollizos cuerpos desnudos inflamó de concupiscencia a su tripulación. Pero finalmente pudo más el hambre que el deseo lascivo y a saetazos, lanzadas y golpes de espada, la marinería acabó con la vida de las tres sirenas.

El resto de la historia, lo recrea así Pedro Plasencia:

> Con ramos allí vecinas encendieron un gran fuego, y ensartaron una de las sirenas para asado. Era tan rica y generosa la manteca que, además de servir para endulzar el manjar, pudieron recoger de ella cerca de una arroba, la cual derretida, les sirvió largo tiempo

para mantener encendida la luz del candil. Pero la principal, la pingüe carne resultó tan sabrosa y tierna como la de la mejor ternera de Ávila. Hartos hasta el vómito, propuso el hambrón hacer tasajo de las otras sirenas, y adobarlas con la sal y las especias que en una bolsa llevaban, como pimienta, tomillo, cominos y ajonjolí, que habían traído de España, echando un poco también de especiería de aquella isla, una como pimienta que llaman ají, de la que el Almirante había dicho ser mejor que la managueta de Guinea y la pimienta de Alejandría.

Así, la gazuza extrema empujó a los conquistadores a un acto de antropofagia, aunque también hay quien sospecha que las sirenas quizá no eran otra cosa que manatíes o vacas marinas.

Imagen de un viaje de Colón grabada por Theodor de Bry, donde se puede ver el buque del Almirante rodeado de seres maravillosos, entre ellos unas sirenas.

DE OTROS EXOTISMOS GASTRONÓMICOS

De esas situaciones alimenticias adaptativas, también da idea cabal parte del menú de un banquete que el cacique Guacanagarí le ofreció a Colón el 25 de abril del año 1494, en el segundo viaje del Almirante, que aparece, citado por Plasencia, en la Relación de Crespo Briones:

> Trujeron al tiempo un guiso de cola de iguana, verdadera sierpe de siete palmos de largo y espantable aspecto, entre lagarto y cocodrilo, pero excelente cosa de comer, más preciosa que pechugas de gallina y que el más rico faisán, que aunque por fuera parece vianda de poco peso, por de dentro tiene abundante carne muy sustanciosa; y el guiso iba aderezado con una salsa de hierbas y piñones. Vino luego una gran fuente llena de guaminiquinajes en salsa de ají picante, que son animalitos como ratones gordos, poco menos grandes que perrillos pequeños, pero mejor de comer que liebre o conejo; y el ají, como en otra parte queda dicho, es la pimienta de las Indias.

Pero los banquetes, aunque fueran de manjares desconocidos antes para sus paladares, fueron la excepción de una regla marcada por largos ayunos y hambres que diezmaron a las tropas invasoras con mucha mayor eficacia que las flechas y lanzas de los aborígenes. En este punto, Pedro Plasencia demuestra que en muchas expediciones la mayor parte de los españoles murieron de hambre y de sed, tras haber consumido los cueros de los caballos, lagartijas, diferentes alimañas o gusanos... y bebido sus propios orines.

El pan cazabi, casabe o cazabe, elaborado a base de yuca, fue unos de los recursos autóctonos más profusamente utilizados por los invasores ayunos. De este sucedáneo del hispano pan de trigo, cuenta el padre José Acosta en su *Historia natural y moral de las Indias*:

> Es la yuca raíz grande y gruesa, la cual cortan en partes menudas y la rallan y, como en prensa, la exprimen, y lo que queda es una como torta delgada y muy grande y ancha, cuasi como una adarga. Esta así seca, es el pan que comen; es cosa sin gusto y desabrida, pero sana y de sustento (...) Es necesario humedecer el cazabi para comerlo, porque es áspero y raspa, humedécese con agua o caldo fácilmente, y para sopas es bueno, porque empapa mucho, y así hacen capirotadas de ello. En leche y en miel de cañas, ni aun en vino apenas se

humedece ni pasa, como hace el pan de trigo. De este cazabi hay uno más delicado, que es hecho de la flor que ellos llaman jaujau, que en aquellas partes se precia, (pero) yo preciaría más un pedazo de pan (de trigo), por duro y moreno que fuese.

Pero, aunque sin gusto y desabrido, áspero y rasposo, el cazabi fue el alimento más común y socorrido para los conquistadores; especialmente por su resistencia en los inacabables viajes. Fundamentalmente porque el trigo no puede aclimatarse en una primera etapa.

Colón llevó granos en el segundo viaje, que se plantaron en islas del Caribe, pero el resultado fue desalentador al no lograr una cosecha uniforme en su maduración. En Nueva España, México, se logró alguna cosecha, pero la harina, transportada a las Antillas, daba un pan que se rendía ante la cálida humedad del ambiente. De eso se queja muy gráficamente el padre Acosta: «Las hostias, cuando decíamos misa, se nos doblaban como si fuera papel mojado». Debió de ser duro para los religiosos ver el cuerpo de Cristo hecho una pepla blanducha e incapaz de mantenerse enhiesta.

En Centroamérica, la alternativa autóctona al cazabi era el pan de maíz, preparado en tortas y posteriormente perfeccionado en los hornos de leña que allegaron los españoles.

Pan cazabi, casabe o cazabe, a base de yuca, el primer
condumio americano de los conquistadores.

Para sobrevivir, en situaciones extremas, los conquistadores tomaron ejemplo de los conquistados. Un caso de alimento de emergencia es una suerte de pizza o bollo preñado de hormigas, que aparece en la *Historia de la provincia de Venezuela*, de José de Oviedo y Baños:

> ... como el distrito era poco habitado y por esta razón falto de bastimentos, fue tan grande la necesidad que padecieron de ellos, que llegaron a extremo de perecer, pues el mayor sustento que tal vez podían por dicha adquirir era un bollo de maíz que puesto a la boca de un hormiguero, hasta que se cubría de hormigas, lo iban amasando con ellas repetidas veces, hasta que llegaba a componerse de más hormigas que masa; teniendo este grosero alimento por el único remedio para mantener la vida. Y como aun esto no llegaban a conseguirlo todos, hubo muchos que, apretados del hambre, no dejaron asquerosa sabandija de cuantas produce la tierra con que no procurasen remediarla; de que resultó hincharse algunos, caérseles a otros los cabellos, barbas y cejas, y, finalmente, llenos todos de pestíferos tumores y úlceras venenosas, convertirse aquel afligido escuadrón en un teatro de miserias y un hospital de desdichas.

LOS ALIMENTOS DE IDA Y VUELTA

Los primeros alimentos americanos que llegaron a España fueron la batata, los chumbos de la tuna o chumbera, el maíz, el pimiento y el tomate, siendo estos tres últimos los que alcanzarían más inmediatos éxito y expansión. Aún tardaría en llegar la papa o patata que, desde los altiplanos del Perú terminaría extendiéndose por toda Europa y estaría llamada a modificar radical y positivamente la dieta de las masas trabajadoras europeas.

A la cabeza adaptativa hay que situar el pimiento, que pronto representó en la alimentación peninsular el doble papel de hortaliza y especia. Y aquí hay que recordar que precisamente fue el pimentón el único logro constatable de la empresa colombina, puesto que esta se inició con el objetivo de abrir un camino hacia las especias, alejado de los transitados dos navegantes venecianos que llegaron a tener sobre estos productos un verdadero monopolio. Un logro que en absoluto conviene minimizar, puesto que fueron los españoles los primeros que históricamente consiguieron situar en el mercado una especia popular, al alcance de todos los bolsillos.

Así fue al principio al menos, porque a partir de la generalización de su uso, a lo largo del siglo XVII, como elemento imprescindible en la elaboración de productos de matanza, eje vital del consumo alimenticio de la gran mayoría de los españoles, su precio empezó a subir y en siglos posteriores llegó a alcanzar precios prohibitivos para algunos. Comenzó a denominarse «oro rojo».

Parecido éxito logró el tomate, que, al menos en España, ya se consumía en ensalada y en guisos, en el siglo XVI. Los españoles lo encontraron en México, entonces Nueva España, donde los indígenas lo llamaban *tomatl*. La primera referencia escrita sobre el producto aparece en 1568, y la encontramos en una referencia de coquinaria antropofágica, de la *Historia verdadera de la conquista de Nueva España*, de Bernal Díaz del Castillo. Cuenta el cronista de Cortés que en la ciudad de Cholula encontraron a los indios muy dispuestos a devorar

Maíz, pimiento y tomate, los alimentos del Nuevo Continente que más rápidamente se extendieron por España.

cristianos puesto que «… ya tenían aparejadas las ollas con sal, ají y tomate». De esa misma época es la referencia, más extensa y que incluye tanto usos culinarios como terapéuticos, de fray Bernardino de Sahagún en su *Historia de las cosas de Nueva España*.

El tomate original de los aztecas era de color verde (nunca rojo) y de sabor mucho más fuerte del que se aclimató en Europa, de ahí que su uso no fuera tanto como alimento, sino como condimento de salsas picantes tan del gusto centroamericano desde antes de la conquista. Muy pronto, como en otros casos, el tomate se adaptó a la cocina conventual y de allí se trasladó al pueblo llano. En el *Libro de cocinación de los capuchinos de la provincia de Andalucía,* de mediados del siglo XVII, aparecen varias recetas en las que el tomate aparece como materia prima principal.

En la España húmeda y en las tierras de regadío de todo el país el producto de inmediata influencia fue el frijol o alubia, que recibió numerosas denominaciones según la región: judías en buena parte de España, fabas en Galicia, fabes en Asturias, pisanes en Cantabria, bachocas en Aragón, munchetas en Cataluña, habichuelas en Andalucía y bajocas en Murcia.

Alubias, también llamadas frijoles, fabas, fabes, pisanes,
bachocas, munchetas, habichuelas y judías.

De todos ellos, el que más curiosidad y polémica ha suscitado es sin duda el de «judía». Covarruvias, en su famoso diccionario, sostiene que el nombre evoca el ruido que hacen al cocer, según él similar al que producían los cuerpos de los judíos al ser quemados en las hogueras de la Inquisición. La explicación es demasiado brutal y cogida por los pelos y es más verosímil la hipótesis de otros autores en el sentido de que su forma y tersura evocarían el glande de los niños hebreos circuncidados.

No obstante, y pesar de la enorme importancia de los anteriores productos, los cultivos que marcarían decisivamente la alimentación popular española y del resto de Occidente fueron el maíz y la patata. Ambos son de ciclo corto y estival, lo que supone que pueden ocupar las tierras desde la primavera hasta el otoño, paliando las frecuentes hambrunas derivadas de las pérdidas de las cosechas invernales ocasionadas por los rigores de las heladas. Por otra parte, el maíz y la patata tardaron mucho tiempo en ser aceptados en las mesas de los favorecidos, con lo que los campesinos humildes se libraron de esa indeseable competencia.

No se sabe de cierto cómo llegó el maíz a las tierras del norte desde Andalucía, primer frente de aclimatación, aunque lo más verosímil es que lo llevaron directamente marineros vascos. Al mismo tiempo, la difusión de su cultivo se vio facilitada por la mayor independencia de los campesinos de aquellas regiones, de forma que desde muy tempranamente pudieron cultivarlo sin que sus arrendatarios y señores pusieran graves inconvenientes.

La propagación a gran escala del cultivo del maíz y la patata modificó radicalmente el panorama alimentario de la gran mayoría de los españoles. Cambiaron sus hasta entonces habituales gachas de mijo o cebada por gachas o tortas de maíz y patatas cocidas. Podría parecer un pequeño avance, pero, en muchísimos casos, el justo y suficiente para cubrir la distancia entre la vida y la muerte.

Los siglos XVIII y XIX marcaron las cotas más altas de consumo de maíz, aunque aún en el primer tercio del siglo XX seguía siendo casi exclusivo alimento en ciertas zonas rurales. En la Galicia de preguerra alrededor del 80 % de los campesinos solo comía pan de harina de maíz, borona que los que podían mezclaban con harina de centeno para mejorar la fermentación. Con esta masa elaboraban las *petadas*, panes de ocho a diez kilos que constituían el grueso de su dieta. Y, tras el maíz, la gran estrella alimentaria de la conquista: la patata. Los españoles entraron en contacto con el tubérculo en lo que hoy es Ecuador, en la zona de Bogotá, a lo largo de todo el Perú, en Potosí y en otras regiones de Bolivia.

La primera descripción documentada de la patata aparece en 1553, en la obra *La crónica del Perú* de Pedro Cieza de León. Medio siglo después, en 1608, Garcilaso de la Vega, el Inca, la describe en sus *Comentarios reales*. Entretanto, la patata pasa inadvertida para los intelectuales y científicos; en definitiva, para aquellos que sabían y podían escribir, razón por la que se ignora quien trajo e introdujo los primeros cultivos en España. Lo que sí sabemos con certeza es que la siembra, recolección y consumo de la patata fue muy temprano en la Península. Martínez Llopis refiere que en 1573 la comunidad religiosa que estaba al frente del hospital de Sevilla, hallándose en una situación de pobreza y carencia casi total de alimentos, empezó a alimentar con patatas a sus enfermos. Muy pronto comprobaron, gratamente sorprendidos, que aquellos tubérculos eran un excelente y saludable alimento.

Teresa de Jesús, en carta fechada el 19 de diciembre de 1577, escribe desde Ávila a la madre María de San José, priora del convento sevillano del Carmen, en estos términos: «Jesús sea con vuestra reverencia siempre, mi hija. La suya recibí, y con ella las patatas y

Patatas, el alimento americano que más costó adaptar al consumo humano.

el pipote y siete limones. Todo vino muy bueno, más cuesta tanto el traer, que no hay para qué me envíe vuestra reverencia más cosa ninguna, que es conciencia».

Hoy, sin embargo, sabemos que lo que comía la santa abulense no era patata, sino batata o patata dulce de Málaga.

Hasta muy entrado el siglo XVIII, y por razones de presión demográfica y carencia de alimentos, como veremos más adelante, no se empezó a prestar atención oficial a un producto que hasta entonces fue considerado y menospreciado como elemento de la comida de los pobres. No obstante, parece que la patata empezó a poblar algunas huertas, aunque de manera muy limitada y circunscrita al consumo familiar, a mediados del siglo XVI.

Además del tomate, la patata, el pimiento y las judías, América nos allegó el cacao, materia prima del chocolate, la piña, el mango, el aguacate… aunque, para ser justos, tampoco fue desdeñable la aportación española de alimentos a las nuevas tierras: azúcar, arroz, trigo, olivos, plátanos, higos, peras, ajos, cebollas, garbanzos, lentejas, queso, vid vinífera, ganado bovino, lanar, porcino… A todo esto, hay que añadir otra aportación fundamental, como fue el arte culinario, que probablemente en aquel momento era el más avanzado del mundo.

TRAJIMOS, PERO TAMBIÉN LLEVAMOS Y LA FUSIÓN SE HIZO

Conviene, y es del todo oportuno subrayar, que el recorrido alimentario tras el descubrimiento del Nuevo Continente fue de doble dirección, ya que España introdujo numerosas novedades en los territorios que, progresivamente colonizando, voz que por cierto remite a Colón quien, en su segundo viaje en 1493, llevó la caña de azúcar desde Canarias; un cultivo que se adaptó perfectamente en las Antillas y que casi inmediatamente se extendió por los actuales Estados de Cuba, Jamaica y Puerto Rico. Más tarde alcanzó a los de México, Perú y Paraguay. Así, los grandes excedentes de producción empezaron a enviarse de vuelta a la Península, al mismo tiempo que el azúcar empezaba a usarse en multitud de conservas americanas y como ingrediente de los platos mestizos que caracterizaron a la primera cocina colonial, en la que por añadidura y en relación con el progresivo gusto por lo dulce se extendía el empleo de frutas almibaradas o escarchadas de herencia arábigo-andalusí.

En ese mismo segundo viaje, el Almirante aposentó en sus bodegas algunas legumbres, como garbanzos y lentejas y un cereal, el arroz, que a pesar de su extraordinario protagonismo en el desarrollo de la cocina americana y del interés inicial del rey Fernando el Católico por implantarlo en La Española (actualmente conformado por los Estados de República Dominicana y Haití), San Juan y Cuba, no consiguió producirse de forma significativa en el Nuevo Continente hasta el siglo xvii.

A partir de ese momento, el arroz empezó a combinarse con legumbres locales, que en caso del frijol dieron lugar a una fórmula culinaria de incalculable valor alimenticio, puesto que ambos productos se intercambian el aminoácido que le falta al otro. Mientras que las legumbres son muy pobres en metionina y ricos en lisina, en los cereales ocurre exactamente lo contrario, lo que significa que al combinarse en una sola receta se consigue garantizar la presencia de los veinte aminoácidos que contienen una proteína del más alto valor biológico y perfectamente equivalente a la que caracteriza al huevo (proteína patrón), la carne o el pescado.

El arroz fue una de las grandes contribuciones españolas al continente americano.

Además, Colón embarcó ocho cerdos que fueron distribuidos por La Española, aunque la primera exportación relativamente masiva y exitosa no logró hacerse hasta 1540.

También fue don Cristóbal el portador de los primeros cítricos, empezando por el limón y siguiendo con las naranjas, a las que distintos y posteriores emigrantes fueron añadiendo variedades que se incorporarían a platos americanos tan populares, extendidos y exitosos como los ceviches.

En 1521 llegarían las vacas de una raza descendiente del *Auroschs salvaje* o *Bos primigenius*, que fue domesticado en la península ibérica durante la revolución agrícola del Neolítico y que, además de que aún pervive en América, dio lugar a un sinnúmero de bovinos criollos o *Bos Taurus*. En cuanto al ganado ovino, ovejas y cabras, el éxito fue inmediato en las zonas donde abundaban los pastos.

Los primeros olivos llegarían desde Sevilla y alrededor del año 1560, inicialmente Perú y México y luego a Chile y Argentina. Actualmente pueblan extensas regiones de Centro y Sudamérica y el Estado norteamericano de California, donde la producción de aceite de oliva no cesa de crecer.

El café fue otra de las grandes aportaciones españolas a las nuevas tierras, donde suelo y clima se conjugaron para su eclosión en los actuales Estados de Colombia, Brasil, México, Nicaragua y Venezuela.

Respecto a las gallináceas, aunque en América existían diversas especies antes de la conquista, la introducción de la gallina castellana, de origen indonésico, fue una verdadera revolución que de pronto se tradujo en un extensísimo recetario de platos, guisos y sopas con verdadera identidad y raigambre.

Con todo este bagaje, a finales del siglo XVI no eran pocos los españoles que presumían de lo mucho y bueno que habían aportado a cambio de unas cuantas pocas «cosuchas» que lo americanos les habían regalado. Así, en un poema anónimo de la época que se conserva en la Biblioteca Nacional de España y que ostenta el título de *Sátira que hiso un galán a una dama criolla que le alauaba mucho a México*, un «conquistador» resume en ocho versos el balance del intercambio, subrayando el valor del pavo real o pabón respecto al pavo americano o gallo de papada: «Cavallos no los abía,/ carneros, bacas, lechones,/ ni azeite, ni pan, ni vino,/ solo mameies y elores./ Con un gallo de papada/ me atruenan este cocote,/ con si a España faltaran/ mil faisanes y pavones».

El ganado vacuno y el porcino que los españoles llevaron en sus
naves cambió el panorama alimenticio del Nuevo Mundo.

El pisto manchego, ejemplo de la fusión culinaria hispano-americana.

Más allá del peso que cada cual considere oportuno darles a los alimentos que fueron y a los que vinieron, lo cierto es que el resultado de ese encuentro fue la mayor y más fecunda fusión culinario-gastronómica de la historia.

Los ejemplos de lo dicho resultarían incontables, pero baste citar el hecho de que los muchos de los platos icónicos de la gastronomía española tienen su base en productos que vinieron de América. Es el caso del gazpacho, de la tortilla de patatas, de la fabada o del pisto manchego, que a la inversa tendrían sus correspondientes en el asado argentino, el puerquito asado cubano, las empanadas chilenas, la *feijoada* brasileña o la hallaca venezolana.

Y en este punto, ya casi final, resulta pertinente, sobre todo para evitar malos entendidos, darle la voz y la palabra al gran chef y avispado empresario monegasco Alain Ducase: «Es importante no confundir la cocina-fusión con la cocina-confusión, que es lo que han hecho muchos cocineros que se han limitado a mezclar sin sentido». Así que, eso.

El popular asado argentino es herencia directa del
vacuno que los españoles llevaron a América

Los famélicos siglos de oro

La dramática situación que caracterizó el final del siglo XVI, marcada por la bancarrota del Estado, la crisis financiera galopante, el alza incontenible de precios, las hambrunas y la miseria generalizada, no mejoró en el siglo XVII, sino que muy al contrario, empeoró de manera notable. A la terrible herencia, hubo que añadir un serio descenso demográfico general, consecuencia de guerras y hambres, al que se añadió la específica expulsión de los moriscos en 1609, una minoría a escala global, entre el 2 % al 4 % de la población peninsular, pero muy cualificada por su especialización en el cultivo de la tierra, en gran parte abandonada con anterioridad por la emigración hacia el Nuevo Mundo, el alistamiento en los tercios como vía de escape a la miseria y la cada vez mayor preeminencia de la ganadería lanar que, protegido por el todopoderoso Concejo de la Mesta, cada vez competía con más saña por los campos.

Cuando Felipe IV accede al trono, en 1605, la situación del campesinado es dramática y esta se agrava cuando en 1609 España se sumerge en la guerra de los treinta años, que no concluirá hasta 1621.

El reinado de Felipe IV es todo un modelo de la esquizofrenia del siglo, que también se expresa hasta en curiosas peripecias alimenticias cortesanas.

De festines pantagruélicos se pasa a situaciones de verdadera penuria alimenticia en palacio. En sus Avisos, Barrionuevo cuenta que:

> Come el rey pescado todas las vigilias de la madre de Dios, y en las de la Presentación no tuvo que comer más que huevos y más huevos por no tener los compradores un real para prevenir nada (...) desde 1º de Enero se dice que quitan las arcas de su majestad en todos los lugares. Todo es tratar de contadurías, arcas y de buscar dineros, y no hay un real por un ojo de la cara.

Líneas más adelante se insiste en la gravedad de la crisis alimentaria y culinaria de la familia real:

> Dos meses y medio ha que no se dan en palacio las raciones acostumbradas, que no tiene el rey ni un real, y el día de San Francisco pusieron a la infanta en la mesa un capón que hedía como a perros muertos. Siguióle un pollo de que gusta, sobre unas rebanadillas como torrijas llenas de moscas, y se enojó de su suerte que a poco no da con todo en tierra.

La cosa llega al más delirante esperpento en el relato del Aviso de 28 de octubre de 1656:

Detalle de *Las meninas* de Velázquez, donde doña María Agustina Sarmiento ofrece un búcaro de barro a la infanta Margarita.

Dícese la reina gusta de acabar de comer con confites y que habiendo faltado dos o tres días, salió la dama que tiene cuidado de esto que cómo no los llevaban como solían, respondiéronle que el confitero no los quería dar porque se debía mucho y no le pagaban nada. Quitóse entonces una sortija del dedo y dijo: «Vayan volando por ellos con esta prenda a cualquier parte». Hallóse Manuelillo de Gante, el bufón, presente y dijo: «Torne vuestra majestad a envainar en el dedo su prenda», y sacó un real de a cuatro y diolo diciendo: «Traiga luego los confites a prisa para que esta buena señora acabe con ellos de que comer».

En este tiempo, se calcula que un quinto de la población española entraba en las categorías de pobres, vagabundos o miserables. La mendicidad, actividad bendecida y protegida por la Iglesia, pasó a ser un problema social de primera magnitud y los poderes públicos empezaron a tomar las primeras medidas para controlarla y apartarla en lo posible de las calles, creando asilos y casas de misericordia. Lógicamente, el mayor peso del vagabundeo, la mendicidad y la delincuencia inherente a tales «oficios» recayó en los tres grandes focos urbanos: Madrid, Salamanca y Sevilla. Para combatir esta auténtica plaga urbana se tomaron distintas medidas, a cuál más ineficaz, hasta que el Consejo de Castilla, en 1694, decretó el envío de los vagabundos a trabajos forzados en los presidios del norte de África y a los ejércitos que pendenciaban en Centroeuropa.

EL CONDUMIO HISPANO DESDE LA
ATALAYA DE UNA CURIOSA DAMA

Del panorama español del último tercio del siglo tenemos un interesante y curioso testimonio en la *Relación del viaje a España* publicado en 1679 por María Catalina Jumel de Barneville, conocida como condesa d'Aulnoy, aunque su marido solo era varón. En la carta fechada el 13 de marzo de 1679, en Buitrago, ofrece un fresco de la miserabilidad que en materia alimenticia afectaba, aunque naturalmente de forma muy distinta, a todos los estratos sociales. El arzobispo de Burgos le ofrece su olla porque su hostal, como la mayoría, solo ofrece alojamiento y lo más probable es que se quede sin cenar:

Le di las gracias y le dije que la misma razón me ordenaba recha-zarla, puesto que sin ella él cenaría peor que nosotros. Sin embargo, don Federico de Cardona la había ido ya a buscar, y volvió cargado con una gran marmita de plata; pero hubo de verse sorprendido al encontrar que estaba cerrada con una cerradura. Es la costumbre en España, y fue preciso mandar a pedir la llave al cocinero, el cual, dis-gustado de que su señor no comiese su olla, respondió que, desgra-ciadamente, había perdido la llave en las nieves y que no sabía cómo abrirla.

Los señores sellaban sus pucheros porque sabían de sobra que estaban cercados por el hambre y al menor descuido su contenido desaparecería como por ensalmo.

En otra de sus cartas, la d'Aulnoy da cuenta del hambre canina que sufrían los servidores de casa señoriales:

> … los españoles no dan a sus gentiles-hombres más que 15 escudos al mes, con lo cual es necesario que se mantengan y vistan de terciopelo en invierno y de tafetán en verano. Por eso no viven más que de cebo-llas, guisantes y otros viles géneros, y eso es lo que hace a los pajes más ladrones que urracas. Pero no debo hablar antes de los pajes que de los otros criados, porque sobre eso todos tienen la misma inclina-ción, sea cual sea el sueldo que se les dé. La cosa llega tan lejos que al llevar los platos a la mesa se comen más de la mitad de lo que hay dentro, devorando las tajadas tan calientes que todos ellos tienen los dientes estropeados (…) Hay cocinas públicas en casi todas las esqui-nas de las calles. Son grandes pucheros que cuecen sobre trébedes. Se va allí para adquirir toda clase de porquerías: habas, ajos, cebolletas y un poco de caldo, en el que mojan su pan. Los criados de una casa y las criadas van allí lo mismo que los otros, porque, ordinariamente, no guisan más que para el señor, la señora y sus hijos.

Claro que, en descargo de algunos amos, hay que decir que no todos imponían a sus servidores estas menguadas dietas con ánimo de mala fe. No eran pocas las buenas familias que, cual hidalgos de siglos pasados, comían más de apariencia que de diente, como se dice en algún párrafo de la misma carta: «He visto a personas de la mejor calidad comer con nosotros como lobos; tanta hambre tenían».

En contrapartida, entre las damas de la alta nobleza, que solían comer opíparamente, se impuso en aquellos años la moda de una dieta a base de barro cocido, destinada a clarear la piel, siguiendo un canon de belleza anclado en la antípoda de los actuales bronceados. Nuevamente según el relato de la condesa d'Aulnoy, quien fue distinguida con la invitación a una merienda en aposentos principescos:

> … había varias que comían trozos de «arcilla sigilada». Ya os he dicho que tienen una gran afición por esta tierra, que ordinariamente les causa una opilación; el estómago y el vientre se les hincha y se ponen duros como una piedra, y se las ve amarillas como las cañas. He querido probar ese alimento tan estimado como poco estimable; antes comería asperón. Si uno quiere agradarlas, es preciso darles unos búcaros, que llaman barros y a menudo sus confesores no les imponen más penitencia que pasar todo un día sin comerlos. Dicen que tiene muchas propiedades, que no tolera el veneno y que cura varias enfermedades.

El siglo concluye, con la muerte del último de los Austrias, Carlos II, el Hechizado, entre alaridos desesperados de hambre de los más, atenuados por el ruido de las vajillas en los banquetes de los menos.

LA COCINA MOHÍNA DE LA PICARESCA

La voz picaresca, genuinamente española y exportada a la cultura mundial, evoca una forma de vida popular que se concreta en la figura del pícaro, real o literario, y que se extiende por los siglos XVI y XVII. Sin embargo, la expresión pícaro no aparece aún en el arquetípico *El Lazarillo de Tormes* y solo empieza a usarse en la segunda mitad del siglo XVI para referirse a gente rufianesca y vagabunda.

Sin embargo, la novela picaresca no es solo una fuente de primera mano a la hora de conocer las características de la dieta y las hambres de los humildes de su tiempo, sino que, por añadidura, es más que probable que el término tenga un origen culinario. Como señala Coromias, «pícaro» fue en origen el ayudante de cocina que se ocupaba de picar, al tiempo que el pinche lo hacía de pinchar. En la primera traducción castellana del *Libro de guisados* de Ruperto de Nola, de 1525, se menciona la figura del «pícaro de cozina», y en el proceso seguido contra Antonio Pérez, de 1578, se acusa a este de haber sido ayudado en sus maquinaciones por «un pícaro de la cozina del rey». Martínez Montiño, en 1611, advierte de la mala fe de esta peculiar calaña diciendo que: «… nunca son cocineros, antes dan en otras cosas muy malas».

Pero la picaresca es, sobre todo y, ante todo, correlato de la precariedad alimentaria del pueblo español de aquellos siglos dorados en lo literario y negros para los sufridos estómagos de la gran masa de la población.

Empieza a hacer fortuna, como se dijo, con el *Lazarillo de Tormes, y de sus fortunas y adversidades*. De autor anónimo, debió de escribirse antes de 1530, aunque las tres primeras ediciones aparecen en 1554. Su protagonista, Lázaro, es un huérfano, vagabundo y mendigo, entre los muchos que pueblan la España del siglo XVI.

De amo en amo, la ración cotidiana del muchacho, sin duda dramático ejemplo de la común a la de los miles que vagabundeaban por el territorio peninsular, consistía en un cuarto de cebolla

El Lazarillo de Tormes, óleo de Luis Santamaría y Pizarro.

cruda, un poco de caldo de un pedazo de carne de vaca, algún trozo de pan duro, y las cortezas de queso que lograba sustraer de las ratoneras.

Los sábados, como en toda Castilla, y como vimos en el inicio de el *Quijote* y en otros escritos, en la casa del clérigo al que ocasionalmente sirve, el menú es de grosura:

> … coménse en esta tierra cabezas de cordero, y enviábame a por una que costaba tres maravedíes. Aquella le cocía y comía los ojos, y la lengua, y el cogote y sesos, y la carne que en las quijadas tenía, y dábame todos los huesos roídos, y dábamelos en el plato, diciendo: «Toma, come, triunfa, que para ti es el mundo: ¡mejor vida tienes que el papa!» (…) A cabo de tres semanas que estuve con él, vine a tanta flaqueza, que no me podía tener en las piernas de pura hambre.

Otro arquetipo de novela picaresca es la *Vida y hechos del pícaro Guzmán de Alfarache o Atalaya de la vida humana*, de Mateo Alemán, compuesta en dos partes; la primera publicada en 1599 y la segunda en 1602.

En su incipiente peregrinar, Guzmán topa con una venta en la que intenta saciar su apetito. La escena constituye un retrato de la habitual penuria de aquellos establecimientos: «Pedí de comer, dijeron que no había sino huevos. No tan malo si lo fueran, que, a la bellaca de la ventera, con el mucho calor o que la zorra le matase la gallina, se quedaron empollados y por no perderlo todo los iba encajando con otros buenos».

Pero el hambre terca le obliga a devorar aquella bazofia, y a comportarse ante la comida, así lo reconoce él mismo, como un animal:

> Comí como el puerco la bellota, todo a hecho; aunque verdaderamente sentía crujir entre los dientes los pobrecitos huesos de los sin ventura pollos, que era como hacerme como cosquillas en las encías. Bien es verdad que se me hizo novedad y aun en el gusto, que no era como el de los otros huevos que solía comer en casa de mi madre, más dejé pasar aquel pensamiento con el hambre y el cansancio (…) tan propio es al hambriento no reparar en salsas, como al necesitado salir a cualquier partido (…) Entonces comí, como dicen, a rempujones media hogaza, y si fuera mi agosto con una entera de tres libras sí hubiera de hartar a mis ojos.

En 1618 aparece otra obra maestra del género, la *Vida del escudero Marcos de Obregón*, de Vicente Espinel, donde se describe la vida ociosa de los supervivientes, vagabundos y maleantes que pululan por las grandes ciudades, Toledo, Sevilla, Córdoba y Salamanca, donde describe la vida estudiantil:

> Hallábanos una noche, entre otras muchas, tan rematados de dinero y paciencia, que nos salimos de casa casi desesperados, sin cenar, y sin lumbre para calentarnos (…) Y yo fui en casa de cierto discípulo y dióme un par de huevos y un panecillo; vine muy contento a casa, y hallé a mis compañeros, temblando de frío y muertos de hambre, como dicen los muchachos (…) porque para decir necesidades de estudiante, que son de hambre, desnudez y mal pasar, también las historias ejemplares han de ser de pobreza para consolar a quien padece.

Otro de los hitos de la picaresca es la *Historia de la vida del buscón llamado don Pablos*, de Francisco de Quevedo. El *Buscón* vio la luz de la imprenta en 1626, pero todo apunta a que estaba escrita unos veinte años antes de esa fecha.

Aquí aparece, como en otras varias obras del género, la figura del hidalgo celoso de su estatus, que trata de disimular la penuria económica y el hambre como mejor puede:

> Mi amigo iba pisando tieso y mirándose a los pies, sacó unas migajas de pan, que traía para el efecto siempre en una cajuela, y derramóselas por la barba y el vestido, de suerte que parecía haber comido. Yo iba tosiendo y escarbando por disimular mi flaqueza, limpiándome los bigotes, arrebozado y la capa sobre el hombro izquierdo (…) Todos los que me veían me juzgaban por comido; si fuera de piojos no erraran.

Por otra parte, algunas de las *Novelas ejemplares* de Miguel de Cervantes, aunque salen del estricto marco de la picaresca como género, también aportan interesantes datos sobre la «mantenencia» en los siglos del hambre.

De *Rinconete y Cortadillo*, existen dos versiones, la *editio princeps*, publicada en 1615 y una anterior manuscrita que ya circulaba en 1604, según consta en testimonio del propio autor en el *Quijote*. De esta entresacamos la descripción del festín para catorce personas representativas de la jacaranda sevillana, que se prepara en patio de Monipodio:

> … se sentaron todos alrededor de la estera con grande regocijo, y la Gananciosa tendió la sábana por manteles sobre ella, y lo primero que sacó de la canasta fue un grande haz de rábanos y luego una cazuela llena de coles, y tajadas de bacallao frito; luego sacó medio queso de Flandes; con una olla de azeytunas gordales, y un plato de camarones, con seis pimientos, y doce limas verdes, y hasta dos docenas de cangrejos, y quatro hogazas de Gandul, blancas y tiernas, todo lo cual se puso de manifiesto.

Curiosamente, en la edición *princeps* se añade al menú una docena de naranjas, probablemente porque el autor intenta enmendar un error al haber dejado fuera lo que en la época era conocido como «plato de ante», ya que, en la medida de lo posible, la comida siempre se iniciaba con fruta. Respecto al «gandul», era un pan famoso de un pueblo cercano a Alcalá de Guadaira, en la actual provincia de Sevilla.

VENTAS CAMPESINAS, MESONES URBANOS Y DEMÁS CANALLERÍAS GASTRONÓMICAS

Las ventas rurales seguían siendo antros ignominiosos y «purgatorios de gentes y de bolsas», en palabras de López de Úbeda, autor de *La pícara Justina*. Uno de los usos y costumbres que acreditaban los venteros era el de la mixtificación de los alimentos y guisos. Ratones, lechuzas, mulos, perros (en excavaciones arqueológicas madrileñas, realizadas en búsqueda de los restos del pintor Diego Velázquez, se acreditó la presencia de perro en la dieta de algunas familias), grajos y, como no, gatos que se vendían por liebre dando vida a la popular expresión referida a cualquier engaño, constituían el reservorio de despensa en la mayoría de las ventas del camino.

En *La pícara Justina*, publicada en 1605 y cuya autoría se atribuye a Francisco López de Úbeda, un ventero expone los principios de funcionamiento de un local de este tipo: «… si viene a vuestra casa un gato muerto, honradle, y decir que es liebre; al gallo llamadle capón; al grajo, palomino; a la carpa, lancurdia; a la lancurdia, trucha».

Lo de «dar gato por liebre» parece que llegó al punto de que se inventó un conjuro que Néstor Luján, citando el libro de Bantús, *La sabiduría de las naciones*, transcribe en esta fórmula:

> Los clientes, para cerciorarse de que lo que un bodeguero, ventero o pastelero les presentaba en la mesa era liebre, conejo, gato o cabrito, se ponían en pie, alrededor de ella, y el más calificado o el anfitrión, apostrofaba la palabra a la cosa frita en estos términos: «Si eres cabrito, mantente frito; si eres gato, salta del plato». Entonces se separaban algo de la mesa para que el gato pudiera escapar si saltaba. Luego, conformados porque jamás hubo novedad, comían que fuese bueno o malo, intentando persuadirse de que era conejo, liebre o cabrito.

Claro que en materia de mixtificación alimenticia la palma se la llevaron de largo los pasteleros. Los pasteles que elaboraban eran una suerte de empanadas rellenas de carne de caza. Concretamente, el *Diccionario de Autoridades*, define así el pastel: «Composición de masa de harina, manteca y carne picada que se hace formando una caja de dicha masa, y poniendo en ella la carne, se cubre con otra masa más delicada que llaman hojaldre, y así se cuece en el horno para comerla».

Pastel de carne murciano, heredero directo de los pasteles del siglo XVII.

Solo en teoría, porque de las ácidas críticas de los literatos del Siglo de Oro evidencian prácticas más confusas. Todos los grandes de la pluma, Lope de Vega, Tirso de Molina, Rojas Zorrilla, Vélez de Guevara... le dedicaron furibundos reproches e insultos al gremio de pasteleros, pero fue Quevedo quien se despachó a gusto con ellos, llegando a acusarles, concretamente en las páginas del *Buscón*, de utilizar carne humana: «... parecieron en la mesa cinco pasteles de a cuatro, y tomando un hisopo, después de haber quitado las hojaldres, dijeron un responso todos, con un *requiem aeternam*, por el ánima del difunto cuyas eran aquellas carnes».

En los núcleos urbanos, la comida se ofrecía también en las calles. Numerosos figones públicos, especialmente en Madrid, ofrecían plato único consistente en sopa y trozo de carne de vaya usted a saber qué. También abundaban los puestuchos de olla podrida, preparada en trébedes, calderos de tres patas. Sobre esta oferta dice Pfandl: «Aquí era donde se reunían los allegadizos huéspedes de las más diversas clases sociales, para remojar el pan seco en las escudillas colmadas y dispuestas rápidamente a cualquier indicación».

A los últimos de la fila de pobreza les quedaba el recurso de la «sopa boba», un bodrio de tronchos de col y tocino rancio que se repartía a las puertas de conventos e instituciones de caridad. En el siglo XVI a esta miserable mantenencia se la llamaba también gallofa, por limosna, denominación heredada de la comida que se le daba a los peregrinos compostelanos.

La sopa boba de los Siglos de Oro, que se prolongó casi hasta nuestros días.

Por lo que se refiere al mesón, se trata de una institución gastronómica que emergió en las ciudades a lo largo del siglo XVI representando quizá la cara más amable de la moneda por su evolución hacia otras ofertas. Uno de los cambios más sensibles es la introducción en la villa y corte de los asados de carne (sobre todo cordero y lechón) en hornos de pan, al estilo de Segovia y Burgos.

Sin duda el más señero es la Hostería Botín, luego Casa Botín, fundada en 1626, lo que hoy le acredita como el restaurante más antiguo del mundo, según en el *Libro Guinnes de los Records*. Además de sus insuperables asados (especialmente el de cochinillo o tostón), Botín fue el puente que unió la cocina de palacio con la del pueblo llano. Entre estas adaptaciones cabe destacar los hojaldrados de torreznos, de relleno y de enjundia de puerco; los bizcochados y la gallina en pepitoria, platos creados por Martínez Montiño para la mesa de Felipe III; y las agujas de ternera, también de noble cuna culinaria.

El equivalente en pescado de los carnívoros asados de Botín, fue Ceferino, en la madrileña calle de León, donde hoy se ubica, quizá no por casualidad, una de las pescaderías más importantes de España.

El éxito de los mesones madrileños del siglo de Oro fue extraordinario. Plasencia y Villalón nos dicen: «... está documentado que, a finales del siglo XVII, aún durante el reinado de Carlos II el Hechizado, había en la capital más de 250 mesones abiertos, para una población fija de unas 18.000 almas, a la que venía a sumarse, a diario, el elevado número de los transeúntes que constituían la población flotante de la Villa y Corte».

De esta época son platos emblemáticos de la capital, como el potaje, con o sin bacalao, y la sopa de almendras típica de Navidad, junto a otros ya extinguidos, como la roca de ternera, la sopa trinchada o la alboronía morisca.

EL AMIGO CHOCOLATE, QUE EN TODO SE HALLA, COMO LA MALA VENTURA

Uno de los grandes hallazgos americanos fue sin duda el chocolate. Se empezó a consumir en el siglo XVI, pero el XVII pasaría a la historia como «el siglo del chocolate».

Será en la conquista de México cuando se produzca el encuentro con el chocolate. La bebida, una infusión de cacao, es conocida por los aztecas como *chocolat*, de *choco* («cacao») y *late* («agua»).

Los nativos lo tomaban con profusión a lo largo del día. Por las mañanas, como desayuno, caliente y con un trozo de chile; a primera hora de la tarde, tras concluir las cotidianas faenas agrícolas y como comida principal, lo degustaban frío y acompañado de tortillas de maíz y fríjoles.

Moctezuma invita a Cortés a un banquete en el que el chocolate es protagonista. Mientras lo degusta en un fino vaso de oro, le hace entender que el bebedijo es un potente afrodisiaco y que él mismo lo usa siempre antes de yacer con sus concubinas. Sin embargo, la bebida original no fue en absoluto del agrado de los conquistadores, debido a que los aborígenes mezclaban la pasta del cacao con pimienta y achicote e incluso, en ocasiones, le añadían maíz y hongos alucinógenos.

Hernán Cortés y sus huestes empezaron a aficionarse a la bebida desde el momento en que modificaron sustancialmente la receta, preparándola, básicamente, con el azúcar que ellos mismos habían introducido en el Nuevo Mundo y con vainilla. El propio Cortés menciona el chocolate en sus cartas al emperador Carlos V y logra que este lo cate en Toledo.

Moctezuma ofrece chocolate a Hernán Cortés.

Entre las múltiples historias que se cuentan respecto a la comercialización en España del chocolate, merece la pena detenerse en la de un tal Escobedo, quien tras aprender en La Española el método de refinamiento del zumo de caña azucarera, parece que fue el primero, o al menos uno de los primeros, en elaborar chocolate con azúcar refinado, canela y ajonjolí de Castilla. Con la masa caliente fabricaba unas tabletas de masa que deslía en leche caliente, en lugar de agua, para dar mayor dulzor y espesura al preparado. Pero lo verdaderamente curioso es que este innovador empresario chocolatero introdujo en España su producto, entre finales del siglo xvi y principios del xvii, envuelto en una hoja con ilustraciones, que hizo imprimir en la ciudad de México, con un lema o eslogan comercial que decía: «Chocolates Escobedo, lo mejor del mundo entero», y un texto en el que se podía leer:

> Es el chocolate Escobedo desayuno y merienda ideal. Calentito y a la taza, ayuda a gastar las flemas que de la cena quedaron en el estómago, extirpando la ventosidad y malos humores, y a quebrar la piedra de los riñones, provocando el menstruo y la orina. Si lo toma la mujer estéril, se hace preñada, si lo toma la parida, tiene sobrada leche, si lo toma el melancólico, conforta el hígado, si el hidropésico, seca el humor seroso. Chocolate Escobedo es golosina que es medicina.

Dejando a un lado las alegrías de los supuestos usos terapéuticos, naturalmente redactados en el tono y en la medida de los conocimientos científicos de la época (aun directamente influidos por los postulados de Galeno), llama poderosamente la atención el inicio y el final del texto. El primero es tal cual el eslogan de Cola-Cao y el último la referencia publicitaria de la Quina Santa Catalina, ambos de mediados del siglo xx. Parece que las «intertextualizaciones» no son solo cosa de estos tiempos.

El xvii fue el siglo del chocolate. En los conventos españoles se hace práctica común la fabricación de chocolate para consumo interno. Los monjes encuentran en la bebida un eficaz lenitivo para hacer frente a los rigurosos ayunos a los que les somete la regla, pero la práctica no tarda en ser abiertamente cuestionada desde planteamientos teológicos.

El peruano Antonio León Pinelo, publicó en 1636 una obra con el título: *Questión moral si el chocolate quebranta el ayuno eclesiástico: trátase de otras bebidas y confecciones que se usan en varias provincias*. La preocupación moral se manifiesta, entre otras cosas, al comprobar la rapidez con la que se extiende su consumo, circunstancia que queda reflejada en estas líneas: «… ha sido tan bien recebida, que ya se usa por regalo común en muchas ciudades, i mas que en todas en esta Corte, que en usarla quieren competir con los lugares de su invención y origen».

Pocos años después, en 1642, el padre Tomás Hurtado publica una obra bajo el título: *Si el chocolate quebranta el ayuno de la Iglesia*, en la que niega la mayor, especificando que eso siempre que se tome poco espeso y sin añadidos de huevos o leche.

En el debate abierto por Pinelo y seguido por Hurtado, interviene nada menos que el papa Paulo V (1605-1621), haciéndose preparar la bebida en cuestión y afirmando tras probarla: «Hoc non frangit jejenium» («no rompe el ayuno»). Sin embargo, la cuestión no queda definitivamente zanjada hasta 1662, cuando el cardenal Brancaccio, apoyando sus reflexiones en la autoridad de santo Tomás, concluye en el veredicto que expresa la máxima oficial *Liquidum non frangit jejunium*, de forma que el chocolate no interrumpe el ayuno siempre y cuando, una vez más se especifica, no se prepare con huevos ni leche. Las damas de la Corte se entusiasmaron con la bebida y se puso de moda ofrecer meriendas, institucionalizadas bajo la fórmula del «agasajo», a base de chocolate acompañado de frutas confitadas, turrones y vasos de agua de nieve. La pasión chocolatera era tal que obligaban a sus damas de compañía y criadas a transportarles y suministrarles chocolate caliente a las iglesias donde asistían a los oficios. Algunos dignatarios eclesiásticos clamaron contra este irreverente cazumbreo, pero las señoras respondieron cambiando a templo, en un tiempo en el que había muchos donde escoger.

La moda no tardó en saltar de los salones a la calle. Baptista Remiro de Navarra, a mitad del siglo, nos habla de la nueva costumbre que han adquirido las mujeres que asisten a las comedias en los corrales madrileños del Príncipe y de la Cruz. Ubicadas en la cazuela, espacio reservado a las mujeres, reclaman chocolate a los hombres que las cortejan. Las de mayor desparpajo exigen que sea de Guajaca, ciudad mexicana donde frailes allí afincados fabrican un tipo con fama de excelencia.

Naturalmente, la afición sobrepasa a las damas y se extiende a toda la población. De forma tan desenfrenada que, en 1644, los alcaldes de Casa y Corte prohíben la venta de chocolate como bebida, «ni en tiendas ni en domicilios ni en parte alguna».

Como ante tantas órdenes y bandos, la ciudadanía hace caso omiso y a finales del siglo en la capital se ha llegado a un estado de cosas verdaderamente inconcebible, como se describe en un manuscrito custodiado en el Archivo Histórico Nacional:

> Hase introducido de manera el chocolate y su golosina, que apenas se hallará calle donde no haya uno, dos y tres puestos donde se labre y se vende; y a más de esto no hay confitería, ni tienda de la calle de Postas, y de la calle Mayor y otras, donde no se venda, y solo falta que lo haya también en las de aceite y vinagre. A más de los hombres que se ocupan de molerlo y beneficiarlo, hay otros muchos y mujeres que lo andan vendiendo por las casas, a más de lo que en cada una se labra. Con que es grande el número de gente que en esto se ocupa, y en particular los mozos robustos que podían servir en la guerra y en otros oficios de mecánico y útiles a la república.

Paulo V, el Papa que pontificó que el chocolate no rompe el ayuno.

La gran novelista María de Zayas y Sotomayor resume la situación cuando escribe: «El amigo chocolate, que en todo se halla, como la mala ventura».

España exporta el chocolate a Francia en el equipaje de Ana de Austria, hija de Felipe III, quien contrae matrimonio con el rey Luis XIII, en 1615.

Con el paso del tiempo, el consumo de chocolate se va sofisticando progresivamente entre ciertos sectores y Ángel Muro da fe de que a finales del siglo XIX las mujeres españolas de nivel lo tomaban con ámbar, vainilla y canela. Claro que los pobres no lo tenían tan claro, porque el chocolate que estaba al alcance de su economía solía estar adulterado con harina de galleta, féculas, cacahuete y almagre. Nada grave para la salud, como tampoco lo fue el chocolate de algarrobas que se comercializaba en la posguerra. Solo el fraude habitual en los alimentos de los humildes.

A partir de los años cincuenta y sesenta del siglo XX, el chocolate tomó otra forma popular más sólida, que expresada en libras y en onzas se convirtió en el bocadillo de la merienda de muchos niños españoles.

RECETARIO APRESURADO DEL PERIODO

El prontuario de fórmulas culinarios del llamado «Siglo de Oro» es un compendio de recetas, en buena parte de origen medieval para el caso del *Llibre de Coch* (cuyo título completo es *Llibre de doctrina per a ben servir, de tallar y del art de coch cs (ço es) de qualsevol manera, potatges y salses compost per lo diligent mestre Robert coch del Serenissimo senyor Don Ferrando Rey de Napoles*), que escrito originalmente en catalán, fue traducido al castellano en 1525 como *Libro de cozina* o *Libro de guisados,* y del que fue autor el *mestre* Robert, maestro Robert, Robert de Noia o Ruperto de Nola, quien probablemente fue el cocinero de Fernando I de Nápoles. Del periodo que cabalga entre el Renacimiento y el Barroco, fiel y culinariamente representado en la obra *Arte de cocina, pastelería, bizcochería y conservería*, del que fue autor el responsable de la cocina de palacio durante los reinados de Felipe II, Felipe III y Felipe IV, Francisco Martínez Montiño, y que vio la luz en 1611; de los albores de la centuria, como el *Libro del arte de cozina*, publicado en 1607 por Domingo Hernández de Maceras, cocinero del Colegio Mayor de Oviedo de la Universidad de Salamanca, que se presenta como una pieza rara y originalísima debido a que no es un formulario destinado a nobles o cortesanos de alto rango, sino que va dirigido al cotidiano sustento de los alumnos del paraninfo, cuya situación económica distaba mucho de ser boyante.

En el apartado en el que el investigador L. Jacinto García incluye ensaladas, verduras, sopas y potajes, cabe destacar la ensalada de capón, que además de ave cocida, lleva verduras amargas, como escarola, achicoria y berros, aceite de oliva, vinagre y sal; alboronía, la madre de todos los pistos según Néstor Luján; berenjenas, fritas o asadas, en salsa llamada «almodrote», de origen sefardí y básicamente preparada con aceite, ajos, queso rallado y algún otro ingrediente al gusto del cocinero o del comensal; manjar blanco, plato que en su esencia aún subsiste en Cataluña, y que básicamente se elabora con leche, queso curado y fresco, azúcar, pan rallado, yema de huevo, hierbabuena y azafrán, aunque existían versiones con calabazas o con gallina; olla podrida, de cuya estirpe nacerán todos los cocidos y ollas hispanas; y el potaje de higos, blancos y negros, con tocino blanco, caldo de gallina, azúcar y jengibre rallado.

En cuando a carnes, merecen anotación y cita las albondiguillas

Alboronía, la «madre de todos los pistos».

de ave; el gigote de carnero al aguardiente, con la carne muy picada y entreverada de tocino de cerdo, cebollas, ajos, huevos cocidos, perejil, piñones, pimienta blanca molida y unas copias de aguardiente; pies de cerdo en salsa de avellanas; artaletes de cabrito albardadas en tocino de cerdo; palominos ahogados en caldo de ave y vino tinto, con cebolla, tocino y pan duro; caza mayor en adobo, con varias hierbas aromáticas, vino tinto, puré de castañas, setas confitadas, miel y vinagre de vino; conejo en escabeche; o la empanada de pichones.

Por lo que a pescados se refiere, hay que dejar constancia de recetas como el popularísimo escabeche de taberna; el bacalao en ajada; la merluza acecinada, seca y salada al modo y manera del bacalao; y el pescado agridulce, de mar o de río, en un guiso con aceite, vino blanco y vinagre, ciruelas, almendras crudas, comino, cilantro, jengibre rallado y vino de moscatel.

Los huevos están representados en fórmulas como cocidos o duros con zumo de limón, cebolla, garbanzos cocidos y pimienta molida; escalfados con crema de huevos, a base de leche de almendras, jengibre y azafrán; y la tortilla de naranja para pícaros y rufianes, que se hacía batiendo los huevos en zumo de naranja y de limón con un poco de azúcar, y cuajándolo todo en una sartén con aceite muy caliente.

Tortilla de naranja para pícaros y rufianes.

El capítulo de postres es amplísimo, y de ese vasto conjunto cabe distinguir el bizcocho de alfónsigos (que hoy llamamos pistachos), mezclados en una pasta de almendras dulces molidas, ralladura de limón verde, claras y yemas de huevo batidas separadamente, azúcar y harina de trigo; el buen codoñate, a base de membrillos cocidos y triturados a los que se agrega leche de almendras, azúcar, especias, yemas de huevo, nuez moscada, jengibre molido y cardamomo; el papín, uno de los bocados predilectos de Carlos V y de su hijo Felipe II, que es una especie de bechamel dulce a base de harina de trigo, leche, azúcar, manteca, canela molida y rebanadas de pan tostado; la tortada de zanahorias, un hojaldre relleno de zanahorias cocidas, orejones de albaricoque, huevos, vino blanco, miel de romero, canela y clavo; la tortada de mazapán; la mermelada de violetas; la jinestada, crema dulce de leche de almendras, azafrán, harina de arroz, dátiles, almendras, piñones y palitos de canela; la burnía de higos, confitura de higos muy maduros, pétalos de rosas y azúcar, dispuesto todo en capas y dejado reposar durante unos quince días; la tortada de melón, troceado el fruto y embutido en una masa de hojaldre de harina de trigo, con huevos, vino blanco, azúcar, clavo y canela; y el mirraustre de peras, cortadas estas en dados, cocidas, aplastadas y ligadas con leche de almendras, harina y yerbabuena.

Bizcocho de alfónsigos (pistachos).

El siglo de las luces, el hambre popular y las innovaciones culinarias borbónicas

El siglo XVIII español se inaugura con el cambio dinástico de la Casa de Austria a la de Borbón, que sentará a su primer rey en el trono, Felipe V, en 1700. Pero el asiento, lejos de pacífico y producto del consenso, da lugar a una guerra de Sucesión en la que se implicó media Europa. De un lado, Francia y parte de España, y de otro, defendiendo la candidatura al trono español del archiduque Carlos VI (hijo del emperador Leopoldo), Inglaterra, Holanda, el Imperio, Aragón y Cataluña. Tras muchas batallas de desigual fortuna para los contendientes, en 1713 se firmó la Paz de Utrech, que a España le salió por un pico, ya que tuvo que ceder al emperador los territorios del Sacro Imperio Germánico, de Nápoles, Cerdeña, Bélgica y el Milanesado, y transferir Menorca y Gibraltar a Inglaterra.

Así pues, la primera mitad del siglo estuvo presidida por el reinado de Felipe V, vencedor de la guerra sucesoria tras la muerte de un rey sin heredero. El monarca francés que inauguraba dinastía real en España, la de los Borbones, estuvo dominado por la influencia de su abuelo Luis XIV y los franceses de la corte, con la princesa de los Ursinos a la cabeza, hasta que, en 1714, tras su segundo matrimonio con Isabel de Farnesio, pasó a ser dominado y conducido por esta.

La dinastía borbónica trajo a España un nuevo estilo ilustrado que inmediatamente marcaría distancias en las costumbres en general y también en campos como la ciencia, la enseñanza, la religión, la economía, la política de pactos y, como no podía ser de otra manera, en la gastronomía, muy especialmente entre la nobleza y las clases más favorecidas

Dentro de ese nuevo estilo de gobierno y visión política de renovación, en 1712 se creó la Biblioteca Nacional, a la que siguieron la fundación de la Academia de la Lengua, la de Medicina y la de

Historia, junto a un claro impulso de las instituciones universitarias, con la puesta en marcha de colegios mayores y más academias.

En general, estos avances fueron relativamente bien acogidos, por tal no sucedió con los nuevos hábitos culinarios que trajeron consigo los monarcas de la casa de Borbón y sus cónyuges, siempre extranjeras.

PARA EMPEZAR, UN GASTRONÓMICO CHOQUE DE TRENES

Un año después de ser coronado Felipe en el palacio de Versalles, el 16 de noviembre de 1700, y motejado como el Animoso, cuando durante toda su vida fue un maníaco depresivo de manual (la cosa ya empezaba regular) se le casó con su prima la turinesa María Luisa Gabriela de Saboya, en la localidad fronteriza de Figueras.

En el banquete nupcial se dio el banderazo de salida al desencuentro de años entre los estilos, modos y maneras culinarios entre Francia y España.

En su libro de *Memorias* (cuya primera edición resumida aparecería en 1858, mientras que la definitiva, de nada menos que 43 volúmenes, tuvo que esperar hasta 1930), el escritor y diplomático francés Louis de Rouvroy, duque de Saint-Simón, relataba así el primer gran litigio culinario entre ambos países:

> Al llegar a Figueras el obispo diocesano los casó con poca ceremonia y poco después se sentaron a la mesa para cenar, servidos por la princesa de los Ursinos y las damas de palacio, la mitad de los alimentos a la española, la mitad a la francesa. Esta mezcla disgustó a estas damas y a varios señores españoles con los que se habían conjurado para señalarlo de manera llamativa. En efecto, fue escandaloso. Con un pretexto u otro, por el peso o el calor de los platos, o por la poca habilidad con que eran presentados a las damas, ningún plato francés pudo llegar a la mesa y todos fueron derramados, al contrario que los alimentos españoles que fueron todos servidos sin percances. La afectación y el aire malhumorado, por no decir más, de las damas de palacio eran demasiado visibles para pasar desapercibidos. El rey y la reina tuvieron la sabiduría de no darse por enterados, y la señora de los Ursinos, muy asombrada, no dijo ni una palabra. Después de una larga y desagradable cena, el rey y la reina se retiraron.

Veinte años después y por la misma fuente sabemos que la cosa no había mejorado ni un ápice. Saint-Simón había venido a España con la misión de elegir una infanta española para casarla con Luis XV de Francia y aunque las gestiones no llegaron a puerto, su habilidad y elegancia diplomáticas le valieron ser nombrado Grande de España. En tal calidad acudió a una cena que en 1721 le ofrecía el virrey de Navarra a la familia real y de aquel ágape nos dejó estas impresiones: «La comida no se hizo esperar; fue copiosa, a la española, mala; las maneras nobles, corteses, francas. Quiso obsequiarnos con un plato maravilloso. Era una gran fuente llena de un revoltijo de bacalao, guisado con aceite. No valía nada y el aceite era detestable. Por urbanidad, comí cuanto pude».

UN NUEVO ESTILO A LA MESA
Y SU SOPA DE CEBOLLA

Los Borbones llegan a España con el equipaje de la modernización gastronómica introducida por los cocineros de su país y ponen la mesa hispana un poco patas arriba sustituyendo las potentes especias, a las que los Austrias fueron tan aficionados, por unas más delicadas hierbas aromáticas. El monarca impone el *chadeau*, un caldo concentrado que toma diariamente y otros bocados a los que el mismo Saint-Simón se refiere en sus escritos:

> El rey come mucho y elige entre una quincena de alimentos, siempre los mismos, y muy simples. Bebe poco y solo vino de Borgoña (…) A diario tomaba su plato favorito: gallina hervida. La acompañaba con pócimas cuyas propiedades estimulaban su vigor sexual. Cada mañana, antes de levantarse, desayunaba cuajada y un más que dudoso preparado de leche, vino, yemas de huevo, azúcar, clavo y cinamomo (…) Su potaje es *chaudeau*.

Este potaje, según explica Eva Celada, era un jugo concentrado de carne, con clara de huevo, vino de Borgoña, azúcar, canela y clavo. Receta afrodisiaca ilustrada, que el duque prueba y opina que se trata de un brebaje grasiento y de sabor desapacible, aunque reconoció que se trataba de un reconstituyente de alta sensualidad que preparaba al soberano para las ardientes sesiones de juego carnal a las que era un verdadero adicto.

También explica Eva el proceso de normalización de elementos y mezclas que a los Austrias les hubieran resultado exóticos y con frecuencia intolerables:

> De esta forma, anchoas y alcaparras se empiezan a utilizar indistintamente en salsas o como aderezo, como en el «dentón esparrillado con alcaparras». Algunas hierbas se convierten en protagonistas de los platos, como ocurre con el «hinojo con pavo» o los «pollos panados a las hierbas finas»; o el «lomo de ternera a las hierbas finas» y el «pavito asado al ajo». Son rectas curiosas y bastante modernas, hechas tal vez de manera algo tosca y que gustaban mucho a los primeros Borbones.

La reina y primera esposa de Felipe, María Luisa Gabriela de Saboya, empotra otro escándalo en la mojigata y rígida corte al convertir en consuetudinario el cocinar en sus aposentos sopa de cebolla, con la ayuda y colaboración culinaria de su camarera mayor, la princesa de los Ursinos.

Influenciada por los gustos gastronómicos de sus padres, Víctor Amadeo II, duque de Saboya y rey de Cerdeña, y Ana María de Orleáns, sobrina del rey Luis XIV de Francia, adoraba la sopa de

Sopa de cebolla, un plato que trajo a España María Luisa Gabriela de Saboya.

cebolla, pero los cocineros y sirvientes del palacio madrileño, habituados a la confección casi exclusiva de la tradicional olla podrida, no conseguían dar con el punto exacto del plato, por lo que, con cierta frecuencia, además de hacerla en sus habitaciones privadas, la reina consorte bajaba a las cocinas y la preparaba ella misma tratando de instruir al servicio.

La sopa de cebolla era por entonces casi una novedad en París y aún mucho más en España, ya que apareció como uno de los humildes condumios de las gentes que trabajaban o transitaban por el mercado parisino de *Les Halles*.

Los nobles franceses que solían acabar sus fiestas y francachelas de madrugada y en aquel recinto, no tardaron en aficionarse a un caldo tan sabroso y de efectos notablemente tónicos y vivificantes. La llamaron *Soupe d'oignons aux Halles* y poco a poco la fueron introduciendo en sus cocinas. Fue el caso de Ana María de Orleáns, la madre de María Luisa Gabriela de Saboya, quien la trajo a España como inestimable presente culinario.

LA IMPRONTA CULINARIA DE LA FARNESIO

Tras su muerte en febrero de 2014, con tan solo 25 años y después de haberle dado cuatro hijos al monarca (dos de ellos serán reyes como Luis I y Fernando VI), este se vuelve a casar inmediatamente con la parmesana Isabel de Farnesio, quien llega a la corte española acompañada de Giulio Alberoni, que no tarda en desplazar a los ministros profranceses e inicia una política exterior más agresiva, intentando recuperar Menorca y Gibraltar, al tiempo que negocia coronas para los hijos del matrimonio real.

Las calamidades y hambres de una buena parte de la población no llegaban a los salones de palacio, probablemente ni siquiera de oídas. Los monarcas y su Corte comían como casi siempre bien, pero, y esto es lo relevante, empezaron a comer de otra manera y también como casi siempre, usos y costumbres dietético-gastronómicas acabarían trasladándose (aunque con las inevitables adaptaciones derivadas del muy dispar poder adquisitivo) al conjunto de la población.

Hasta el siglo XVII, como dilatada herencia del gusto medieval y renacentista, en las mesas pudientes se manifiesta un aplastante predominio de asados de carne y de la dulcería. Pero a partir de la segunda mitad del siglo XVIII se introduce con fuerza una «nueva cocina» basada en un buen número de productos europeos, y en procesos de elaboración más refinados, con añadidos de salsas y guarniciones. También se produce un cambio sustancial en el orden del servicio de mesa, de forma que la fruta, que durante los siglos pasados había sido siempre «plato de ante», es decir inicio casi obligado de la pitanza, pasa a situarse en el último lugar y como postre.

Sobre los manteles aparecen la manteca de Flandes, el queso de Parma, el salchichón de Bolonia (consumido como postre o «plato de *post*»), y autóctonos higos de Valencia, turrón de Alicante, granadas de Murcia o peras de Aragón.

En palacio, la carne de ternera desplaza a la de vaca y carnero y los proveedores siguen dando fianza como desde tiempo inmemorial. Sobre esto cuenta Simón Palmer: «En 1751 el proveedor de terneras tiene su ganado en el valle de los Molinos de Guadalerza, arrendado al Colegio de las Doncellas de la ciudad de Toledo. Pueden entrar setecientos animales, que suministra a las cocinas de boca a cuatro cuartos de libra y todas las porciones que le piden».

Isabel de Farnesio también impone la moda del vino de Parma y pan relleno con pernil, rotundo bocadillo de jamón, que curiosamente se toma como postre, y el vino de Parma. Otro de sus platos favoritos,

Felipe V y su segunda esposa, Isabel de Farnesio, por Louis-Michel van Loo.

el timbal de macarrones (una voluptuosa receta que acompaña la pasta con carne de pollo y salchichas, verduras, champiñones y salsa de tomate, cuya mezcla se conforma en un suntuoso pastelón en forma de gran bombón que se parte solamente como las tartas nupciales), que inicialmente prepara ella misma en las cocinas de palacio, obtiene un éxito fulgurante entre la nobleza y más tarde entre las clases «medias» de funcionarios e hidalgos menos acaudalados. A medida que la afición por el timbal primigenio va calando en capas más bajas de la sociedad, sus ingredientes y elaboración van reduciendo pretensiones, de manera que, llegado al pueblo llano, acabará convertido en macarrones con chorizo, un plato de raigambre madrileñista que terminará extendiéndose por buena parte del territorio español.

El pescado, hasta entonces consumido como recurso obligado en el cumplimiento de los preceptos de vigilia, pasa a ocupar lugar de privilegio cotidiano en los reales menús. Jorge Chatelain, cocinero de Felipe V, se convierte en el primer abastecedor de pesca procedente del puerto de Bilbao, y en 1739, Manuel de Herrera, estante de Corte, se compromete formalmente a allegar a la misma de seis a ocho cargas diarias de pescado fresco (entre los meses de octubre a marzo, ambos inclusive), de los puertos de Bermeo, Castro, Santoña y Santander.

El timbal de macarrones tan del gusto de Isabel de Farnesio,
que devino en macarrones con chorizo.

En el lugar de vanguardia que abandonan las frutas, se sitúan las sopas, una modificación sustancial en los hábitos alimenticios españoles que llegará hasta nuestros días.

Frente a la anterior austeridad de los Austrias, la reina impone ciertos lujos, innovaciones y curiosidades culinarias que pronto irán introduciéndose, aunque con las inevitables adaptaciones locales, en la coquinaria hispana. Relata Celada que entre sus platos favoritos llaman la atención los pásteles de ánade; los capones rellenos de arroz; las criadillas de tierra escabechadas, acompañadas de alcachofas y huevos de codorniz; y los pavos rellenos de salpicón de mollejas, con sus higadillos y unas lonchas de jamón. Además: «Se utilizaba champaña para la confección de las salsas, por expreso deseo suyo, lo que suponía un gran escándalo para la Corte».

Por último, cabe señalar que es a partir de este siglo cuando en las recetas culinarias se empieza a incluir el origen de los guisos (Perigord, Toulouse) y el estilo con el que se condimenta o prepara, añadiendo la coletilla de «a la valenciana, a la parmesana, o a la española».

En 1724, el abúlico monarca abdicó a favor de su hijo Luis, pero el nuevo rey murió a ocho meses después de haber sido coronado Felipe V, ya presa de ataques de locura y profunda melancolía mientras que los destinos del reino los decidía su esposa. A su muerte, en 1746, la bancarrota del Estado, una vez más, era absoluta.

Otra de las contribuciones de Isabel de Farnesio al buen gobierno de España fue la de lograr calmar los delirios de su egregio esposo contratando a Carlo Broschi, Farinelli, probablemente el mejor cantante operístico castrado de la historia. El enajenado Felipe se negaba a cambiarse de ropa, a asearse ni mínimamente y a cortarse las uñas de los pies hasta que la deambulación por sí mismo le resultó imposible. Pasaba meses postrado en cama y en su retiro del palacio de la Granja estableció un sistema de rutina cotidiana en el que se dormía durante el día y se despachaban los asuntos cortesanos por la noche, haciendo con ello peligrar también la salud mental de cocineros, chambelanes y consejeros, contrariados sus ritmos circadianos naturales. Una madrugada se empeñó en montar un caballo dibujado en uno de los grandes tapices de palacio y la del alba sería cuando su corte le hizo desistir del insólito proyecto ecuestre.

Farinelli fue el bálsamo antidepresivo que consiguió retornar al monarca a una cierta estabilidad emocional.

EL PRIMER LIBRO DE COCINA ESCRITO POR UNA MUJER

Al menos del que se tenga constancia con el nombre y apellidos de la autora: María Rosa Calvillo de Teruel. Esta mujer, probablemente cocinera en la casa de una familia pudiente, era andaluza, a juzgar por una gran cantidad de voces como «dobleses», «pedaso», «morsilla», «casuela» y otro largo etcétera de andalucismos. Por las referencias geográficas de las fórmulas culinarias, como «tortas de Morón» o «dulce de huevo de Utrera», su ubicación profesional puede situarse más específicamente en la entonces diócesis de Sevilla.

El prontuario gastronómico de María Rosa está datado cerca de 1740, durante el final del segundo reinado de Felipe V y a seis años de su muerte. Su organización, por llamarlo de alguna manera, carece del orden tradicional por grupos de alimentos y tras una receta de fiambres, puede venir otra de sopas, una siguiente de dulces, seguida de un guiso de pescado. En total el cuaderno consta de 38 páginas que incluyen 100 recetas de las cuales 99 son de la autora y la otra de una mano anónima con muy distinto tipo de letra, que alguien debió de añadir en algún momento para redondear la cifra.

El manuscrito fue descubierto por un librero madrileño en 1969 y parece que en algún momento formó parte de la extensa biblioteca de Mariano Pardo Figueroa, que en el siglo xix firmaría interesantes tratados culinarios con el pseudónimo de Doctor Thebussem.

Tras años, de investigación, la filóloga y poetisa hispano-italiana Elena Cayetana Di Pinto verificó su autenticidad y se cuidó de su edición para que finalmente fuera editado en 2013 con el título de *Libro de apuntaciones de guisos y dulces*.

POCAS NOVEDADES DURANTE EL REINADO DE FERNANDO VI

El rey Fernando VI, tercer hijo de Felipe V y María Luisa Gabriela de Saboya, llamado el Justo y el Prudente, fue coronado a la muerte de su padre en 1746, cuando ya llevaba 17 años casado con la infanta portuguesa Bárbara de Braganza.

Fue un matrimonio extraordinariamente bien avenido y su impronta en la política y la gastronomía española fue relativamente escasa. El rey era bastante abúlico de desafecto a los asuntos de Estado y la reina mucho más adicionada a los placeres del teatro y la lírica que los de la buena mesa.

Los menús diarios siguieron siendo prácticamente los mismos de sus antecesores, pero la prodigalidad continuó en auge. Gracias a un documento rescatado de los archivos palaciegos por la investigadora María de los Ángeles Simón Palmer, conocemos al detalle sus composiciones y el gasto que representaban. Sin entrar en lo segundo, para evitar al lector un arduo ejercicio de deflactación de maravedíes y reales de vellón a contemporáneos euros, la «vianda grande» que se servía a sus majestades era la siguiente: en la comida, dos sopas, una de pasta con su gallina y otra de pan con dos pichones; luego, un lomo de ternera, un plato con seis pichones, otro de seis pollas y otro de seis perdices, a los que seguía un asado compuesto de otra media docena de piezas. Para el postre, uno de pastelería «y otro de lo que produce el tiempo». Continúa explicando el documento que: «… a la cena se sirve la misma vianda sin diferencia alguna».

A semejante festín, del que desconocemos hasta donde daban cuenta los soberanos, se añadía la muy contundente olla podrida, que se servía dos veces en semana y la víspera de la Pascua de Resurrección acompañada de cava francés con su correspondiente ración de nieve para enfriarlo.

Entre tanto, el pueblo comía lo que podía, aunque de sus menús, por llamarlos algo, solo se conserva el testimonio parcial y con frecuencia meramente anecdótico del correspondiente a la población aneja a la Corte madrileña.

En este punto cabe recoger alguna de las poesías gastronómicas recopiladas por Manuel Martínez Llopis y, por elegir una, valga la que aparece en los *Bandos del Avapiés* del dramaturgo Don Ramón de la Cruz: «Fue el caso que cierto día/ vi que entró en casa de Pedro/ el tabernero y con ella/ Perdulario, el zapatero;/ detrás de ellos entré yo;/ piden de beber, bebieron;/ piden pan, piden sardinas, / y para postres, pimientos. / … Ya morcillas rellenando/ ya taránganas friendo».

Dígase por si alguien lo ignorara y así lo aclara don Manuel que: «La tarángana era una morcilla muy ordinaria que consumían las clases populares».

Bárbara de Braganza murió en 1758, cuando solo contaba con 47 años, dejando a Fernando en un estado de desolación extremo. El rey pasó un año sin cambiarse de ropa y sin dormir en una cama. No quería ver a nadie y dejó completamente de lado las cuestiones de Estado. Las ideas suicidas empezaron a rondarle la cabeza cada vez con más fuerza y los cortesanos más próximos decidieron cambiar toda la vajilla de cristal por otras de plata con las que el monarca no pudiera autolesionarse. Probablemente esa fuera una de sus contribuciones más señeras a la alta culinaria hispana.

AL FIN UN REY ILUSTRADO Y PRUDENTÍSIMO A LA MESA

A la muerte de Fernando VI, sin descendencia directa, en 1759 pasa a ocupar el trono su hermanastro Carlos III, el «rey albañil», el «rey ilustrado», que conduciría los destinos de España hasta su muerte en las postrimerías del siglo, en 1788.

El movimiento ilustrado, con su política de obras públicas, repoblaciones más o menos acertadas, apoyo a la ciencia y la industria,

Carlos III comiendo ante su corte, cuadro de Luis Paret y Alcázar.

parece apuntar horizontes de recuperación, pero en 1760, cuando el 84 % de la población española sigue adscrita al trabajo agrario, comienzan a sucederse epidemias de tifus, cólera y viruela, que diezman poblaciones, arrasan los campos por falta de mano de obra para cultivarlo y extienden el espectro del hambre.

La incipiente industrialización, que provoca un degradante hacinamiento obrero, abre paso a un nuevo foco de conflictividad social. En 1754, los trabajadores de los astilleros de Ferrol paralizan la ciudad reclamando el pago de salarios atrasados, y no tardan en emprender similares medidas los compañeros de Cartagena y de La Carraca, en Cádiz. El sector textil también se lanza a la rebelión en San Fernando y Guadalajara, en demanda de salarios más justos.

Carlos III se mantuvo siempre a distancia de excesos gastronómicos a los que, como se ha ido relatando, tan proclives fueron otros monarcas que le antecedieron en el trono español.

Invariablemente, desayunaba un chocolate siempre servido en la misma taza —una de sus varias manías— que le suministraba uno de sus ayudas de cámara, Alverico Pini, y si, excepcionalmente, no quedaba del todo satisfecho, aparecía discretamente en sus aposentos el repostero napolitano Silvestre, para allegarle una segunda ronda.

Sus comidas y cenas, inmutables durante años, seguían el modelo que relata Fernán Núñez: «... siempre una misma cosa, su sopa, un pedazo de asado que regularmente era ternera, un huevo fresco, ensalada con agua, azúcar y vinagre, y una copa de vino de canarias, dulce, en el que mojaba dos pedacitos de miga de pan tostado y bebía el resto».

De su carácter metódico hasta la neurosis da idea una anécdota que refiere Eva Celada en su libro *La Cocina de la Casa Real*.

Cuenta que un buen día, en el almuerzo no le sirvieron el huevo, porque al parecer el proveedor no había podido llegar a tiempo. El monarca, al ver que en su mesa no aparecía el preceptivo huevo fresco:

> ... se quedó una hora mirando la comida sin probar bocado, cuando pasó ese tiempo, se levantó y le dijo a su mayordomo mayor, el duque de Medinacelli: «Como no tenía mi huevo, ya lo ves, Medinacelli, no he comido nada». Que el rey no comiera suponía un grave quebranto para todos, pero, en especial, para el mayordomo mayor, que tenía como misión principal ese cometido y, posiblemente, vio peligrar su importante trabajo por esa contrariedad.

CRIADILLAS, UN PLATO ESPAÑOL EN LA MEMORIA ETERNA DEL CABALLERO CASANOVA

El caballero veneciano Giacomo Girolano Casanova, escritor, bibliotecario, diplomático y agente secreto, ganó en su tiempo cuantiosa fama de seductor gracias a las numerosísimas aventuras y lances amorosos que se le atribuían y que él mismo se encargaba de magnificar, al punto de que su apellido ha pasado a la historia y al lenguaje popular como adjetivo que define a los varones capaces de rendir la voluntad de las damas, abocándolas al lecho y al grato conocimiento bíblico.

Junto a esa capacidad para la conquista galante, Casanova es conocido como un refinado *gourmet* y un gran «especialista» en dietética afrodisiaca, si es que tal cosa existiese.

Se le supone inventor de un vinagre especial para sazonar huevos duros y anchoas, fue reputado amante de productos tan exóticos como las setas de Génova o el paté blanco del Ródano, y apóstol de algunos excitantes y favorecedores de los placeres de Venus, como el chocolate espumoso, las trufas, las ostras, el champán y el marrasquino, licor dálmata-italiano a base de cerezas marrascas, azúcar, almendras y miel.

Con todo, a lo largo de los miles de páginas de memorias que conforman los dos voluminosos tomos de su *Histoire de ma vie*, solo hay una referencia concreta y específica a un plato que verdaderamente le entusiasmaba y que probó en la capital de la España de Carlos III.

Casanova llegó a Madrid en 1767, tras ser expulsado de Austria y Francia, y en la Villa disfrutó y no tanto de dos residencias: la cárcel del Buen Retiro, a donde fueron a dar sus huesos tras torticera denuncia por posesión de armas de fuego.

Ya las cosas más calmadas, fijó su residencia en la Fonda de la Cruz, en la calle del mismo nombre y cercana a la calle del Rosal, que sería engullida por la Gran Vía a principios del siglo xx.

Allí se erguía la Casa del Pecado Mortal, un desairado inmueble propiedad de la Santa y Real Hermandad de María Santísima de la Esperanza y el Santo Zelo en la Salvación de las Almas, que servía de acogida y refugio para jóvenes descarriadas de vida disoluta, entre las que el impenitente seductor parece que encontró a la misteriosa «dama duende» que menciona varias veces en sus escritos.

Volviendo al plato español que deslumbra al aventurero y que cita alborozado en sus memorias, este no es otro que las criadillas o turmas de toro y de cordero, testículos de ambos rumiantes que él conocía en receta francesa à la crème o en *fricasé*, y que en Los Madriles preparaban entonces con un simple pero muy resultón rebozado.

Como nota anecdótica hay que señalar que, a caballo entre la historia y la leyenda, se supone que ese fue precisamente el bocado que llevó a la tumba a don Fernando II de Aragón, que pasaría a la historia como Fernando el Católico.

El 19 de octubre de 1505, viudo de Isabel la Católica desde hacía ya un año, se casó por poderes con la francesa Germana de Foix, a través del segundo Tratado de Blois, celebrándose las velaciones de dicho matrimonio en la localidad palentina de Dueñas el 18 de marzo de 1506.

Como quiera que Fernando ya era un anciano de los de por aquel entonces (ya que tenía 53 años, que para la época pesaban mucho), y que Germana era una moza oronda y casquivana de 18 primaveras, su majestad católica se vio en la perentoria necesidad de buscarse algún refuerzo erotógeno. Fruto de aquellos esfuerzos, el 3 de mayo de 1509 Germana dio a luz a un niño al que bautizaron Juan, pero que murió a las pocas horas. Fernando siguió intentándolo,

Criadillas de toro rebozadas, el plato español que enloqueció al caballero Casanova.

pero parece que un atracón desmesurado de criadillas de toro le hizo pasar a mejor vida.

Volviendo al asunto, parece que al caballero Casanova las criadillas rebozadas a la madrileña le sentaron divinamente, pero se metió en otros problemas. Con el buen gusto de aquel bocado y tras haberse hecho bastante impertinente a la Corte por sus denuestos contra el imperante clericalismo y las mordaces críticas a la repoblación de Sierra Morena pergeñada por Pablo de Olavide. Casanova marchó a Barcelona, donde pasaría 42 días en la cárcel por un *affaire* con la esposa del capitán general del ejército en la zona.

Corría el año de gracia de 1768 y aún le quedaban tres décadas de desaforamiento vital y sonadas cuchipandas.

LA COCINA MARINERA DIECIOCHESCA

El XVIII fue el siglo de las grandes y muy largas expediciones marítimas y ello obligó a generar toda una inmensa logística de abastecimiento alimenticio y a la aparición de una cocina peculiar y pintorescamente marinera.

La gran estrella de esa culinaria fue sin duda el bizcocho o galleta marinera, hecha de pan sin levadura, ligeramente amasado y cocido dos veces, como indica su etimología latina: *bis coctus*. Aquellos bizcochos o galletas duraban mucho, pero aun cuando llegaban a ponerse como piedras, solo era necesario mojarlos en agua, dulce o marina, para hacerlos más o menos comestible. Pero aun en aquella aparente simpleza, había clases. Como nos dice Vicente Ruiz García en su libro *Cocina a bordo*, la galleta marinera o bizcocho: «… acompañó durante siglos al navegante de todas las naciones, siendo un elemento fundamental en la dieta marinera. En el siglo XVIII se diferenciaba el bizcocho ordinario que era para la tripulación, elaborado con harina sin refinar, del bizcocho blanco, que lo disfrutaban los oficiales». De manera que la marinería lo tomaba con toda su fibra, que mejoraba su tránsito gastrointestinal y les evitaba en buena medida el riesgo de hemorroides, tan común a los embarcados.

También disponían los nautas de otros condumios a base de cereales y sémolas con las que se preparaban sopas, gachas, tortas y algo muy parecido al cuscús de nuestros días, y de algunas pastas como fideos y macarrones.

Al mismo tiempo, se embarcaban animales vivos, como cerdos, vacas y cabras para cocinar sus carnes a bordo. También, dice Ruiz García:

> … patos y gansos, que, junto a los pavos, no sufrían el mal de mar y no morían como las gallinas y los pollos, que no aguantaban la navegación. No obstante, a pesar de esta circunstancia, los encontramos a bordo, puesto que además de carne proporcionaban huevos frescos. Estos últimos también los hallamos embarcados en grandes cantidades conservados en barriles de sal o aceite.

La galleta marinera que hizo posible la exploración del mundo.

Junto a la carne fresca se transportaba una gran cantidad de carne en salazón, acecinada y ahumada, en la que se incluían lomos, costillas, perniles (jamones), criadillas y morcillos de cerdo, lenguas de cerdo ahumadas y carne de chivo salada y secada al sol.

Otro recurso alimenticio en alta mar eran los caldos de carne concentrados (cada pastilla de treinta gramos condensaba más de dos kilos de carne y pequeñas porciones de legumbres harinosas), que se fabricaba en Buenos Aires y llegaban a Cádiz para su uso en navegaciones prolongadas.

Al pescado, imprescindible para los días de Cuaresma, se le daba el mismo tratamiento de conservación, con el escabechado de añadido.

La menestra, algo muy distinto del plato de verduras que hoy conocemos con ese nombre, era sustento obligado para los navegantes y se incluía en la ración preceptiva de la Armada. Siguiendo de nuevo al autor de referencia en este epígrafe:

> La menestra que se repartía en los ranchos era de arroz o garbanzos, consideradas menestras finas, aunque también era habitual el consumo de otras llamadas ordinarias, que contenían legumbres secas como habas, chícharos o guisantes, lentejas, fríjoles y judías —preferiblemente estas últimas procedentes de Galicia y del color del chocolate—, que eran entregadas al cocinero para su cocción en el caldero.

Los frutos secos, especialmente almendras, nueces, piñones y avellanas, también formaban parte de la cotidianidad manducaria de los navegantes.

Otro capítulo eran los encurtidos, verduras frescas como el ajo y las cebollas, y frutas conservadas como confitura. En cuanto a las ensaladas, se hacían de lechugas o berros, cultivados en cajones que embutían tiestos que se cubrían con algodón empapado en agua. Cardos y alcachofas se preparaban asadas.

Los quesos, también protagonistas de la despensa del barco, solían ser extranjeros, especialmente parmesano italiano y queso de bola holandés.

Para beber, vino, cerveza, sidra, ron y agua, que, además de para saciar la sed y animar el espíritu, se usaba para remojar y ablandar los alimentos que iban envejeciendo a lo largo de la travesía.

Con todo, la receta cumbre y señera de la cocina marinera fue la mazamorra, una sopa en frío que los sufridos navegantes pergeñaron para aprovechar los restos casi pulverizados de bizcocho o galleta marinera.

Su origen es tan remoto que se supone que tal denominación proviene de las palabras griegas *paxamádion* («bizcocho») y *mâza* («masa»), las mismas voces que posteriormente darían nombre al mazapán, y que seguramente era el sustento básico de la tropa que viajaba en las naves de la coalición aquea que compuso la expedición militar contra Troya y que en los diez años que duró el asedio fue derivando hacia las saladas gachas o dulces puches que con frecuencia cita Homero en sus cantos.

Los antiguos romanos retomaron la fórmula culinaria y en el libro *De re coquinaria* que comenzó a redactar Marco Gavio Apicio en el siglo I, aparece un plato casi idéntico y elaborado con un majado de pan en agua, aceite, vinagre, agua y ajo. Posteriormente, en el Imperio se desarrolló una receta con el mismo nombre que, destinada a alimentar a los galeotes, remeros forzados en galeras, se elaboraba con legumbres cocidas, habitualmente lentejas y garbanzos, y un añadido de vegetales, las más de las veces pimientos, cuando tales se hallaban disponibles a bordo. La Armada española retomó la receta primigenia de griegos y romanos primarios que ha llegado prácticamente intacta hasta nuestros días.

Los españoles llevaron la mazamorra a los países que actualmente forman la comunidad iberoamericana y aunque con ingredientes

Mazamorra, el gazpacho que vino del mar.

bien distintos siempre se trata, y este es el nexo de unión, de preparaciones semilíquidas y de consistencia espesa, en la que el ingrediente fundamental suele ser el maíz.

En cualquier caso, la que aquí nos trae y que ha llegado hasta el presente con el nombre de mazamorra cordobesa, es una deliciosa sopa fría a base de pan majado en agua, almendras crudas, ajo, aceite de oliva, sal y vinagre, con guarnición de huevo duro y aceitunas negras. Un precioso regalo para la memoria del paladar. A nuestro juicio, claro, porque, como nos enseñó el aedo épico y ciego, la vida es, en gran medida, una cuestión de expectativas.

EL ÚLTIMO CARLOS REY

Carlos IV, hijo de Carlos III, ostentaría el trono en el cambio de centurias, entre 1788 y 1808. Es un tiempo contradictorio, que bascula entre el espíritu reformista y progresista heredado de la Ilustración, y el miedo visceral que provocan los sucesos revolucionarios en Francia, con la muerte en la guillotina del rey Luis XVI, el régimen del terror y las cambiantes coaliciones con los Estados europeos.

En el último cuarto de siglo, malas cosechas, epidemias y por supuesto hambre lanzan hacia la capital del reino a miles de desesperados valencianos, extremeños y andaluces. En este periodo llegan a ser 140.000 los menesterosos que se agolpan ante las puertas de las casas de beneficencia madrileñas. Pero de la caridad se pasa a métodos más expeditivos y, por ejemplo, en el año 1785, en plena crisis agraria, se desata una operación de captura masiva de vagabundos para encerrarlos en asilos o repatriarlos a sus lugares de origen. En palacio, claro, tales infortunios y calamidades se notaban poco.

El rey fue cazador impenitente y un glotón de categoría. De sus partidas y ágapes consiguientes se conserva un documento que acredita lo dicho. En una batida en la Torre de Parada, un pabellón de caza ubicado en el Monte de El Pardo (no lejos del palacio que siglos más tarde sería residencia oficial del jefe del Estado, general Franco), que se celebró el 7 de enero de 1715, se preparó una comida para la comitiva real en la que se cocinaron 50 libras de carne de vaca, 20 de carnero, 10 de manteca de cerdo, 70 huevos, 8 mollejas de ternera, un jamón de Algarrobillas de Alconétar, dehesa muy próxima a Cáceres capital, y 25 panes de boca o grandes hogazas.

Cuando no andaba de caza o montería, el monarca desayunaba en sus aposentos chocolate con dulces, tal y como lo había aprendido de su padre, y a las doce, que entonces había horario europeo, comía su buena olla podrida, chanfaina indígena (plato a base de vísceras, manitas y sangre de cordero que los españoles hicieron muy popular en distintas regiones de América), cochifrito regional y callos con caracoles y chorizo.

A media tarde merendaba chocolate con dulcería y cenaba codornices o perdices estofadas o carne de caza mayor en adobo.

La reina no comía nunca con él, porque tenía dentadura postiza y sus banquetes debían ser un numerito circense sobre lo que se apuntará algún dato más adelante. No obstante, sabemos que a María Luisa de Parma le chiflaban la ternera rellena a las finas hierbas, la costrada a la española (una suerte de empanada fina con un relleno más o menos aleatorio que luego intentaron reproducir, entre otros, Álvaro Cunqueiro y Emilia Pardo Bazán), ganso con arroz a la valenciana (sin duda antecedente de la paella contemporánea), los champiñones con huevos molés (una preparación dulce cuyo origen se sitúan en las actuales provincias de Granada y Jaén), todo tipo de compotas y un sinnúmero de pastelillos que a su gusto preparaban los confiteros de palacio.

LA HERMOSA DENTADURA DE LA «IMPURA PROSTITUTA»

La esposa de Carlos IV, María Luisa de Parma, fue calificada popularmente como la «reina fea» y la «rana a medio morir» por su primera nuera María Antonia de Nápoles, pero el remoquete más cruel fue con el que la motejó el escritor y durante un tiempo miembro de la Guardia Real, José de Espronceda: «La impura prostituta». Más allá de la inquina que por uno u otro motivo pudiera profesarle el poeta más representativo del primer romanticismo español, lo cierto es que el director espiritual de la dama, fray Juan de Almaraz, dejó escrito que la soberana le había confesado poco antes de morir: «Ninguno de mis hijos lo es de Carlos IV y, por consiguiente, la dinastía Borbón se ha extinguido en España», añadiendo en su carta y de su propia cosecha que tal había hecho para el descanso de su alma y para que el Señor la perdonase.

Dejando a un lado la chismografía, la vida de María Luisa no debió ser un camino de rosas, puesto que tuvo veinticuatro embarazos, de los que catorce concluyeron en alumbramientos y otros diez en muy peligrosos y dramáticos abortos. A consecuencia de ello su salud fue mermando extraordinariamente y, entre otros alifafes, le provocó la caída de casi todos los dientes y frecuentes infecciones en la boca.

Solo le quedaban cuatro o cinco piezas dentales ennegrecidas, churretosas y hediondas, así que se acostumbró a hablar sin casi despegar los labios. Para procurarse un mejor amparo, recurrió a un artesano parisino que le confeccionó una dentadura postiza de finísima y nívea porcelana. Pero los dolores cotidianos en sus encías seguían siendo muy fuertes y la reina acabó agenciándose dos cajitas de oro en las que atesoraba opio en polvo y láudano (tintura compuesta de vino blanco, opio, azafrán, canela y clavo, usada con fines medicinales y a veces recreativos). El uso de tales remedios tras cada comida, que realizaba siempre sin la prótesis (su uso era meramente decorativo, ya que le impedía masticar), bien podría explicar los episodios de sopor y profunda apatía en los que solía caer a la tarde.

Cuando Napoleón I obligó a Carlos IV a acudir a Bayona para abdicar de la Corona de España, el *sire* tuvo el detalle de invitar al matrimonio a una cena en compañía de su esposa Josefina. La emperatriz francesa había oído hablar del deplorable estado de la boca de la española y se quedó sorprendidísima cuando la vio sentada a la mesa luciendo una preciosa y reluciente dentadura.

María Luisa, intuyendo el porqué del pasmo de su anfitriona, se sacó la postiza dentición, la envolvió cuidadosamente en una servilleta y engulló los alimentos con exagerada fruición y como mejor pudo, hasta que la velada dio por concluida. Cuentan que Josefina no llegó a probar bocado.

EL CHORIZO DEL TÍO RICO Y EL JEREZ DE UN COSECHERO

Durante sus largos recorridos campestres y cinegéticos, de cuando en vez el rey encontraba en su camino a gentes del pueblo con los que gustaba de echar una parrafada, estableciendo un tono de campechanía que ha llegado muy vivo hasta nuestros días.

El choricero de Candelario, de Ramón Bayeu

En una ocasión se fue a topar con un hombre que viajaba en un burro cargado con grandes alforjas repletas de chorizos de Candelario, Salamanca, al punto que desbordaban los capachos dejando a la vista el muy lustroso género. Intuyendo que al señorón (naturalmente ignoraba que era su soberano) se le había despertado el apetito, le ofreció una ristra que Carlos IV tomó de grado y al punto empezó a devorar sin más. En estas estaba cuando preguntó al villano cuál era su nombre y este le respondió que «Tío Rico». Su majestad le respondió: «Pues ricos en verdad son tus chorizos, así que desde hoy te nombro proveedor de la Real Casa».

El Tío Rico se hizo tan famoso que Ramón Bayeu, cuñado de Goya, lo inmortalizó en un cuadro (pintado como cartón destinado a la Real Fábrica de Tapices) que hoy cuelga de las paredes del Museo del Prado.

Otra anécdota protagonizada por el rey y que se refiere con asiduidad es la acaecida durante el viaje que la familia real realizó por tierras andaluzas en 1796. Acompañada de un séquito de unas 2000 personas cuando aún estaba en vigor el impuesto denominado «Yantares y conduchos» (que obligaba a las localidades que el cortejo visitaba a proveer cumplidamente de comida y alojamiento), la expedición debió resultar para la región como una o varias de las plagas de Egipto.

Llegados a Jerez de la Frontera, en Cádiz, el sequito recaló en una de las bodegas de la ciudad. El propietario fue ofreciendo catas a su majestad de diferentes barricas y soleras. El rey finalmente manifestó que le parecían excelentes y el bodeguero, intentando devolver el elogio, le respondió al punto: «Superiores los tengo», a lo que el monarca respondió con sorna: «Pues, hijo mío, guárdalos para mejor ocasión».

La portentosamente movida centuria decimonónica

El siglo XIX es el correspondiente al desarrollo industrial, tecnológico, económico y social de nuestro entorno, pero para España es el siglo de grandes contiendas bélicas, que comienzan con la terrible guerra de la Independencia, tras la ocupación por tropas francesas, en 1808, del territorio español. A lo largo de la contienda los episodios de hambre son continuos, pero entre ellos destaca, por el dramatismo de su testimonio, el hambre de Madrid en 1812.

En lo culinario y gastronómico entramos en la centuria de la radical modernización derivada de la Revolución francesa, que se inicia con la autoproclamación del Tercer Estado como Asamblea Nacional en 1789 y finaliza con el golpe de Estado de Napoleón Bonaparte de 1799. La profunda alteración del orden establecido y el fin de lo que los franceses llaman *Ancien Régime* provoca que los cocineros de los reyes, nobles y altos prelados, ejecutados o desposeídos de su riqueza y poder, se vean impelidos a emplearse al servicio de la burguesía (la clase social emergente que pasa a ser dominante tras el éxito de la revolución y que asume el poder con nuevos gustos), o a abrir establecimientos al público, lo que dará lugar al contemporáneo concepto de restaurante y a lo que hoy llamamos gastronomía, un movimiento propiciado por los nuevos prohombres y que tiene como objeto la investigación de productos y técnicas culinarias inéditos en la cocina anterior, lo que fomenta todo un gran movimiento renovador en la forma de comer y de disfrutar de la comida.

Esa revolución llega también al servicio; al cómo se come, donde la cocina y el banquete de la burguesía se «higienizan», obligando a los empleados a mantener la máxima limpieza en la cocina, a extender manteles inmaculados sobre las mesas y a posar sobre ellos cubiertos y copas relucientes. Se deja de comer con los dedos y la servilleta se convierte en un objeto imprescindible.

Desde Francia empiezan a llegar preparaciones como la bechamel, la mayonesa, y, siguiendo a Celada: «… los fondos de caldos, la cocina de nuevas texturas, de la excelencia y la exquisitez y la Corte española adopta esas corrientes con fidelidad, pero con varias décadas de retraso en relación al país galo y manteniendo siempre un lugar para la cocina popular».

LOS DESASTRES Y MEMORIAS DE LA GUERRA

En realidad, la hambruna madrileña de 1812 no es más que uno de los tantos hitos que jalonan siglos de hambre sempiterna pero, a diferencia de otras, está narrada por Ramón de Mesonero Romanos e ilustrada por Francisco de Goya. Ahí es nada.

Mesonero la describe con su pluma en las páginas de *Memorias de un sesentón*, mientras que Goya las cincela a buril en las planchas 48 a 65 de la serie *Los desastres de la guerra*. En ocasiones, y por supuesto sin que los autores lo llegaran a sospechar, relato y estampa se funden por completo ofreciéndonos un paisaje vivo y espeluznante.

Así, el rimero relata:

> En situación tan angustiosa y desesperada, las familias más pudientes, a costa de inmensos sacrificios, podían apenas probar, nada más que probar, un pan mezclado, agrio y amarillento, y que sin embargo les costaba a ocho o diez reales, o sustituirle con una galleta durísima e insípida, o una patata cocida; pero el pueblo infeliz, los artesanos y jornaleros, faltos absolutamente de trabajo y de ahorro alguno, no podían siquiera proporcionarse un pedazo de pan inverosímil que el tahonero les ofrecía al ínfimo precio de veinte cuartos.

Por su parte, Goya, en el grabado 48, que titula *Cruel lástima*, ofrece un panorama callejero desolador, con mendigos famélicos, moribundos y muertos. Es el mismo paisaje que contemplaba un Mesonero Romanos niño, en su camino cotidiano a la escuela:

Bastárame decir, como un simple recuerdo, que en el corto trayecto de unos trescientos pasos que mediaban entre mi casa y la escuela de primeras letras, conté un día hasta siete personas y moribundos, y que me volví llorando a mi casa a arrojarme en los brazos de mi angustiada madre, que no me permitió en algunos meses volver a la escuela.

El siguiente grabado, el 49, se titula *Caridad de una mujer*, y es una escena callejera de hambre y limosna en la que un cura orondo, acompaña a una dama que socorre a un grupo familiar, que de nuevo remite al relato de Mesonero:

> Hombres, mujeres y niños, de todas condiciones, abandonando sus míseras viviendas, arrastrándose moribundos a la calle para implorar la caridad pública, para arrebatar siquiera no fuese más que un troncho de verdura, que en época normal se arroja al basurero; un pedazo de galleta enmohecida, una patata, un caldo que algún mísero tendero pudiera ofrecerles para dilatar por algunos instantes su extenuación y su muerte.

Gracias á la almorta, grabado de Francisco de Goya
para la serie *Los desastres de la guerra*.

El grabado 51, *Gracias a la almorta*, muestra el reparto de gachas a los famélicos hambrientos y evoca uno de los productos alimenticios sustitutivos de aquella y de tantas hispanas hambrunas. Mesonero nos explica en su texto que el pan habitual fue sustituido por una mezcla de harinas de centeno, maíz, cebada y más delante por unos bocadillos de cebolla con harina de almortas, que vendían los antes barquilleros.

DERROTADOS FAMÉLICOS

Pero el hambre no fue patrimonio exclusivo de los invadidos humildes. Las tropas napoleónicas se movían por un país devastado y la enorme dificultad de las comunicaciones solían convertir el aprovisionamiento en un milagro de azar. La escritora francesa George Sand (Aurore Dupin), aún niña, vivió unos pocos meses en España, donde su padre, ayudante del general Dupont, estuvo destinado. En su obra *Historia de mi vida*, recuerda las duras jornadas del regreso a Francia, en las que, junto a la sarna compartida con madre y hermano, el hambre se erigió en protagonista. Un hambre, nos dice, «tremenda, malsana, casi animal», de la que deja constancia en una de las anécdotas que salpican los avatares de la marcha:

> Atravesamos un campamento francés, no sé cuál, y delante de una tienda vimos un grupo de soldados que tomaban vorazmente una sopa. Mi madre me puso entre ellos y les rogó que me dejaran comer un poco. Aquellos hombres valientes me pusieron de inmediato entre ellos y me dejaron comer todo lo que quise, sonriendo con dulzura. La sopa me pareció buenísima, y cuando ya había tomado un poco, un soldado le dijo a mi madre con tono de duda: «Le daríamos a usted también, pero a lo mejor no le gusta, porque el sabor es bastante fuerte». Mi madre se acercó y miró dentro de la olla. Junto con el pan, en el grasoso caldo flotaban unos restos extraños... Era una sopa de cabos de vela».

Sin embargo, nada fue comparable a los estragos de la gusa entre los madrileños atrapados en el horror del conflicto bélico. Desesperados, primero se comieron los gatos y los perros, después las ratas, los papeles, las raíces, los tronchos podridos de las verduras y la cal de las paredes, y, finalmente, se tumbaron en las calles para morir. Por los registros parroquiales sabemos que entre septiembre de 1811 y julio de 1812 fueron enterradas 20.000 víctimas del hambre.

EL DUDOSO LEGADO GASTRONÓMICO DEL REY JOSÉ, EN UN POLLO MÍTICO

José I Bonaparte, llamado el Usurpador y Pepe Botella, fue acusado popularmente de borrachín sin ningún fundamento ya que era casi abstemio, aunque parece que bastante afecto al Borgoña-Chambertín que, eso sí, siempre bebía rebajado con agua.

Su reinado estuvo plagado de sobresaltos y penurias, pero basándose en fuentes que desconocemos, el político, escritor y periodista Luis María Ansón sostiene que dejó entre nosotros la herencia culinaria del pollo a la Marengo que hizo famoso su hermano y emperador. El plato tiene su historia, que, aunque de sobra sabida por muchos, merece la pena traer de nuevo aquí.

Pollo a la Marengo, el hipotético regalo culinario del rey José I.

En junio de 1800, el ejército de Napoleón estaba frente a las tropas austriacas cerca de la localidad italiana de Marengo y una desafortunada decisión táctica del corso permitió al enemigo romper sus líneas y colocarle en una situación angustiosa. La batalla parecía perdida cuando apareció el general Desaix, convirtiendo la casi segura derrota en una impresionante victoria. Llegada la noche de aquel 14 de junio y en el punto de disponerse a celebrar la victoria, la intendencia se dio cuenta de que no había con qué preparar la cena. El cocinero de Napoleón, el suizo Dunant, envió a sus ayudantes a la casi destruida aldea y con lo poco que consiguieron, unos pollos, tomates, cangrejos de río, vino blanco, ajos, y, ojo al dato, aceite de oliva (una grasa en todo ajena a la cocina francesa de la época, basada casi exclusivamente en la mantequilla), elaboró este plato que pasaría a convertirse en un icono de buena suerte para el *sire* y en yantar obligado antes de la batalla; pero como no era fácil encontrar cangrejos de río cerca de los escenarios bélicos, el cocinero de Bonaparte los sustituyó por champiñones. Y así parece que llegó la receta a la Corte madrileña de su hermano.

LA RELATIVA VUELTA A LA NORMALIDAD

Cuatro años después de aquel espanto, Madrid ha vuelto a una cierta normalidad y el mismo Mesonero Romanos, en sus *Memorias*, describe la vida circular del honrado vecino de Madrid de 1816, incluyendo sus hábitos culinarios:

> Contento con su apacible monotonía, sorbía diariamente su chocolate del fabricante Torroba, con su bollo de Jesús; tomaba las once con su panecillo empapado en vino; comía a las dos en punto su inmemorial olla de garbanzos, consumida la cual, suspendía hasta el día siguiente todo trabajo mental, haciendo su par de horas de siesta y emprendiendo luego sus higiénicos paseos (…) Terminado al anochecer su cotidiano paseo, el honrado vecino de Madrid, acompañado ó no de su apreciable familia, entrábase a refrescar las fauces con un vaso de limón ó de leche helada en la botillería de Canosa, oscuro chiritibil situado en el esquinazo de la carrera de San Jerónimo a la de Santa Catalina, y se retiraba a su casa para entablar con sus amigos la partida de malilla ó mediator hasta las diez, en que, después de una modesta cena, íbase a acostar.

EL DESEADO Y FELÓN

Fernando VII no fue nada de disfrutar con los placeres del condumio, ante el que se mostró siempre desinteresado, frugal y hasta vulgar, puesto que uno de los platos de los que más disfrutaba era del potaje de lentejas.

La rutina cotidiana del monarca era la siguiente: se levantaba a las nueve de la mañana y desayunaba un chocolate con dulcería variada; a las once oía misa; a continuación, despachaba asuntos y almorzaba, invariablemente, un fabuloso cocido, salvo en los meses de agosto y septiembre que sustituía la olla por una fuente de carne asada. Por la tarde paseaba, jugaba al billar francés, juego en el que se ponían las bolas como a Fernando se le antojaba, luego rezaba un rato con la Corte para seguir jugando a cosas como la lotería o el comercio. Y así iba haciendo tiempo hasta las diez de la noche, momento en que se servía la cena a base de carnes, dulces y a veces queso (costumbre adquirida durante su dorado exilio en Vallençay). Después rezaba el rosario y se iba a la cama o de juerga libidinosa por Los Madriles en compaña del duque de Alagón, más conocido como Paquito el de Córdoba.

No obstante, siguiendo los usos y costumbres de sus ascendentes de sangre azul, los banquetes cortesanos hoy se nos siguen antojando pantagruélicos.

Eva Celada reproduce el menú de un «día de pescado»; es decir de abstinencia, que se le da Fernando VII el 22 de marzo de 1822:

> Sopas: Potaje de judías y Tallarines a la genovesa; Releve: Abadejo a las finas Yerbas; Entradas: Frito de canelones en croqueta, Buñuelos de filetes de lenguado, Perlanes de merluza y huevos abuñuelados, Pejeles, matalona de róbalo, Merluza con salsa blanca, Ensalada de filetes de lenguado, Pastelillos a la masarina y Merluza frita; Asados: Un dentón; Entremeses: Coliflor en salsa blanca, Lechugas rellenas, Torta de dulce y Crema de café.

Fernando fue siempre un gran fumador y apasionado de los cigarros puros que le llegaban desde las posesiones de ultramar, y esa afición evoca una anécdota de la visita, con interesantes tintes culinario-gastronómicos, que a su corte hizo el autor de óperas como *El barbero de Sevilla, La italiana de Argel, Moisés y el Faraón, Otelo, Semiramide, La Cenicienta* o *Guillermo Tell*.

EL PASEO DE ROSSINI POR LOS MADRILES FERNANDINOS

La relación del gran compositor italiano Gioachino Antonio Rossini con España, antes de considerar la más remota posibilidad de acercarse por un país que en su tiempo era una verdadera ruina, empezó por su matrimonio en 1822 con la española Isabel Colbrán, en su época la mejor *mezzosoprano* y soprano dramático-coloratura del mundo, y se acendró a través de la estrecha y entrañable amistad con el tenor sevillano Manuel del Pópulo Vicente García, a quien el compositor eligió para interpretar personajes relevantes en los estrenos de sus óperas *Otelo* y *El barbero de Sevilla*.

Sin embargo, en marzo de 1831 Rossini, conocedor de la gran admiración que le profesaba la reina María Cristina, esposa de Fernando VII, y animado por la invitación del acaudalado banquero Alejandro Aguado para visitar España con todos los gastos pagados, decidió emprender el viaje.

Madrid era entonces una ciudad asolada por el largo y brutal conflicto bélico con los franceses y por la terrible hambruna de 1812, de la que ya se dio cuenta más arriba. No era el ambiente más propicio para un *gourmand* y *gourmet*, pero sea como fuere, el maestro se instaló en la fonda de Genieys, fundada antes de la guerra de la Independencia y sita en la calle de la Reina, hoy paralela a la Gran Vía.marengo

La fonda ofrecía algo muy distinto respecto al resto de la oferta culinaria capitalina. Parece que fue allí donde las croquetas francesas se introdujeron en el recetario español y donde se empezaron a preparar los asados unos grados más abajo del punto de carbonización habitual que correspondía al gusto hispano de la época. Además, consiguió popularizar entre la alta burguesía capitalina las entonces muy exóticas chuletas al papillote, de las que muy probablemente dio buena cuenta en distintas ocasiones el gran Rossini, familiarizado ya con la fórmula de tratar el producto manducario envolviéndolo en papel vegetal.

Mariano José de Larra llegó a calificar el establecimiento de «templo del refinamiento gastronómico», aunque en su artículo «La fonda nueva», rebaja la competencia a tenor de una relación entre precio, amueblamiento, decoración y servicio, aun reconociendo que es algo distinto, porque la descripción del estándar del resto causa auténtico pavor.

En las casas de los burgueses capitalinos tampoco se comía de lujo, y de ello informa también Larra en la descripción de un convite de cumpleaños en el que hace referencia a un menú en el que van apareciendo una ternera mechada, a su gusto vomitiva, unos pichones quemados, un estofado ahumado y un pescado pasado.

Con todo, Mesonero Romanos cuenta en sus memorias que toda la nobleza y la alta sociedad madrileña rivalizaba por ofrecer los mejores y más lujosos agasajos, como ellos los entendían, al genial operista y Fernando VII no quiso ser menos. Durante una recepción en palacio y una vez concluida la cena, un grupo selecto de cortesanos pasó a la sala de fumar. Allí, Su Majestad encendió un cigarro habano que fumó con fruición hasta que quedó reducido a una colilla babosa y maloliente, momento en el que, como en él era costumbre y para manifestarle al ilustre invitado el máximo grado de confianza, amistad y familiaridad, se la extendió para que terminara de fumarla.

Rossini rechazó el ofrecimiento intentando disculparse educadamente, al tiempo que contenía las arcadas y en un alarde de reflejos, acertó a decir que su médico le había prohibido taxativamente que fumara por razones de salud.

El rey aceptó las excusas del compositor y le tendió la babosa colilla a otro de los nobles de su corte, que la tomó reverencialmente entre sus dedos mientras miraba al monarca con ojos de cordero degollado.

Rossini, el músico y gastrónomo que paseó la Corte
española, en caricatura de Casimiro Teja.

UNA REGENCIA AUSTERA Y CON SABOR ITALIANO

El 29 de septiembre de 1833 Fernando VII no se levantó muy católico. Almorzó de mala gana un caldo ligero de verduras que sus médicos le habían prescrito para aliviar sus dolencias gotosas y, por la tarde, tras un ataque de apoplejía, le dijo adiós a la vida.

Desaparecido el monarca, los grupos favorables al absolutismo, los «apostólicos», se alzan en armas contra la regencia de María Cristina de Borbón y proclaman rey al infante don Carlos. Empiezan las guerras carlistas, que no concluirán definitivamente hasta el acuerdo entre Cánovas y Alfonso XII.

María Cristina fue una reina en funciones extremadamente morigerada en la mesa y no tanto en el lecho, pues llegó a tener ocho hijos con su amante y posterior esposo, también secreto, Agustín Fernando Muñoz y Sánchez, capitán de la Guardia Real. Así lo explicaba la coplilla popular: «Y decían los liberales que la reina no paría, y ha parido más "muñoces" que liberales había».

Aunque la cocina de palacio seguía formalmente gobernada por chefs franceses, la reina, nacida en Palermo y criada en Nápoles, mantuvo a machamartillo sus gustos ítalo-siciliano-napolitanos. Una de sus primeras decisiones como regente fue la de ordenar que se instalara una vaquería en la Casa de Campo madrileña, que, gestionada por un artesano italiano, se encargaba de proveer a diario a la Real Casa de leche fresca, nata, mantequilla y quesos al estilo y al gusto del paladar de la dama.

Por otra parte, Loreto Capella Olasagasti, quien había estado ya como aprendiz en la cocina de palacio durante esos tiempos, nos brinda un jugoso testimonio escrito sobre los gustos concretos de la soberana regente y de sus varias habilidades coquinarias. Así, declara haber sido testigo de cómo:

> … rodeada de sus cocineros elaboraba por sus propias e incomparables manos los más clásicos manjares napolitanos; tales como raviolis, polenta, ñoquis, timbal de macarrones, *estrangula-pretti*, jugo *di rosta*, pizza, *téppoli* y otros muchos que sabía ejecutar a la perfección. Al que esto escribe le cupo la honra de ser colaborador, en muchos casos, de tales faenas culinarias reales.

LA REINA GLOTONA

Las dos grandes pasiones de Isabel fueron el lecho y la mesa.

Casada a la fuerza y por razones de Estado con Francisco de Asís de Borbón, a quien hasta entonces ella llamaba «la prima Paquita» (que más tarde sería motejado en la calle como Paquito Natillas) dedicó su vida a coleccionar amantes de los que ocho se conocen como «oficiales», pero alguno más debió de haber. Ante semejante listado, no suena nada raro que un día le dijera a su hijo Alfonso XII: «No te engañes, hijo mío, la única sangre Borbón que corre por tus venas es la mía».

Como señala el historiador Edmundo Fayanás, su vida fue una juerga continua y repartida entre la lujuria y la gula.

Entrando en la segunda de sus devociones, dice Eva Celda: «Los únicos horarios que respetaba eran los de las comidas, que eran opíparas, ya que le encantaba comer y sentía debilidad por los dulces».

Era una adicta al pan y por ese motivo durante su reinado fueron apareciendo las hogazas, el picado, la libreta, los panecillos largos y los redondos, las roscas, las criadillas, las galletas de todo tipo y los roscones de variados gustos.

Uno de los cúlmenes de sus aficiones gastronómicas fue el pollo con arroz azafranado, del que en ocasiones presumió de haber llegado a comer cinco platos de una sentada. Pero también le chiflaban la paella, el cocido bien guarnecido de carne y tocino, el bacalao con tomate, las albóndigas, las croquetas, los embutidos, la mojama, las gachas saladas y las dulces puches, el jamón de Trevélez y el arroz con leche.

Extendiendo sus apetencias más allá de lo nacional, el ya citado Carlos Marfiori, hijo de un cocinero italiano y uno de sus amantes más duraderos, la introdujo en los goces de la pasta y de los embutidos transalpinos.

Cuando comía fuera de palacio, lo hacía en Lhardy, el mejor, quizá el único restaurante que de tal podría calificarse en Madrid.

Las anécdotas empezaron a sucederse. Un día, la reina engullía un plato de callos en el salón japonés, acompañada de su cuñada Josefa de Borbón, y del marqués de Bedmar (no sabemos si por entonces aún su amante o ya desterrado del lecho isabelino), cuando en el comedor contiguo se inició una violenta discusión entre dos caballeros, que al poco se estaban retando a duelo. La situación se hizo peligrosa y la policía que vigilaba en la calle la real manduca, decidió sacar a toda prisa a la real comitiva. Isabel salió de mala gana, pero al día siguiente volvió sobre sus pasos y nada más entrar al local le dijo al maître: «¿Por dónde iba con los callos de ayer?».

En las habituales meriendas de los días de caza en los montes del Pardo, se preparaba un sencillo refrigerio consistente en galantina de pavo trufado (fiambre común, pero que entonces resultaba algo verdaderamente exótico, ya que había que prepararlo a mano), Jamón cocido, lengua escarlata, riñonada de ternera, pollas asadas, queso Gruyere, frutas, dulces, pan y media docena de botellas de vino de Burdeos.

El salón japonés de *Lhardy*, testigo de tantas comilonas de Isabel II.

Pero cuando la caprichosa reina salía de Madrid, la intendencia alimentaria se convertía en un problema crucial. No pocas veces, el séquito se veía obligado a comer en medio del campo y una de esas circunstancias está datada el sábado 13 de septiembre de 1863 en el paso de Despeñaperros. Dice Germán Rueda:

> En el paraje se encontraron treinta tiendas para los «reyes, altezas y Corte». Todos los que custodiaban las tiendas iban disfrazados de soldados o pajes del siglo xv. Además, había un comedor para más de cien personas en una gran tienda. Todos los carros y caballerías, junto con el campamento, formaban en un cuadro difícil de olvidar.

La Gloriosa triunfó a finales de septiembre de 1868, estando la reina de veraneo en San Sebastián. Cuentan que, en un desesperado intento de salvar la situación, José Osorio y Silva, marqués de Cañizares, planteó a Isabel el regreso inmediato a Madrid y para convencerla, en tono exaltado le aseguró que en la capital le esperaba el laurel y la gloria. Ella, seguramente mejor informada y pragmática, le respondió: «Mira Alcañices, la gloria para los niños y el laurel para la pepitoria».

La reina glotona se despidió de España con una cita gastronómica. Como no podía ser menos.

EL ALEGATO DE MARIANO JOSÉ CONTRA EL AFRANCESAMIENTO EN LA MESA

Aunque la rendición incondicional al afrancesamiento en la cocina española no llegará hasta la subida al trono de su hijo Alfonso XII, en los tiempos de la Isabelona ya habían comenzado a sentirse los primeros embates, ante el que también reacciona en categoría Mariano José de Larra. En sus artículos ensayísticos, quien fuera Fígaro, Duende, Bachiller y Pobrecito Hablador, arremete sobre lo huero y vano del afrancesamiento en los establecimientos que, a su juicio, pretendiendo imitar los modos y maneras de la restauración francesa no son más que fondas refundidas que, según él:

> … nos han añadido una porción de ridiculeces que antes no teníamos aún: ¿qué es aquello de llamar a las diversas piezas de comer Marco

Antonio, Cleopatra, Viena, Zaragoza, Venecia, Embajador chico y grande ¡habrá ocurrencia singular! (…) En vano miré la lista por ver si personas que inventaban nombres tan ajustados a las cosas habrían mudado al tecnicismo gastronómico galo-hispano que tenemos, para poner a los manjares nombres españoles sacados de nuestros autores clásicos, del Mariana o del Antillón, pero me encontré todavía con los «cornisones», los «purés», las «chuletas a la papillote», las «manos a la *vinagret*», el «*salmón de chochas*», el «*hígado salteado*», *etc., y se me cayó el alma a los pies viendo que era preciso resignarse a seguir comiendo* extranjero.

Mientras se intentaba modernizar y en alguna medida refinar los establecimientos de comida con la simple formalidad de redactar los menús en francés macarrónico, la realidad de la fonda española era bien distinta a los ojos de Larra, quién sigue diciendo en otro de sus artículos:

> ¿Quiere usted que le diga lo que nos darán en cualquier fonda adonde vayamos? Mire usted: nos darán, en primer lugar, mantel y servilletas puercas, vasos puercos, paltos puercos y mozos puercos que sacarán la cuchara del bolsillo, donde están con las puntas de los cigarros, nos darán luego una sopa que llaman de hierbas, y que podría acertar a tener nombre más alusiva, estofado de vaca a la italiana, que es cosa nueva; ternera mechada que es de todos los días; vino de la fuente, aceitunas magulladas, frito de sesos y manos de carnero, hechos aquellos y estas a fuerza de pan, una polla que se dejaron ayer y unos postres que nos dejaremos nosotros para mañana.

Larra también arremete contra la pequeña burguesía que quiere imitar a toda costa los nuevos usos gastronómicos y, a fuerza de intentar situarse en una posición que no le es propia, solo consigue quedarse en tierra de nadie; como un patético quiero y no puedo entre lo tradicional y lo novedoso, del que Fígaro se mofa en un artículo costumbrista titulado «El Castellano Viejo», donde relata el almuerzo de cumpleaños de un funcionario que quiere epatar a la concurrencia:

> Sucedió a la sopa un cocido surtido de todas las sabrosas impertinencias de este engorrosísimo, aunque buen plato: cruda por aquí la carne, por allá la verdura, acá los garbanzos, allá el jamón, la gallina

por la derecha, por medio el tocino, por la izquierda, los embuchados de Extremadura. Siguió luego un plato de ternera mechada, que Dios maldiga, y a este otros, y otros, mitad traídos de la fonda, que esto basta para que excusemos hacer su elogio, mitad hechos en casa por la criada de todos los días, por una vizcaína auxiliar tomada al intento para aquella festividad y por el ama de casa, que en semejantes ocasiones debe estar en todo y por consiguiente no suele estar en nada.

El autor, terminado el almuerzo, se jura a sí mismo no volver a dejarse atrapar en una encerrona de la misma naturaleza:

Quiero que, si caigo en tentaciones semejantes, me falte un *roastbeef*, desaparezca del mundo el *beef-steack*, se anodaden los timbales de macarrones, no haya pavos de Perigueux, ni pasteles en Périgord, se sequen los viñedos de Burdeos, y beban, en fin, todos, menos yo, las deliciosas espumas del champán.

LHARDY, EL PRIMER RESTAURANTE AL GUSTO FRANCÉS

Inaugurado en 1839, 33 años después de que la peseta fuera moneda oficial, introdujo en la corte refinamientos coquinarios hasta entonces desconocidos, como los *soufflés*, el *vol-au-vent*, los brioches, la salsa bechamel o los cruasanes.

El nombre del establecimiento, según explica José Altabella: «... vendría sugerido por el famoso café Ardi, del bulevar des Italiens, de París, que más tarde se convertiría en la Maison Dorée. El propietario, Emilio Huguerín, toma el nombre de su negocio y se transforma en Emilio Lhardy».

Parece que fue el historiador, arqueólogo y escritor francés Prosper Mérimée, el autor de la famosísima novela *Carmen*, quién aconsejo a don Emilio establecerse en la capital de España, ante su constatada incompetencia para un negocio como el que tenía en mente, y lo cierto es que lo hizo a lo grande y en sintonía con el gusto del Segundo Imperio.

La fachada se construyó con madera de caoba traída de Cuba, y el interior fue decorado por Rafael Guerrero, padre de la mítica actriz

María Guerrero, sobre la base de dos mostrados enfrentados, con espejo al fondo y opulenta consola, en el entresuelo, y tres elegantísimos comedores en la planta superior: el salón Isabelino, el salón Blanco y el salón Japonés, revestidos con un lujoso papel pintado de época.

Benito Pérez Galdós, es, con mucho, el escritor que más pasea su pluma por Lhardy. Cita por primera vez el establecimiento en *Los Ayacuchos*, la penúltima novela de sus Episodios Nacionales. El personaje central, Fernando Calpena, tras visitar al banquero José de Salamanca para retirar algún dinero, dice: «Después de abastecerse del precioso metal, me llevó Salamanca en su coche a la carrera de San Jerónimo, dónde se ha establecido un suizo llamado Lhardy, que es hoy aquí el primero en las artes de comer fino».

El propio Salamanca extendió la popularidad del Lhardy al contratar los servicios del local, dos años después de su inauguración y para convite del bautizo de su primogénito, Fernando Salamanca Livermore.

Lhardy, el primer gran restaurante español de influencia francesa.

BARCELONA NO SE QUEDA A LA ZAGA

Aunque con casi dos décadas de retraso respecto al madrileño Lhardy, el segundo gran restaurante al gusto francés en tierra hispana fue el Grand Restaurant de France (más tarde conocido como Justin, el nombre de su propietario), inaugurado en el número 12 de la plaza Real de Barcelona, en 1861. Su estructura y distribución constaban de un comedor en el patio interior, iluminado por una elegante claraboya, y unos saloncitos reservados, donde se celebraban comidas de negocios o cenas íntimas. Enjaezado con finas mantelerías de hilo, vajilla de Llimoges, cubertería de plata, cocina refinadísima y una excelente y bien provista bodega, su propietario, Monsieur Justin, marcó toda una época en la Ciudad Condal como señala Carlos Azcoytia:

> … fue el primero que enseñó a comer a la francesa a la burguesía catalana y sus precios desde luego estaban acorde con la calidad del servicio. Según una guía de 1896 el almuerzo costaba desde 4 pesetas y la cena es de 5, haciéndose famosa la frase, como consecuencia de estos precios, de «sopas de duro». Tal era la fama de este restaurante que el mismo Justin decía que formar parte de su cocina estaba tan cotizado que un pinche o un ayudante de camarero necesitaban tantas recomendaciones para formar parte del equipo como un funcionario en Madrid para tener un empleo en el Ministerio de Gracia y Justicia.

Otro elemento decisivo en el éxito de Justin fue su *maître*, Antonine, pionero en el arte de conducir a la clientela por los vericuetos del maridaje o armonización de platos y vinos, además de maestro en la formación de un nuevo perfil de camarero dotado de las educadas maneras de servir y atender que París había ido perfeccionando durante el Segundo Imperio.

El mismo año de la fundación de Justin, 1861, se abrió en Barcelona otro local de grueso calibre gastronómico, el Café Suizo, que sito en el número 31 de la rambla del Centro, con salida trasera a la plaza Real, número 17, estuvo a cargo del suizo Mario Zanfa, aunque este no tardó en traspasarlo a un italiano llamado Juan Mattioli y al socio de este, un tal Starna, que lo convirtieron en restaurante de lujo en 1866. El Café Suizo fue famoso por el filete de buey acompañado de patatas *soufflé* y de un arroz originalísimo que fue el resultado de la colaboración, como a veces ocurre u ocurría, entre cocinero y cliente. Este era Julio Parellada, un *dandy* sobre quien Néstor Luján explica la anécdota que dio lugar al plato: «Un día se le ocurrió pedir al camarero Jaime Carabellido un arroz especial que aportase todos sus tropezones sin huesos ni espinas. Se elaboró el plato, que no es fácil y volvió a repetir su petición. Carabellido se entendió con la cocina a base de pedir una "parellada"».

El plato no tardó en popularizarse entre la clientela habitual y el local lo incorporó con gran éxito a su minuta. El Café Suizo sobrevivió hasta… Pero mejor que siga contando Néstor Luján: «Quien esto firma lo despidió con honor e irreprimible nostalgia en la noche del 30 de marzo de 1949. Paladee con honda melancolía su última copa de *fine maison*, el coñac denso y oloroso del Suizo.

De la misma época es el Café Continental, propiedad de José Ribas, decorado por el pintor Oleguer Junyent, y, a decir de muchos expertos, el mejor restaurante que Barcelona haya tenido jamás. Situado en la rambla de Canaletas, esquina a la plaza de Cataluña, se hizo rápidamente famoso por platos de espléndida elaboración y factura, como las *becasses sur canapé*, la *tete de veau*, el lenguado Margueryi, el *cassoulet*, la escudella catalana o los huevos continental, que dicen eran todo un alarde de imaginación y finura. Pero para los exquisitos *gourmets*, la gran baza del Café Continental fueron sus filetes de carne de buey, que de nuevo evoca Néstor Luján: «… los filetes perfectos, muelles, nobles, sanguinolentos en el punto en que la carne alcanza recónditos azulados en malva sombríos, de un tamaño respetable. Eran un homenaje al arte, tan francés, de enaltecer la carne bovina».

AMADEO, UN REY METIDO CON CALZADOR

Tras el derrocamiento de la reina Isabel II, las Cortes Generales debían decidir sobre su sucesión y aunque todo hacía pensar que la salida más lógica sería dar paso a una república, el general Juan Prim i Prats, el máximo poder fáctico del momento, estaba convencido de que el país aún no estaba maduro para un giro tan radical en su gobernanza y optó por crear una dinastía de nuevo cuño. Tras una minuciosa búsqueda por las cortes europeas, el héroe de la batalla de Los Castillejos llegó a un acuerdo con la casa italiana de Saboya para que la corona de España se posara sobre la testa de Amadeo, duque de Aosta. Finalmente, las Cortes votaron a favor del nombramiento y Amadeo se puso en marcha hacía España vía marítima. El 30 de diciembre arribó al puerto de Cartagena, Murcia y nada más pisar tierra fue informado de que su gran y casi único valedor, el general Prim, había sido asesinado en un atentado perpetrado en la madrileña calle del Turco.

Enfrentado a la nobleza tradicional que reclamaba la restauración borbónica; a los republicanos frustrados ante una nueva monarquía; a los carlistas que veían en él un liberal desafecto con sus viejos fueros; a la Iglesia, que no perdonaba que su abuelo hubiera reducido los Estados Vaticanos a una villa dentro de Roma; y hasta a los masones (a pesar de que Prim era maestro masón y caballero rosacruz grado 18), envueltos en litigios internos. El destino del monarca parecía estar escrito y así sería que el reinado duró solo dos años, dos meses y siete días, concluyendo con una carta de dimisión y una escapada del país en un visto y no visto.

La cosa empezó mal desde el primer día. Tras pasar su primera noche en palacio, se levantó temprano y ordenó que iluminaran sus habitaciones y le sirvieran el desayuno. Su asistente personal, el marqués de Dragonetti, le informó de que las cocinas estaban apagadas y el servicio estaba durmiendo, porque hasta el momento su majestad se desayunaba entre las once y las doce. Así que, juntos, se fueron dando un paseo hasta llegar al Café de París, en la Puerta del Sol, donde se embaularon un refrigerio matutino a la inglesa: huevos revueltos sobre una tostada de pan, lonchas de jamón y unas salchichas.

LA COCINA ESPAÑOLA A LOS OJOS DE UN ITALIANO AMADEISTA

El novelista y periodista Edmondo Mario Alberto De Amicis, viajó por España durante 1872 como corresponsal del diario florentino *La Nazione*. Sus crónicas periodísticas se convertirían más tarde en un libro: *Spagna: Diario di viaggio di un turista scrittore*.

En su libro, de Amicis hace una descripción bastante detallada, al menos para un extranjero, de la comida española del tiempo de don Amadeo; con especial atención al puchero o cocido, y afirma que no tardó nada en acostumbrarse a los condumios hispanos, criticando de paso y para empezar los prejuicios y remilgos de algunos otros «curiosos impertinentes» que le habían precedido:

> Los franceses, que en punto de comer son quisquillosos como muchachos mal acostumbrados, dicen pestes: Alejandro Dumas afirma que ha padecido hambre en España, un libro de este país, que tengo a la vista, sostiene que los españoles no viven más que de miel, hongos, uvas y legumbres. Son tonterías. Lo mismo podrían decir de nuestra cocina, he conocido a muchos españoles que no podían ver comer macarrones sin que se les revolviera el estómago. Abusan un poco de las pastas y acaso condimentan demasiado fuerte, pero… vamos, no tanto como para quitarle el apetito a Dumas. Son maestros, entre otras cosas, en platos dulces. Además, su puchero, el plato nacional, comido todos los días, por todos, en todo el país, digo la verdad, lo devoran con rossiniana glotonería. El puchero es, respecto al arte culinario, lo que es respecto a la literatura una antología, hay un poco de todo y de lo mejor. Una buena tajada de vaca hervida forma como el núcleo del plato, alrededor un ala de pollo, un pedazo de chorizo (el chorizo con prodigalidad), hierbas y pernil, y en todos los intersticios, garbanzos. Los aficionados pronuncian con reverencia el nombre de garbanzos. Son una especie de cecí (guisante o chicharro), pero más gruesos, más tiernos, más sabrosos (…) Este es el puchero usual, pero cada familia lo modifica según la bolsa: el pobre se contenta con la carne y los garbanzos, el Señor le añade cien bocadillos y exquisitos. En realidad, es más una comida que un plato, por eso muchos no comen otra cosa, un buen puchero y una botella de Valdepeñas puede bastar a cualquiera.

A pesar de la importancia y papel protagonista que el viajero italiano otorga al cotidiano puchero o cocido, su relato ahonda en otros condumios hispanos:

> No hablo de las naranjas, de las uvas de Málaga, de las alcachofas y otras especies de legumbres y frutas, que todo sabe ser en España hermosísimas y muy buenas. Esto, no obstante, los españoles comen poco, y aunque en su cocina predominen la pimienta, la salsa fuerte y la carne salada, aunque coman chorizos que, como ellos dicen, levantan las piedras, beben poquísimo vino. Después de la fruta, en vez de estarse allí haciéndole centinela a una buena botella, toman por lo común su taza de café con leche, rara vez beben vino de mañana.

Casi en lo único que Amicis coincidía con Dumas, amén de otros cronistas extranjeros, era en la monumental sorpresa que le producía la ausencia de borrachos en las calles españolas, mientras que las europeas estaban infectadas de ellos.

Una vez más (ya lo habían hecho Dumas y otros), un viajero extranjero por España se pasma ante la escasa ausencia de borrachos en las calles y plazas españolas, y concluye que esto se debe a que los naturales del país beben poco, pero lo cierto es que la sobriedad que se observa en las calles se debe más a una tradición cultural de tomar a las horas y en las situaciones oportunas, además de acompañar siempre la libación con un bocado, pincho o tapa, que a una supuesta tendencia popular hacia la abstemia.

De Amicis visita Madrid y allí, en la confluencia de la calle de Alcalá con la Puerta del Sol, tiene un emocionante encuentro con su regio compatriota Amadeo, cuando este se dirige a un café, y ello le da pie a una descripción bastante apasionada de los establecimientos de la capital, con dos citas concretas: «El Café Imperial en la Puerta del Sol, y el Fornos en la calle de Alcalá (que son dos salas vastísimas

El Café de París, en la Puerta del Sol, el primer lugar
donde desayuno Amadeo I de Saboya.

en las cuales, quitadas las mesas, podría maniobrar un escuadrón de caballería) y los otros innumerables que a cada paso se encuentran dónde bailarían cómodamente cien parejas».

Por último, su paso por Málaga nos deja la descripción del condumio, podemos imaginar que más o menos típico, en una casa de huéspedes:

> Atravesé la puerta y me encontré en un patio (…) no viendo ni mesas ni sillas temí haber equivocado la puerta, y me dirigí a la salida. Una viejecilla aparecida de no sé dónde me detuvo.
> —¿Se come? —pregunte.
> —Sí, señor —me respondió.
> —¿Qué hay?
> —Huevos, chorizos, chuletas, pescado, naranjas y vino de Málaga.
> —Muy bien, tráigame usted de todo.

UN ADIÓS QUE AÚN ESTREMECE A LOS AFICIONADOS

El 11 de febrero de 1893, Amadeo se disponía a comer el opíparo bistec del Café de Fornos, en la calle de Alcalá esquina a la de Peligros (un lujoso bocado confeccionado con rebanadas de pan entre las que embutían filetes de lomo de buey, lonchas de jamón ibérico y rodajas de lengua escarlata, con mantequilla, grasa de carne, zumo de limón, perejil, pimienta blanca, acompañado todo de patatas *soufflé*) cuando entró en la sala su fiel ayudante Dragonetti y le informó que en el Congreso el ambiente se había caldeado en extremo y se estaban dando vivas a la república. Con las mismas, llamó al camarero y anuló la comanda, pidiendo eso sí, y como tónico para el camino, una copa de *grappa*. Se la tomó de un trago y acto seguido se dirigió a palacio, donde conmina a su esposa para que prepare a las niñas al efecto del viaje inminente. Mientras tal se disponía, redactó una carta de dimisión dirigida al Congreso, que entre otras cosas decía:

> Grande fue la honra que merecí a la nación española eligiéndome para ocupar su trono; honra tanto más por mi apreciada, cuanto que se me ofreció rodeada de las dificultades y peligros que lleva consigo la empresa de gobernar un país tan hondamente perturbado (…)

Dos años largos ha que ciño la corona de España, y la España vive en constante lucha, viendo cada más lejana la era de paz y de ventura que tan ardientemente anhelo. Si fuesen extranjeros los enemigos de su dicha, entonces, al frente de estos soldados tan valientes como sufridos, sería el primero en combatirlos; pero todos los que con la espada, con la pluma, con la palabra agravan y perpetúan los males de la nación son españoles, todos invocan el dulce nombre de la patria, todos pelean y se agitan por su bien; y entre el fragor del combate, entre el confuso, atronador y contradictorio clamor de los partidos, entre tantas y tan opuestas manifestaciones de la opinión pública, es imposible atinar cual es la verdadera, y más imposible todavía hallar el remedio para tamaños males.

Lo he buscado ávidamente dentro de la ley, y no lo he hallado (…) Pero tengo hoy la firmísima convicción de que serían estériles mis esfuerzos e irrealizables mis propósitos.

Estas son, señores diputados, las razones que me mueven a devolver a la nación; y en su nombre a vosotros, la corona que me ofrecía el voto nacional, haciendo de ella renuncia por mí, por mis hijos y sucesores.

Estad seguros de que al despedirme de la corona no me desprendo del amor a esta España tan noble como desgraciada, y de que no llevo otro pesar que el de no haberme sido posible procurarla todo el bien que mi leal corazón para ella apetecía.

El rey abdicado y su reducido séquito tomaron el tren para llegar hasta Lisboa y desde allí embarcaron hacía Turín, dando por concluida la experiencia española.

El 11 de febrero de 1874, las Cortes Generales proclamaron solemnemente la Primera República Española.

UNA REPÚBLICA FUGAZ Y ENMARAÑADA EN SUS MODELOS

La primera experiencia republicana en España fue un visto y no visto. Duro veintidós meses, del 11 de febrero de 1873 al 31 de diciembre de 1874 y tuvo cuatro presidentes, aunque no de la República, que ni a eso se llegó, sino del Poder Ejecutivo o del Consejo de Ministros.

Duración tan corta se explica en buena medida por los tan diametralmente opuestos modelos republicanos que sus líderes fueron proponiendo. Unos abogaban por el federalismo, otros por un modelo unitario y conservador, otros por una república radical. De tal suerte que entre todos fueron convirtiendo la gobernanza en un rifirrafe continuo, aunque no exento de avances singulares en lo económico-social.

El primer presidente fue Estanislao Figueras, que abolió la esclavitud en Puerto Rico, disolvió las órdenes militares y suprimió los títulos nobiliarios. Le sustituyó Francisco Pi i Margall, que optó por imponer una austeridad extrema, incluida la pitanza, ordenando que las comidas y cenas de los ministros dejara de pagarlas el erario y cada uno lo hiciera de su propio bolsillo. Del suyo salía el estipendio para sus almuerzos que encargaba en el Café Levante de la Puerta del Sol. Casi siempre una chuleta de ternera y una ración de merluza frita, en compaña de media botella de vino de Valdepeñas, un postre de queso y un café.

El siguiente en el cargo fue Nicolás Salmerón, que consiguió imponer orden en el caos provocado por el movimiento cantonal y dimitió por negarse a firmar el «enterado» de una sentencia de muerte. Y la lista presidencial se cerró con Emilio Castelar, el único de los cuatro que mostró aprecio por la cocina y los placeres de mesa.

De las cualidades de *gourmet* y *gourmand* que adornaron a don Emilio nos habla Josep Pla en su novela *Un señor de Barcelona*, donde escribe:

> … tenedor considerable y refinado, supo apreciar los encantos de este valle de lágrimas. Sus correligionarios le mandaban siempre grandes y exquisitas cantidades de alimentos (…) los jamones, los quesos, los fiambres, el pescado, las más delicadas especialidades regionales, la fruta más fina y variada poblaron con gran abundancia la mesa de orador.

Durante su mandato, Castelar mantuvo un estrecho contacto con Manuel Ruiz Zorrilla, que se había alejado discretamente de la política tras la abdicación de Amadeo I de Saboya, con quien llegó a ser jefe de Gobierno. Reconvertido al republicanismo, estaba convencido de que se avecinaba un golpe (como así sucedería) para imponer, *manu militari*, la restauración borbónica en la figura del príncipe Alfonso.

En el mismo libro de Josep Pla, Castelar toma la palabra para hablar de ambos con un símil culinario-gastronómicos: «Ruiz Zorrilla y yo formamos parte del mismo avestruz; solo que él es la cabeza y yo, el estómago».

La frase da pie a Pla para reflexionar: «Los avestruces tienen la cabeza muy pequeña y un estómago considerable». Y sigue diciendo: «Castelar fue muy calumniado y el feroz Manuel de Palacio puso en circulación su célebre cuarteta: "Castelar, hombre perfecto/ Dijo en tono sentencioso/ Aquí para ser dichoso, hay un solo camino: el recto"».

El 1 de diciembre de 1874, el futuro Alfonso XII hizo público desde su exilio el manifiesto de Sandhurst, presentándose ante el pueblo español como un príncipe católico, español, constitucionalista, liberal y deseoso de servir a la nación. El 29 de ese mismo mes, el general Arsenio Martínez-Campos lideró pronunciamiento militar a favor del acceso al trono del príncipe en la localidad valenciana de Sagunto.

En enero de 1875 y tras un episodio tragicómico de desalojo a tiros del hemiciclo de la Cámara, que protagonizó el general Pavía, Alfonso fue proclamado rey ante las mismas Cortes Españolas.

Emilio Castelar, un político gourmet caricaturizado en el libro *Volanderas*, de Miguel Eduardo Pardo.

RESTAURACIÓN, AFRANCESAMIENTO Y ABOLICIÓN DE LOS YANTARES Y CONDUCHOS

Dice Eva Celada que Alfonso XII era «… de muy poco comer» y que «… era frecuente que visitara a sus tropas sin previo aviso y que comiera el rancho con ellos», aunque no consta que tal sucediera más de un par de veces. De manera que muy frugal en su manducar y poco aficionado a los placeres de la buena mesa. Algo que intenta explicar, aunque de manera bastante confusa, «un cocinero de Su Majestad», en una de las cartas abiertas al doctor Thebussem, que dará lugar a un libro donde por primera vez se enfrentan posturas de alto rango intelectual y del que se hablará en breve. El cocinero, en carta fechada cuando el rey tenía 19 años, dice que: «Don Alfonso XII, ni por su edad, ni por la condición de su ánimo, ni por su distinguida educación es dado a los placeres gastronómicos».

En todo caso, sus pocos o muchos gustos culinarios, directamente relacionados con su exilio en París, estaban ligados de forma indisoluble al paladar francés, y de la continuidad de esas preferencias se ocuparon en primera instancia varios cocineros galos que llegaron con el séquito real, que con frecuencia se las tenían que tener muy tiesas con sus colegas españoles.

Fue el caso, por ejemplo y en cuanto intendencia, de los pollos de Le Mans, que al rey le traían por diversos medios, hasta que el cocinero Luis Capela se presentó ante el monarca para explicarle que con el continuo aumento del precio de los transportes aquellas aves resultaban demasiado caras, y que, por otra parte, los pollos españoles eran igual o incluso de superior calidad. A Alfonso no le agradaron demasiado la restricción y el cambio, pero Capela siguió firme y concluyó que haría todo lo posible por no emplear pollos franceses «más que en casos extremos».

No obstante, aunque el monarca intentaba en ocasiones congraciarse con la coquinaria de sus paisanos, el propósito no resultaba nada sencillo en la práctica. Lo explicaba de nuevo su cocinero, quejándose de que su monarca viajará por La Mancha: «… sin poder saborear un pisto manchego, una torta de Alcázar o una bota de Valdepeñas», y lo mismo en gira por la provincia de Badajoz, sin encontrarse: «… ni un pernil de Montánchez, Ni un lomo de Candelario, ni un chorizo en Garrovillas». Con todo ello concluía con mucha gracia y un puntito de mala uva, que el sistema y la intendencia estaban montados de tal manera que el rey podía llegar a creer que «… en su reino se come lo mismo que en París, porque en medio de Castilla le surten de puré de cangrejos del Rhin, salmones del Danubio, pollos de LeMans, mortadela de Bolonia y confites de Viena».

Para darse una idea del alcance y grado del desatino al que se alude, baste decir que durante la visita de Alfonso XII a la Universidad de Salamanca, exponente sumo del conocimiento académico español, el rey fue agasajado con un menú compuesto de salpicón *a la Patti, foie de canard a la Toulouse, petit-pois a la Parisien, croustades à la Richelieu, punch a la romaine* y *bavarois à la moderne*. Como dice María Emilia González: «… probablemente el fantasma de fray Luis de León huyó despavorido del templo del saber hispano».

Al fin, tres años después de su entronización, el rey pudo probar un bocado español durante su gira por Andalucía. En abril de 1877, tras un banquete como siempre afrancesado en Antequera, Málaga, al menos pudo catar el dulce típico local, el bizcocho de soleta, dulce típico local. En Madrid, siguiendo el ejemplo de su madre, fue cliente

Alfonso XII, fue, como su madre, un gran aficionado a *Lhardy*, aunque no pasaba de la planta baja donde está el famoso samovar de plata para el caldo.

asiduo de Lhardy, aunque más que subir a los salones para hacer una comida o cena formal, prefería quedarse en la planta baja y tomarse un caldo del lujoso samovar, o acompañado de un vino fino y de unas croquetas de bechamel.

Le gustaba escuchar las conversaciones de sus súbditos y pasar desapercibido, pero cuando le reconocían, inmediatamente salía por la puerta trasera del establecimiento. Cuentan que en una ocasión se despistó por las callejuelas poco o nada iluminadas y no encontraba el camino a palacio, hasta que un ocasional transeúnte, sin reconocerle, se ofreció a acompañarle. Una vez llegados a las inmediaciones, el rey tendió la mano al hombre y le dijo: «Alfonso XII, aquí, en palacio, me tiene usted para lo que necesite». El otro, con ingenua guasa le respondió: «Pues nada, Pío IX, tanto gusto y en el Vaticano me tiene usted a su disposición».

La restauración monárquica también trajo cambios en normas para los banquetes oficiales y en las rígidas etiquetas palatinas. Hasta la llegada de Alfonso XII era costumbre que una hora antes del almuerzo real, un oficial bajara a la cocina, acompañado del mayordomo y de un piquete de la Guardia de Corps, desfilando todos con pomposa marcialidad. Llegado el séquito, el cocinero jefe procedía a sacar las cacerolas con la comida recién hecha de unos armarios cerrados con llave, donde se acaba de guardar, y vertía su contenido en ollas de plata. Un grupo de mozos entraba entonces en escena, para meter ollas y platos en unos cestos que colocaban sobre sus cabezas. Así, partían de las cocinas, en formación militar y escoltados por el primer séquito, que, adelantándose a la comitiva, gritaban de vez en cuando: «¡Paso a la comida del rey!». Llegados todos a la antecámara, el cocinero mayor depositaba la comida de los cestos en unos armarios estufa, y los dejaban allí hasta que el ayuda de cámara o el mayordomo, previamente autorizados por la familia real, daban orden de servir la mesa. Alfonso XII acabó con toda aquella fanfarria y la preceptiva de guardar la comida con llave.

Otro cambio sustancial que Alfonso introdujo en la corte fue la habilitación de un salón de banquetes de gala, ordenando que se unieran las tres salas del ala oeste del palacio, que en la etapa anterior habían sido ocupadas por Francisco de Asís. En ese salón se celebró el banquete nupcial de su primer enlace, y allí se veló desconsolado el cadáver de su primera esposa, María de las Mercedes, a su muerte. Actualmente sigue siendo el comedor oficial de gala, con una mesa para 126 cubiertos.

Respecto a la supresión de los yantares y conduchos (como se dijo, norma por la que los municipios por donde pasaba la Corte tenían la obligación darle aposento y manutención), la idea real surgió a raíz de un viaje que tuvo lugar en el verano de 1877, por las provincias de Asturias y Galicia y las ciudades de Zamora y Salamanca. El rey, que había sido obsequiado fabulosamente y que comprendió que todo aquello era un dispendio que finalmente recaería sobre la modesta ciudadanía, ordenó y dijo que a partir de este momento él no aceptaría convites de juntas, gremios o corporaciones en sus viajes, salvo que su real persona dijera expresamente lo contrario, porque lo pagaran nobles, magnates o grandes de España, a cargo de su propia hacienda y patrimonio.

Tal resolución acabó con una larguísima tradición de yantares y conduchos de los monarcas españoles. El espíritu de la medida se resume en las notas siempre atinadas de su cocinero: «Su Majestad está convencido de que estos festines son "costilla de contribuyente", de los que no quiere más».

La norma tuvo muchos pros, pero también algunos contras ya que, como escriben el Doctor Thebussem y su cocinero corresponsal, la abolición quitaba: «... su poesía a las ventas y posadas, donde el alojamiento del rey era perpetuado con una cadena, su comedor con una lápida, su lecho con una corona y los proveedores obtenían títulos de nobleza campesina trasmisibles de generación en generación».

Más allá de la consideración de estudiosos tan ilustres, la consideración de «proveedor de la Real Casa» se mantuvo hasta el final del reinado de Alfonso XIII y no era difícil encontrar por calles de Madrid aguaduchos con tal consideración, por haberse detenido un momento allí la Chata, hermana del rey, camino de la plaza de toros.

Uno de los banquetes que en la nueva filosofía se tildó de moderado y perfectamente realizado y servido, fue el ofrecido al rey por el marqués de la Vega de Armijo, durante un viaje real por Andalucía en aquel mismo año de 1877. El menú consistió en «pechugas de gallina empanadas, filetes salteados con vinos de Madeira, mayonesa de salmón, jabalí asado con salsa de grosellas y guisantes, pavo asado con trufas, helado y cajitas de *soufflé* y bizcochos de almendra típicos de la tierra». A esto se le llamaba entonces moderación.

Claro que el pretendido buen criterio de restricciones y ahorro no se tomó de puertas de palacio para dentro, porque aquí el mismo año, en un viaje a Cataluña y Levante, el rey y su comitiva se pusieron en marcha nada menos que con tres cocinas y cuatro servicios diferentes. Como jefe de mesa iba el inspector de palacio, conde de Sepúlveda, que dividió al equipo de cocina en tres grupos: el primero, acompañando al monarca, viajaba a bordo de la fragata *Victoria*; otro, que se había adelantado en la marcha, lo hacía a bordo de la fragata África, con la misión de ir preparando las comidas en tierra; el tercero, aprovisionando con la vajilla real de plata, la conocida como vajilla de Colón, viajaba por la carretera, en paralelo a los barcos. Por si fuera poco el operativo, la Armada organizó por su cuenta un cuarto equipo de cocineros de los llamados «pasados por agua» o muy curtidos en la navegación, por sí los cocineros reales se mareaban.

Concienzuda investigadora de los yantares en la Casa Real española, Eva Celada nos dice que el «plato» preferido de don Alfonso era el sorbete de champán y los sesitos a la manteca, lo cual dice mucho de su inapetencia que ya se ha reiterado; el de su egregia esposa no lo menciona, pero sí detalla el almuerzo que, como reina y luego regente, hacía con sus hijos: «... el menú era un caldo, un asado de ave o carnero, verduras, huevos, algún arroz y postre». Y cierra solemne: «Fue discreta y piadosa».

DOS LIBROS Y TRES AUTORES SEÑEROS

El intenso debate que se desarrollará a lo largo de buena parte del siglo, sobre la conveniencia o no de afrancesar los gustos españoles a la mesa, tiene su punto de partida intelectual en las cartas cruzadas entre el Doctor Thebussem y un Cocinero de Su Majestad, que comienza en 1876 y se convierte en libro en 1878, con el título de *La mesa moderna*. Thebussem es el anagrama de la voz «embustes» (más o menos al revés y germanizada por la adicción de una h), pseudónimo de Mariano Pardo Figueroa, periodista, escritor y gran amante de la gastronomía, mientras que su pretendido interlocutor oficial, el Cocinero, era el periodista José Castro Serrano, colaborador ácido en periódicos y revistas de la época como *La América* o *La Ilustración Española*.

El Doctor Thebussem empieza sus misivas quejándose del seguidismo pacato de la cocina y los gustos gastronómicos franceses o afrancesados que se han generalizado en la Corte: pide que las listas a los convites dados por el rey de España se redacten en español y no en francés; que estos documentos estén exentos de faltas de ortografía y que el nombre del jefe que haya dirigido la cocina figure al pie de la lista como garantía. Además, considera que la olla podrida: «... debe figurar entre los manjares de los banquetes reales de España, en señal de respeto al plato nacional de dicho país».

En cuanto a la cuestión central del idioma gastronómico la cosa varía y los reparos son de mayor calado. Dice en primer lugar que teniendo en cuenta que la cocina moderna ha nacido en Francia, lo lógico es que la lengua franca de su práctica sea el francés: «Las listas cocina».

Luego, aduce que los menús deben redactarse en el idioma único que tiene obligación de conocer la generalidad de los convidados y sobre todo los huéspedes extranjeros, y en apoyo de su tesis cita el ejemplo del banquete que el duque de Montpensier ofreció en su palacio sevillano de San Telmo, para celebrar el compromiso de su hija Mercedes con el rey.

Observa el cocinero real que de haberse redactado en castellano el menú:

> ... los cocineros y reposteros de Su Alteza se habrían visto apurados para consignar dos condimentos bien españoles: la compota de albaricoques y las alcachofas fritas, porque ha de saber usted, señor doctor, aunque presumo que lo tiene olvidado como tantas cosas, que en Sevilla se llaman a los albaricoques «damascos» y a las alcachofas «alcauciles»; es decir, que para que los mismos sevillanos hubiesen comprendido de lo que se trataba, hubiera sido oportuno escribir «compota de *abricots* y *artichauts* fritos».

El otro gran tratado culinario de la época es *El Practicón. Tratado completo de cocina al alcance de todos y aprovechamiento de sobras*, que aparece en 1894, un año antes de la muerte de Alfonso XII.

Su autor, Ángel Muro, escritor y gastrónomo gallego, pasó la mayor parte de su vida en Madrid, donde, a pesar de haber estudiado ingeniería, dedicó sus mejores esfuerzos a la investigación y divulgación de temas culinarios. Entre 1890 y 1895, publicó unas interesantes y muy leídas *Conferencias culinarias*, y en 1892 un *Diccionario general de cocina*, siguiendo las pautas establecidas por Alejandro Dumas padre, en su obra *Le grand diccionaire de cuisine*.

Sobre *El Practicón* dice Vázquez Montalbán que:

… se trata de un amplio recetario matizado con sabrosos comentarios y observaciones humorísticas, en el que es evidente la influencia de Brillat-Savarin, pero también la de la escuela Salermitana y la de los tratadistas alemanes, ingleses a italianos; pese a ello, tanto esta como otras obras de Muro contienen una gran dosis de creación personal.

En realidad, *El Practicón* es mucho más que un libro de recetas, aunque son centenares las que aparecen en sus páginas. Es un libro vivo, abierto y reflexivo, en el que se habla de historia de la gastronomía española, se relatan multitud de curiosas anécdotas y se requiere a personajes ilustres para que den su opinión respecto a todo tipo de temas y circunstancias. Empieza, por ejemplo, preguntándose, supuestamente a requerimiento de sus lectores de *El Imparcial*, cómo se confecciona la auténtica receta del puchero canario, y halla la respuesta en la pluma de Domingo Enrique, que le hace un larguísimo poema, con el título «El cocido de mi tierra»; ofrece la receta de la sopa de ajo con una letra en verso de Ventura de la Vega, e incluye la

Ángel Muro, caricaturizado por Ramón Escaler.

partitura de la música que bien tuvo ponerle el maestro José María Casares, y que ofrece: «... Para los cocineros de la clase de filarmónicos». También entra en el debate sobre si la popularísima salsa emulsionada en frío de huevo y aceite, debe ser denominada «mayonesa», «mahonesa» o «bayonesa», incluyendo un poema de Lancelot, demostrando que en el siglo xvii francés ya está escrita la receta, aunque concluye que, entre Mahón de España, y Bayona y Maïonne de Francia: «... ha de hallarse el litigio de la paternidad, litigio que dura desde que la salsa es salsa y que no tiene trazas de terminarse». Luego vuelve al verso para dictar la receta del morteruelo en la pluma del escritor Tomás Luceño; nos explica el origen de platos históricos, como el napoleónico pollo a la Marengo, el pollo fiambre a la Éboli o el capón a la Siciliana, que tanto gustaba al papa Pío IX; nos hace reír con la burla que el poeta festivo Vital Aza le dedica al afrancesamiento culinario en su poema «Pato a la Besançon» y con la sátira de José Fernández Bremon, titulada «Gato por liebre»; o consigue que un sesudo político, el consejero de Estado Ramón Correa, se atreva con unas «¡Truchas a la don Ramón, sin sartén y sin fogón!».

El libro de Ángel Muro fue un *best seller* de su tiempo y libro de imprescindible consulta para cocineros de varias generaciones, pero que aún hoy en día sigue siendo no solo útil, sino de lectura casi obligada para amantes de la cocina o sencillamente de la buena literatura.

EL ÚNICO PERRO *GOURMET* DE LA HISTORIA

En el Madrid de la Restauración, el de las hambres caninas, hubo un perro que llegó a alcanzar la categoría de *gourmet*. Que sepamos, el único de la historia. Lo hizo, sobre todo, en el mítico y madrileño, Fornos, inaugurado el 21 de julio de 1870, bajo la regencia y propiedad de José María de Fornos, hasta entonces ayuda de cámara del marqués de Salamanca.

El Perro Paco era natural del Colmenar de Oreja y había llegado a la Corte de la mano del diestro Salvador Sánchez, Frascuelo. Su historia de fama empieza en la noche del 4 de octubre de 1879, cuando un grupo de amigos, comandado por don Gonzalo de Saavedra y Cueto, marqués de Bogaraya, se dirigía al Café de Fornos, sito en la calle de Alcalá esquina a la calle Peligros, a un centenar de metros de la Puerta del Sol. Un perrillo callejero se acercó al noble y empezó a frotarse contra sus piernas. Aquel atrevimiento le hizo gracia, así que, Bogaraya y sus compañeros de francachela convinieron en invitar a cenar al chucho.

Entraron en uno de los reservados de Fornos, pidieron una silla para su nuevo amigo, le ordenaron el bistec que había dado fama al local, consistente en un buen solomillo tostado en plancha con mantequilla o salsa Maître d'Hotel sobre una tosta o picatoste de pan frito y, encima de esta, una loncha de jamón serrano frito y unas finas láminas de lengua escarlata. Todo ello acompañado de patatas *souffles*.

El perro Paco a la mesa (ilustración de José Antonio Alcácer).

El perro lo engulló haciendo gala de los mejores modales a la mesa. Terminada la cena, el marqués pidió champán francés que vertió en una copa, y con ella dejó caer unas gotas sobre la testuz del animal y dijo solemne: «Yo te bautizo como Paco».

La humorada se convirtió en afición para el señoritismo noctámbulo madrileño y todos se disputaban el honor de invitar al perro a Fornos, a Lhardy o a Casa Labra.

Además, Paco empezó a ser admitido en la gran mayoría de los espectáculos públicos.

Cada tarde se pasaba por el Teatro Apolo, donde amablemente le invitaban a entrar, y en los días de espectáculo taurino iba diligente a la plaza.

El 21 de junio de 1882 Paco presenciaba una corrida en la plaza de toros de Madrid (entonces en la plaza de Felipe II, en el espacio que ahora ocupa el WiZink Center), en la que participaban tres aficionados: Ernesto Jiménez, Enrique Gaire y José Rodríguez, propietario de una popular taberna en la calle de Hortaleza, que fue el primero en torear.

En estas, Paco saltó de improviso al albero, empezando a ladrar y a corretear entre las piernas del diestro/siniestro quien, asustado y nervioso, le lanzó una estocada que le hirió de gravedad. Solo la decidida y rápida intervención de la fuerza pública consiguió salvar

Bistec de Fornos, el plato preferido de Paco y de la distinguida clientela del establecimiento.

la vida del inoportuno perricida. El pobre Paco murió a los pocos días y Alfonso XII, en nombre de toda la familia real, le hizo llegar al marqués de Bogaraya su más sentido pésame por tan sensible pérdida.

El perro fue disecado y expuesto en una tasca taurina regentada por Juan Chillado y situada en la calle de Alcalá esquina a la fuente del Berro. Pero la taberna cerró en 1889 y el dueño se llevó el cuerpo momificado al Parque del Retiro.

En 1920 un grupo de taurófilos decidió levantarle a Paco un monumento, se inició una suscripción popular y en poco tiempo se consiguió reunir la cantidad de 2900 pesetas.

Como aquello era entonces mucho dinero, el recaudador sucumbió a la tentación y escapó con las perras del perro.

LA REGENCIA Y EL TURNISMO

Existen diferentes fuentes y testimonios directos de lo que podría considerarse el testamento político de Alfonso XII. Parece que el 24 de noviembre de 1885 y presintiendo muy cercana la muerte a consecuencia de una tuberculosis que padecía desde hacía años, el monarca llamó junto a su lecho del palacio del Pardo a su esposa, embarazada ya del que sería futuro rey Alfonso XIII. En un susurro, pero perfectamente audible por lo que nos han contado, le dijo: «Cristinita, guarda el coño y de Cánovas a Sagasta y de Sagasta a Cánovas». Dos mensajes en uno: no repitas los graves errores carnales de mi augusta madre y establece un sistema político que los historiadores llamarán «el turnismo», un reparto de poder por tiempos o turnos entre conservadores y liberales.

Ido para siempre Alfonso, su viuda, María Cristina de Habsburgo-Lorena, archiduquesa de Austria y princesa de Hungría-Bohemia, pone en marcha los últimos deseos de su egregio, y da luz verde a la componenda Cánovas-Sagasta.

El pacto se firma el 24 de noviembre de 1885 y con él se inaugura una de las etapas más negras de la historia de España, que será testigo de un fortísimo enconamiento en las relaciones con Cataluña, del nacimiento de la conflictividad en Marruecos y que, finalmente, supondrá la pérdida definitiva de la inmensa mayoría del imperio colonial español.

UNA TAJADA DE BACALAO, UN VOTO

Con el conchabeo turnista, el sistema era relativamente simple. El Parlamento se elegía mediante prácticas caciquiles y las elecciones las ganaba siempre el partido que las convocaba. En definitiva, se retuerce el principio de «un hombre, un voto», por el de «un plato de condumio, un voto».

Casi medio año después del acuerdo formal, la reina da a luz a un varón y se dispone a realizar la tarea que le habían encomendado la historia y las circunstancias de la mejor manera posible. Motejada popularmente como Doña Virtudes, se rodea de un equipo palatino de enlutadas damas de compañía, marquesonas añosas y decrepitas vizcondesas, un grupo humano que describe el entonces embajador de Marruecos tras presentar sus cartas credenciales e informar seguidamente a su sultán: «El palacio de Madrid es magnífico, muy grande. La reina es muy distinguida y agraciada, pero el harén es flojito, flojito».

La Regencia de María Cristina fue tiempo de escasez, penuria y hambrunas. Juan Eslava Galán y Diego Rojano Ortega perfilan el cuadro del momento:

> La comida era pobre y monótona. Prácticamente se basaba en el pan y en la grasa de cerdo, porque la carne se reservaba para las grandes ocasiones. El plato nacional era el cocido de garbanzos, más o menos ilustrado de acuerdo a las posibilidades económicas de la familia: desde el humilde sopicaldo sobrenadado con tres garbanzos huérfanos y sin más color que el del grumo de manteca rancia o un hueso, hasta la olla podrida del burgués acomodado con todos sus avíos de gallina, vaca, tocino, chorizo, morcilla, hueso fresco y añejo y pelotas de relleno. Por debajo del cocido pobre había otros condumios más miserables aún. En el norte era frecuente derretir tocino en una sartén y mojar boroña (se refieran los autores a la borona o boroña, pan a base de harina de maíz, tradicional de las regiones de Cantabria y Asturias, que se cocinaba al horno envuelto en hojas de berzas), en la Meseta y el Sur abundan más las migas de pan o harina de trigo con ajo, aceite y tocino y, de tarde en tarde, una sardina arenque. En verano el gazpacho permitía un mayor equilibrio dietético: agua, sal, aceite, vinagre, pan y alguna legumbre. Los pobres no alcanzaban el mínimo de calorías necesarias para un normal desarrollo. Eso explica que, en las zonas más deprimidas, abundaran los niños raquíticos o redrojos y, por supuesto, la mortalidad infantil era espantosa.

Para no perder las malas costumbres, la otra cara de la miseria nutricia era el hartazgo sin límite, de lo que siguen hablándonos los antes citados Eslava y Rojano:

Esos atracones conmemorativos causaban algunas bajas entre personas de ordinario hechas a comer poco. Por cierto, que en Asturias desarrollaron una radical medicina consistente en sumergir a los indigestos en estiércol durante uno o más días para que el calor desprendido por la fermentación los ayudará a tramitar la laboriosa digestión.

Durante el «cánovas-sagastismo» también había, en el mejor de los casos, «turnismo» en la oferta de alimentos y, en el peor, el no tener nada que llevarse a la boca de la inmensa mayoría de la población; tristes circunstancias que por prolongadas en el tiempo fueron paradójica y perversamente utilizadas como arma electoral.

Manuel María Puga y Parga, «Picadillo», el gran teórico del bacalao electoral.

Ofrecer comida gratis era un medio eficaz para captar las voluntades de los electores. Así ocurría por ejemplo en Galicia, donde los candidatos acudían a sus actos de propaganda precedidos de una enorme perola de bacalao con patatas, condimentadas con una contundente ajada de pimentón. El guisote, regado con vino en abundancia, llenaba los estómagos de los agradecidos votantes y, al final del acto, para hacerlos llegar al éxtasis, a cada uno se les entregaban dos pesetas.

Manuel María Puga y Parga, personajazo de la Galicia de las épocas (de «normal» pesaba 275 kilos y 180 cuando adelgazaba) y autor de un importante tratado culinario, *La cocina práctica*, que publicó en 1905 bajo el seudónimo de Picadillo, narra, desde su experiencia directa y con cruel ironía, aquellos festines. Picadillo, que fue juez municipal, fiscal, concejal y alcalde de La Coruña, escribe que al final de aquellos políticos ágapes los aldeanos «votaban como tortolitos».

Xavier Castro rubrica aquellas farsas electorales con estas apreciaciones: «Poco importaba que el bacalao fuese de la peor clase, como solía pasar, con tal de que las mujeres que guisaban el bacalao electoral, como elocuentemente lo llamaban, le echasen una buena ajada por encima, pues se imponía que el guiso estuviese bien coloradote por obra del pimentón».

En Cataluña y otras regiones de España, la práctica se afinaba y la «turnista» comilona electoral, siempre larga y pesada para los organizadores, se sustituía por dinero contante, en el que ya están incluidos los festejos gastronómicos: «¡Allò pràctic i deixem-nos d'històries!».

EL NIÑO CORONADO QUE LIQUIDA LO QUE QUEDA DEL SIGLO

Alfonso XIII nació el 17 de mayo de 1886 y desde ese momento fue rey de España, aunque en sus primeros años no como Alfonso sino como Bubi I, al que el jesuita Luis Coloma, confesor Real, haría protagonista del cuento *El ratoncito Pérez*.

Antes de que acabe el siglo, el rey niño tiene tiempo de educarse de aquella manera y de asistir a los Consejos de Ministros desde el momento en que cumple 3 añitos. De cotidiano, se levantaba a las siete de la mañana, se bañaba, se desayunaba cuatro huevos pasados por agua y una docena de bizcochos. Luego tomaba clases de idiomas, hacía gimnasia y esgrima, montaba a caballo y tiraba al blanco. A las doce, un almuerzo sencillo: cocido completo de tres vuelcos, una pieza de carne asada, arroz, algún ave, dulces y quesos. Acompañado todo de una ingente cantidad de patatas fritas, que adoraba.

Sostiene Eva Celada, y lo hace con firmeza, que, para merendar, la criaturita tomaba una taza de consomé, una tortilla de diez huevos con patatas, un pollo asado caliente, seis lonchas de jamón, ocho lenguas de ternera y doce rodajas de solomillo. Cuesta creerlo, tanto que apostaríamos a que no se lo comía todo.

De las cenas de a diario sabemos poco, pero sí que contamos con el menú detallado de una que ofreció en Palacio cuando contaba con 10 años. Siguiendo una vez más a Celada, el menú fue este:

> Potages: Consommé Princesse, Crème de pintade à la Viennoise, Hors d'oeuvres, Saumons à la Chambord y Flite de boeuf à la Renaissance; Entrées: Poulets à la Lyonaisse, Suprêmes de becases en Belleveu; Punch au Thum, Rôts, Poulardes au mans truffées, Jambonds d'York aux oeufs filés, Entremets, Asperges sauce Hollandaise, Slades mixtes, Gateaux des Indes, y Biscuits à la vainille; Vins: Jerez Tío Pepe. Château Lafite. Château d'Yquem 1890. Bourgogne Corto. Rhin. Steimberger 1886. Champagne. Porto.

Y así se fue marchando el siglo XIX.

Cocido madrileño, el señor de la mesa durante el reinado alfonsino.

COCIDO POPULAR Y MENÚS AFRANCESADOS

El siglo se despidió (¡y cual no!) con hambre popular generalizada. Un hambre que, apoyada en la falta de higiene inaccesible a las clases populares, mataba a uno de cada cuatro niños antes de cumplir los 2 años.

Entre 1880 y 1885 se sucedieron hambrunas que empujaron a masas campesinas a emigrar hacia el interior. A la tradicional deplorable explotación del campo, con minifundios norteños imposibles de rentabilizar e inmensos latifundios y vastos eriales en el centro y el sur, se unió la despoblación.

Los hambrientos, ya se sabe, solo piensan en comer, y de ahí que en el siglo cualquier pretexto fuera bueno para hartarse, que, como dicen los castizos, lo demás es gula. Algo que resume Domingo García Sabell cuando, en su ensayo *Notas sobre el hambre gallega*, se pregunta por la inveterada obsesión por la comida en Galicia: «… no es porque abunde sino porque faltó». Una boda, el velatorio de un fallecido, la fiesta patronal, daban pie a una comilona que producía grandes quebrantos, muerte incluida, en estómagos alicaídos y sin memoria de digestión.

En los hogares españoles se impuso sobre todas las cosas el cocido, heredero de la medieval y renacentista olla podrida. Claro que, entre cocidos y cocidos, salvo en el ingrediente nominal, los garbanzos, había distancias siderales.

La profesora de historia Ángeles Cimadevilla subraya las diferencias de elaboración del plato en dos recetas de la misma época: la que le preparaban en palacio al rey Fernando VII y la que se ofrecía a los niños huérfanos del colegio de San Ildefonso. El cocido fernandino estaba compuesto de un avío de cuatro kilos de carne de vaca, tres piezas de carnero, una gallina, una perdiz, un par de pichones, una liebre, dos kilos de jamón en gruesos tacos, dos chorizos, un kilo de tocino entreverado, kilo y medio de oreja de credo y otro kilo de pies, varias verduras, garbanzos (¡por fin!) y especias finas. Por su parte, el cocido cotidiano de los huérfanos loteros se componía, además de los consabidos garbanzos, de media libra de tocino, otra media libra de vaca, dos o tres huesos de carnero y despojos de sobras del matadero. Una vez al mes, el cocido se ilustraba con un cuartillo de longaniza para toda la chiquillería, y en tiempo de Cuaresma se retiraban carnes, piltrafillas, atado de grosura y huesos, para sustituirlos con castañas cocidas y huevos duros.

El cocido de la mayoría de las familias españolas de finales de siglo era casi una parodia del plato en sus términos medios. Así se solía llamar a la sopa que incluía garbanzos y en cuya elaboración se recurría con frecuencia, aunque parezca una broma, a un hueso de jamón, que, atado a una cuerda, se introducía en el agua durante un tiempo prefijado o acordado con algún comerciante ambulante que lo llevaba por las casas. De ese caldo primigenio y común a tantos ciudadanos, nos vuelve a hablar Juan Ignacio Macua:

> Este caldo, que a veces era cocido si en él dejaban nadar algunos garbanzos, nabos o habichuelas y en algunas felices ocasiones hasta sopas de pan, constituía la principal y a veces única comida diaria, complementada, quizás con eufemismos, a veces tan crueles, como el de llamar gallinejas a las tripas fritas con sebo; chuletas de huerta a las peladuras de las patatas asadas; perdices de huerta a los pimientos fritos o soldaditos de Pavía a unos trocitos de bacalao «desalao» y tostado al fuego. En otros momentos del día se redondeaba el sarcasmo con el sucedáneo de lujo: cacahuetes tostados como chocolate o achicoria como café.

Para aquellos que no llegaban ni a eso, se recuperó la «sopa boba» de los conventos. La imagen de colas donde se ordenaban pacientes los menesterosos se hace cotidiana en las calles de los núcleos urbanos y la inmortaliza el pintor Isidre Nonell en el cuadro *Esperando la sopa*, de 1899.

El hambre no afectaba a todos los españoles, pero todos compartían una muy similar obsesión por la comida. La «mantenencia» del Arcipreste era tema de conversación casi obligado; máximo aliciente de cualquier acontecimiento o fiesta, fuera esta religiosa o profana. Para los que podían comer, habitual u ocasionalmente, la meta era el banquete pantagruélico. Entre los primeros se impuso con fuerza el afrancesamiento culinario.

Esta tendencia se refleja en los menús reales y nobiliarios, en las cartas de los restaurantes a los que acude como gran novedad la burguesía y en los libros de cocina de éxito. En el primer punto es casi paradigma el menú de los esponsales de su majestad Alfonso XII con su prima María de las Mercedes, celebrados en enero de 1878, donde todos los platos y vinos son franceses, a excepción del que acompaña la *tortue a l'Anglaise*, que es un *Xerès*.

FONDAS, MESONES, VENTAS, CASAS DE COMIDAS... Y RESTAURANTES

Para los viajeros, habituales u ocasionales, por tierras de España siempre fue una quimera encontrar un lugar decente donde reposar y reponer fuerzas con un menú mínimamente pasable. De ello nos queda constancia, sobre todo, en los testimonios de los extranjeros ilustres que visitan la Península y que posteriormente publican impresiones y memorias.

El británico Richard Ford, que estuvo en España entre 1830 y 1833, escribe con sorna: «Las posadas de la Península, salvo raras excepciones, se han clasificado de tiempo inmemorial en malas, peores y pésimas (…) continúan en el mismo estado que en tiempo de los romanos».

Hacia mediados del siglo XIX las cosas, eso sí, lentamente, empiezan a cambiar. En 1842 se dictaron órdenes para regular la oferta de posadas y paradores, al menos de aquellos establecimientos situados en las paradas de las diligencias. Respecto a la manutención, quedarán así:

TARIFA DE PRECIOS. DESAYUNO: 2 reales; Almuerzo-comida: 8 reales; Cena: 10 reales. CONDICIONES: El desayuno se compondrá al menos: De una jícara de chocolate con leche o sin ella, y tostadas de pan, o de una taza de café o té con leche o sin ella, o de un vaso de leche con azúcar, o de un par de huevos con pan y vino. El almuerzo-comida constará al menos: De una sopa o de un potaje, un plato de huevos con jamón, un guisado, una menestra, un asado, una ensalada, dos postres, una copa de aguardiente y pan y vino a discreción. La comida se compondrá al menos: De una sopa de caldo de puchero; un puchero con gallina, garbanzos, tocino, chorizo o morcilla y verdura; un frito o plato de huevos con jamón, dos guisados, una menestra, un asado, una ensalada, tres postres, una copa de aguardiente y pan y vino a discreción. La cena constará al menos: de una sopa de caldo o gallina, un par de huevos pasados por agua, una menestra, un guisado, un asado, una ensalada de gazpacho, dos postres, aguardiente y pan y vino a discreción.

No sabemos hasta qué punto se cumplió la norma en la práctica, pero al menos se habían sentado las bases para regular una oferta regida hasta el momento por la ley de la selva.

En la capital del reino y en las grandes ciudades, el siglo trajo consigo las casas de comida y más tarde los restaurantes. En la capital, el pionero, como ya se dijo, fue el mítico Lhardy. Después fueron llegando *Fornos, el Armiño, el Tournié y el Comedor del Ritz*. En Casa Labra se inventan los populares soldaditos de Pavía, porciones de bacalao rebozado y frito; mientras que el Tío Lucas, al frente de una tasca cerca de la actual plaza de Canalejas, eleva a la primera categoría gastronómica su estofado de judías.

Otro restaurante pionero fue La Bola. Sus orígenes se remontan a 1802, cuando abrió como botillería, especializada en platos caseros para los trabajadores del barrio. En 1870 se convirtió en casa de comidas y más tarde en el restaurante emblemático del cocido de tres vuelcos, «sota, caballo y rey»; el «coci» o «piri», preparado en puchero de barro de Alcorcón, con carbón vegetal y a fuego muy lento.

Mientras, el pueblo llano de la villa engulle, cuando puede, los caracoles en salsa del Rastro, sardinas arenques y callos picantes en las tabernas, potaje de cuaresma en su tiempo, y mojicones, bartolillos, buñuelos de viento y rosquillas tontas y listas, en las ocasionales verbenas y fiestas patronales.

UN ADIÓS CON *CALÇOTADA*

Daba sus últimos suspiros el siglo xix cuando un labriego de Valls descubrió en su huerto unos tallos de cebolla que habían crecido hacia el exterior por su descuido. Cortó los vástagos y para no desaprovecharlos decidió ponerlos al fuego de unos *redoltes de ceps* o sarmientos de vid. Como quiera que volvió a distraerse en la preparación, acabaron totalmente chamuscados y negros como el betún. Pero tirando de la piel ennegrecida pudo acceder a un interior resplandeciente, carnoso y tierno que procedió a mojar en *salvitxada*, un aliño a base de aceite, vinagre y sal. La mezcla del sabor dulzón de las cebolletas con el ácido y salado de la salsa le agradó sobremanera y tomó la decisión de dejar crecer los tallos cebolleros para embaulárselos de aquella manera. No tardó en descubrir que los *calçots* ganaban lo suyo mojándolos en salsa romesco, que es una compleja y formidable salsa típica de la región tarraconense, que se prepara con tomates, ajos, pan, almendras y avellanas tostadas, pimientos «cuerno de cabra» secos o ñoras en su defecto, aceite de oliva, vinagre, sal y pimienta.

Sobre esa base se instituyó la *calçotada*, que además de los *calçots* propiamente dichos, se acompaña con carne y butifarras asadas en las brasas que quedan cuando se extingue la llama y que se riegan con un buen cava catalán.

Una calçotada para decir adiós a la centuria.

Un siglo que se anuncia con miseria alimentaria y tambores de guerra

Muy poco antes del comienzo del siglo, según el censo de 1900, la población española era de 18,6 millones de habitantes. Aunque las tasas de natalidad y mortalidad se mantenían en altos niveles, propios de país subdesarrollado (34 y 29 por 1000, respectivamente), se aprecia una constante evolución de la tasa de crecimiento poblacional iniciada en el último tercio del siglo anterior, que mantendrá hasta 1933, con el solo bache que en el quinquenio 1915-1919 provocan años de hambre y la epidemia de la llamada «gripe española», que en el mundo deja un rastro de 25 millones de muertos. Entre 1918 y 1920, en España, un país con muy poco más de 20 millones de habitantes, la gripe mató a 147.114 personas, de los que un gran porcentaje estaban en la veintena y completamente sanas.

En los primeros años del siglo las cosas empiezan funcionando francamente mal para los de siempre, porque los precios subían sin concederles un respiro. Mientras que los jornales de los campesinos y los salarios de los obreros industriales (que ya alcanzan la cifra de un 1.200.000) se estancan. Tuñón de Lara, citando al historiador Marvaud, constata que entre 1900 y 1908, el kilo de pan subió un 39 %; el de carne de vaca un 30 %; el de tocino, un 25,5 %; el de sardinas, un 23,5 %; el de bacalao, fundamento de tantos platos humildes, se eleva nada menos que en un 45,4 %. El kilo de verduras sube en el periodo, un 30,4 %; el de patatas, un 33,3 %, el de aceite; un 35,5 %. Productos básicos que arruinan un poco más si cabe las mesas campesinas y proletarias.

Una de las alternativas al hambre es la emigración, que en los primeros años del siglo alcanza proporciones colosales. Como nuestra, un botón: entre 1906 y 1915, llegaron a Argentina 989.976

inmigrantes españoles. Los que se quedan, sobreviven a duras penas.

El vagabundeo sigue funcionando como una institución residual de la pobreza y el hambre en muchas regiones españolas. Díaz Caneja dedica un estudio a una familia-tipo, instalada en un suburbio de Palencia, que es retrato de miles de familias que arrastran su miseria por los caminos y callejas ciudadanas. Las autoridades procuran controlar el fenómeno instalándolos en casas de acogida:

> No una ni dos, sino varias veces, he tenido ocasión de observar el aspecto que las casas de recogimiento allí enclavadas presentan en la hora que antecede a la noche, y es cosa singular la impresión de lástima y horror que produce en el alma del que mira, el cuadro compuesto por el viejo mendigo de gris y enmarañada barba, con su montón de trapos por vestido y su talega al hombro, despensa portátil de su hambre, y la jovencita abandonada, con su cara de niña y sus orejas azules, penetrando a prostituirse en aquel local inmundo y repugnante.

Diariamente, una familia trabajadora invertía unos 50 céntimos en la compra de bacalao y despojos y 25 céntimos en un litro de vino, que consumían en su habitualmente única comida, pero las más veces, se ahorraban un buen pellizco consumiendo sobras de cuarteles o limosnas de comida. En ciudades y pueblos, la figura del niño hambriento forma parte del paisaje.

Cuando el 17 de mayo de 1902 Alfonso XIII ocupa formalmente el trono (rey había sido desde el día en que nació), Barcelona vivía desde febrero una situación que podría calificarse de bélica. Los 10.000 metalúrgicos en huelga, tras fuertes choques con las fuerzas de orden público, consiguen la solidaridad de otros sectores obreros y se convoca una huelga general, que a pesar de las numerosas detenciones de dirigentes y de la violencia policial, paraliza la ciudad y se extiende con éxito por Sants, Sabadell, Tarrasa, Tarragona y Reus. Las protestas obreras siguen en la minería de Bilbao y Cartagena, entre los portuarios de Málaga y los panaderos de San Sebastián. En el campo crece también la tensión. Se generalizan las huelgas de peones agrícolas andaluces y en algunos lugares, como Alcalá del Valle, hay muertos y los detenidos son sometidos a largas y crueles torturas.

En 1902, unos 30.000 jornaleros y obreros van a la huelga; en 1903 la huelga de Córdoba hace que se declare al estado de guerra; y en

Madrid, la protesta popular por la muerte de 40 obreros en el hundimiento de un depósito de aguas municipal, provoca una violenta represión policial que se salda con un muerto y catorce heridos.

Las revueltas y manifestaciones de los hambrientos campesinos son abordadas por el Gobierno de maneras a cuál más inútil e ineficaz. Como escribe Tuñón: «El hambre, agravada por persistente sequía, asolaba comarcas enteras de Andalucía, lo que los gobiernos de Maura y luego de Villaverde intentaban solucionar con platónicas encuestas o con intervenciones mucho menos platónicas de la Guardia Civil.

Pero al Gobierno no solo le daban dolores de cabeza obreros y campesinos. Los militares empezaban a dar muestras de inquietud y desasosiego.

Tras el fabuloso desastre bélico de 1898, en el que se esfuma todo lo más granado del imperio colonial español, el Ejército, repleto hasta la hipertrofia de generales, jefes y oficiales, reclama imperiosamente un campo de batalla donde ganar ascensos, laureles y condecoraciones, aunque fuese a costa, como finalmente fue, del hambre y la muerte de mieles de humildes soldados. La guerra se mascaba; estaba en el ambiente.

UN MATRIMONIO QUE EMPEZÓ CON MAL FARIO

El enlace entre Alfonso XIII con Victoria Eugenia de Battenberg, nieta de la reina Victoria de Inglaterra y Ena para los amigos, no pudo empezar peor. En la mañana del 31 de mayo de 1906 y tras el «sí quiero» de los contrayentes en la basílica de San Jerónimo, el cortejo nupcial tomó el camino hacia el Palacio Real, pasando lentamente por las calles más céntricas para que la multitud pudiera contemplar a plena satisfacción el lujo de la comitiva y el carruaje de caballos blancos donde iban los reyes.

Pero tan cuidadosa y magnífica puesta en escena no influyó en los planes que había ido preparando durante semanas el sabadellense Mateo Morral Roca, instalado en la mejor habitación de una pensión situada casi al final de la calle Mayor, y quien la noche anterior había pasado un buen rato en la tertulia de La Horchatería de Candelas, en la calle de Alcalá, donde habitualmente se reunían Azorín, Valle-Inclán y los hermanos Baroja.

Cuando la comitiva pasó a su altura, Morral arrojó una bomba disimulada en un ramo de flores que, afortunadamente, tropezó con los cables del tranvía y cayó a una cierta distancia del techo del coche de los recién casados.

Cortes Cavanillas pormenoriza el relato:

Cuando la comitiva avanzaba por la calle Mayor, el rey llamó la atención de la reina acerca de la gente que agitaba banderas y les arrojaba flores desde los balcones de un edificio oficial. La reina volvió la cabeza en la dirección que el rey le indicaba, y al hacerlo se acercó a la izquierda del carruaje. Llegaban en aquel momento frente a la casa número 88 de la calle Mayor, situada a mano derecha. Asomado a una ventana del cuarto piso de ella (recordemos que en la mayoría de las versiones la planta de referencia es la tercera), un anarquista, Mateo Morral, lanzó sobre la carroza un gran ramo de flores, que fue a caer a pocos pasos del vehículo. Hubo una repentina llamarada, una explosión aterradora, ruido de cristales al romperse, alaridos, gritos...

«Percibí un fortísimo olor ácido» —refiere el rey— y durante dos minutos, por lo menos, me cegó un humo espeso. Cuando este se disipó vi que las lises y las rosas del vestido de novia de la reina estaban machadas de sangre. Había salido ilesa, pero varios de nuestros guardias fueron lanzados de sus cabalgaduras descuartizadas (...) De no haber sido por mi deseo de que la reina retribuyese los saludos del personal de aquellos edificios oficiales, no estaría hoy viva. La bomba estalló del lado derecho de la carroza.

Los reyes resultaron indemnes, pero la sangre de los caballos penetró con fuerza en la carroza real, manchando los vestidos de los contrayentes. Tras un primer momento de confusión, los ensangrentados monarcas fueron trasladados a la carroza de respeto y de allí, fuertemente escoltados, conducidos a palacio. En sus memorias, la infanta Eulalia de Borbón, testigo directo del hecho, narra sus impresiones:

Cuando llegamos a Palacio, Ena tenía el albo traje todo manchado de sangre, un poco pálida pero serena y sin perder la sonrisa. A su lado estaba el rey, sacudiéndose el traje de gala, cubierto de polvo y manchado de sangre.

—¿Qué ha pasado? —interrogamos ansiosas Paz y yo—. ¿Qué ha sido?

Había sido una auténtica carnicería, en la que murieron veintitantas personas y que provocó más de un centenar de heridos.

El atentado de Morral contó con un testigo de excepción, el entonces jovencísimo estudiante de Medicina, Eugenio Mesoneros Romanos, nieto del famoso escritor y cronista de la villa. El diario *ABC* había ofrecido recompensas por las fotos que resultaran más interesantes de la comitiva regia, y Eugenio, intentando ganar algunas pesetas, compró una cámara fotográfica aquel mismo día y se dispuso a ver si ganaba la recompensa y se apostó en un balcón de la calle Mayor. Cuando casi había agotado las placas, se dispuso a tomar una instantánea de la carroza, y en el preciso momento en que accionaba la cámara, el anarquista catalán lanzó la bomba. La fotografía conseguida resultó un documento impresionante, con las víctimas desparramadas por el suelo, la multitud huyendo despavorida, los caballos despanzurrados o encabritados, los soldados apuntando sus fusiles en todas direcciones. El periódico pagó a Mesonero la para entonces fabulosa cantidad de 300 pesetas y publicó la foto al día siguiente en su portada.

El siglo xx empezó con el atentado contra Alfonso XIII y su esposa, Victoria Eugenia de Battenberg, que dejó veinticinco muertos y un centenar de heridos. La imagen fue captada por Eugenio Mesonero Romanos.

UNA PAREJA DE GUSTOS CULINARIOS OPUESTOS

El matrimonio de Alfonso XIII y Victoria Eugenia de Battemberg, como todos los reales enlaces de su tiempo, fue un asunto de Estado y conveniencia. Ella era británica de pies a cabeza, y él, más castizo que el cocido y los barquillos.

La reina se había traído su té en el ajuar de bodas, pero en lugar de a las *five o clock*, lo tomaba a las tres, de manera que salvo en esta compartida colación (el rey se apuntaba a todo bombardeo coquinario), cada majestad comía por su lado. En 1964 y en una entrevista concedida al periodista Mario Gómez Santos para la revista *Hola*, la reina rememoraba a su viudo en los placeres de la mesa: «Para comer era muy granívoro. ¡Uf... muy carnívoro! Detestaba las legumbres, las ensaladas, las frutas. Le gustaban, eso sí, las fresas, y algún postre que le preparaban. Todavía me parece verle: tomaba un pedazo de carne, patata y luego un pedazo de pan. ¡Típico, típico!... muy español!». Hay que suponer que cuando su Alteza decía que detestaba las legumbres, estaba pensando en las verduras, porque a comer garbanzos pocos ganaron a don Alfonso, mientas que su esposa, como nos dice Eva Celada: «... lo más cerca que podía estar del cocido era tomándose un poco del caldo del mismo con arroz».

Y hay que decir además que al rey, además de lo más castizo de la cocina española, le gustaba degustar siempre lo más típico de la región o ciudad que visitaba. Como ejemplo, durante una visita a Albacete, realizada en 1911, las autoridades locales, conociendo bien sus apetencias, le obsequiaron (recordemos que entonces Albacete estaba unida a la región levantina y que formó unidad con Murcia hasta los años setenta del pasado siglo) con un almuerzo a base de aceitunas de Onil, bacalao a la alicantina, sobrasada de Tárbena, arroz con costra, pescado a la marinera, perdiz en cazuela al estilo de la Albufera, espárragos de Bussot, filetes de ternera de Orihuela, pasas de Denia, peladillas de Alcoy, turrón de Jijona, almendraza de Villajoyosa, dátiles y granadas de Elche, manzanas de Alcolea, peras de Ibi, naranjas de Rojales y tortada de almendra. En justo y oportuno maridaje, claretes y tintos de Dupuy, de Alicante y de Hondillar de la cosecha, dicen que excelente, de 1872.

Mientras el rey se embaulaba rotundos guisotes o arroces de honda raigambre hispana, y platillos de la cocina francesa entonces tan en boga, la reina no pasaba de su neutral *roast beef* y sus secos bizcochos de té. Con la bebida pasaba algo similar, porque mientras que al monarca le gustaba el champán francés y los vinos españoles, Victoria Eugenia era prácticamente abstemia.

La pasión del monarca por el cocido fue proverbial e incluso le llevó a convertirse en su gran embajador a escala internacional, como inmediatamente se verá; pero Victoria Eugenia lo detestaba, aunque como muestra de buena voluntad y deseo de conciliación familiar, aceptaba de buen grado que con el caldo se le preparara una sopa de arroz al que se añadía un huevo duro muy picadito, una pizca de hierbabuena y otra de pimienta blanca.

Su aversión a la cocina tradicional española era bastante similar a la que sentía por la culinaria clásica francesa. Nacida en el castillo escocés de Balmoral y criada en el de Windsor junto a su madre y abuela, la reina Victoria, llevaba la cocina británica en sus genes y siempre intentó transmitir la herencia a su descendencia. Cuenta Eva Celada que cuando llegaban sus nietos a palacio indefectiblemente les tenía preparados un *roast beef* y un *milk pudding*, dos platos señeros de la coquinaria de su país natal.

Al yayo le parecía bien o no le parecía nada, porque él solía estar a otra cosa.

Mientras que el rey disfrutaba de los platos más castizos españoles, a Victoria Eugenia de Battenberg le costaba alejarse del británico roast beef.

EL DICTADOR QUE SE METIÓ A ORGANIZAR EL CONDUMIO DE LOS ESPAÑOLES

En 1921 tendría lugar el llamado desastre de Annual, batalla en la que una coalición de cabildos liderados por Abd El-Krim derrotó al grueso del ejército español formado por unos 15.000 hombres.

El hecho tuvo tanta repercusión que muchos lo consideran clave para la posterior caída de la monarquía y advenimiento de la república. Pero el país tendría que pasar antes por una dictadura, cuyo golpe de Estado truncó precisamente los esfuerzos para esclarecer las responsabilidades de la estrepitosa derrota bélica.

El general Miguel Primo de Rivera (que había implantado la dictadura en 1923, con el beneplácito de Alfonso XIII), siempre tan peculiar en todas sus manifestaciones, tuvo tiempo de ocuparse de los hábitos alimentarios de los españoles. Naturalmente de los españoles que comían, que de los otros ya se ocuparía Dios.

En un artículo publicado el 9 de octubre de 1929 en el diario barcelonés *La Vanguardia* el general escribía:

> El plan de vida en España de las clases medias y pudientes es disparatado. La comida o almuerzo, que no se sabe bien lo que es ni cómo llamarla, de las dos y media o tres de la tarde, y la comida o cena de las nueve y media o diez de la noche, son un absurdo y un derroche y una esclavitud de la servidumbre doméstica, obligada a trabajar casi hasta las doce de la noche, hora en que se apagan los fogones y se levantan los manteles. Bastaría solo una comida formal, familiar, a manteles, entre cinco y media y siete y media de la tarde y después, los no trasnochadores, nada; los que lo sean, un refrigerio. Y antes, un pequeño almuerzo o desayuno de tenedor a las diez y media y once y media, y los madrugadores podrían anticipar, de siete y media a ocho y media, una taza de café. Tal sistema, mucho mejor para la salud, y previsor de la obesidad, ahorraría luz, carbón y lavado de mantelería, dejaría libres unas horas de la mañana, y otras de la primera noche, permitiendo que los espectáculos se desarrollaran de nueve a doce de la noche.

Ni que decir tiene que tan encomiable esfuerzo del dictador, en pro de la racionalización dietética, cayó en saco roto y los españoles potencialmente afectados por la sugerencia siguieron comiendo a sus horas, y los otros cuando buenamente podían.

UN MONARCA EMBAJADOR
INTERNACIONAL DEL COCIDO

El plato con el que quedará asociado para siempre el rey Alfonso XIII es el cocido madrileño, puesto que fue a él a quien cupo el honor de sacarlo del límite de las fronteras españolas, situándolo en la palestra internacional.

Grace Goodhue, esposa del presidente de los Estados Unidos John Calvin Coolidge, consideró interesante y oportuno que el Congreso de la Nación contara con un recetario en el que constara el plato más representativo de cada país y pensando en España le encargó la misión de averiguarlo a la esposa del embajador estadounidense en España. Esta última se dirigió a la Casa Real en busca de auxilio y fue el propio monarca quien decidió que el plato más representativo del país en que reinaba era el cocido a la madrileña. Él mismo escribió la receta, quizá con algún asesoramiento técnico, y se la entregó a la señora del diplomático, quien a su vez la hizo llegar a Washington. La real receta se incluyó en el monumental libro de cocina que editó el club *Congressional Cook* y la fórmula culinaria se difundió a nivel nacional por la emisora de radio WRC. Y allí sigue el «coci» escrito de puño y letra, y firmado al pie por Su Alteza Real Don Alfonso XIII.

Alfonso XIII fue un gran embajador de la «Marca España».
Preparado de cocido madrileño para el *Congressional Cook*.

REPÚBLICA, REFORMA AGRARIA, DESÓRDENES
Y MEJORA DE LA ALIMENTACIÓN

El nuevo sistema político llegaba con fuertes vientos de esperanza en ámbitos de la vida pública y de la mejora de las condiciones de vida de las clases populares, pero esa perspectiva general tenía un efecto muy especial en la posibilidad de acabar, de una vez por todas, con la secular miseria del agro español.

Manuel Azaña saca adelante una Ley de Bases de la Reforma Agraria, con un ámbito limitado de catorce provincias, pero la pesada máquina burocrática y el alto coste de las expropiaciones la convierte pronto en agua de borrajas. Los gobiernos supuestamente radicales de Lerroux ralentizan aún más los tímidos avances de la medida y el campesinado se encrespa, dando lugar a diversos

Manuel Azaña lanzó una activa política de mejora en la
alimentación popular y en las raciones de la tropa.

movimientos insurreccionales. En Cataluña, los sindicatos anarquistas proclaman el comunismo libertario, pero el ejército se hace con la situación sin derramamiento de sangre. No ocurre así en el pueblo andaluz de Casas Viejas donde, tras un intento de asalto de braceros cenetistas al cuartel de la Guardia Civil, los guardias de asalto reprimen duramente la revuelta y asesinan a sangre fría a una docena de campesinos. El suceso conmueve a toda la opinión pública española, que reacciona dependiendo de su posición política. Mientras que la derecha culpa a la república e intenta derribarla, la izquierda proletaria se separa ideológicamente y con los hechos de un gobierno supuestamente progresista, que reprime de esta forma a los hambrientos.

Se empieza a generar el caldo de cultivo para el levantamiento de una parte del ejército que tendrá lugar cinco años más tarde, pero, entretanto, se van tomando medidas destinadas a mejorar el estado de cosas en diversos entornos.

Es el caso, por ejemplo, de la tropa. Como explica Isabelo Herreros:

> Durante el periodo en que Manuel Azaña fue ministro de la Guerra, en el primer bienio republicano, fue constante la mejora de la alimentación de los soldados en los cuarteles, así como la persecución de la vieja corrupción, instalada entre los militares profesionales, de hacer fortuna a costa de los suministros alimenticios [sobre estas prácticas corruptas y miserables de parte de la oficialidad existen abundantes testimonios escritos, entre los que cabría destacar el de Santiago Ramón y Cajal durante el periodo en el que fuera capitán médico en la guerra de Cuba].

Como ejemplo de lo dicho y hecho, el mismo Isabelo reproduce un menú de un cuartel sin identificar el 1 de julio de 1934: «Desayuno: Café con leche, pan y manteca. Bocadillo; Almuerzo: Huevos fritos. Pescado al horno. Ternera asada con ensalada. Postre: Fruta. Café. Vino Valdepeñas; Merienda: Bocadillo; Comida (cena): Tortilla murciana. Menestra española. Chuletas de ternera empanadas. Postre: Melocotón. Café. Vino Valdepeñas».

Los civiles también comprueban cómo mejora su situación a ojos vistas, con la aparición por todas partes de restaurantes económicos y cocinas populares. Sobre menús, usos y costumbres de la época escogemos un reportaje de la revista gráfica *Crónica*, editada en Madrid entre 1929 y 1938 y una de las que contó con más tirada durante la república. Describiendo uno de estos restaurantes populares, dice:

> ... se halla en un primer piso. Las paredes del comedor se alegran con estampas de bellas mujeres. El dueño, sin duda, es un profundo psicólogo. Un estómago medianamente alimentado necesita compensaciones imaginarias. Junto a la higiénica recomendación: «Se ruega no escupir en el suelo», pende un letrero que es todo un breviario de filosofía práctica: «Se prohíbe pedir cigarrillos a los camareros».
>
> Por abono cuesta 1,10 el cubierto de tres platos, pan y postre. El menú suele componerse de sopa, cocido a la madrileña, judías, lentejas, potaje andaluz, pote gallego, paella valenciana, bacalao con tomate, filete con patatas fritas, huevos con patatas, tomate o ensalada, pescado... Postre de fruta, galletas, arroz con leche... Los jueves y domingos hace la casa, por el mismo precio, un menú extraordinario en obsequio a sus clientes.
>
> Entre el público, predominan estudiantes y oficinistas. Como detalle conmovedor del celo con que se vela en este restaurante por la salud de sus clientes, citaré los cuchillos poco afilados. Con esta prudente medida, el filete presenta mayores dificultades para ser despedazado, exige más paciencia... Y merced a esta precaución se logra que el cliente disponga de más tiempo para masticar la carne, con lo que se facilita extraordinariamente la digestión.

El reportaje no tiene desperdicio, ya que no solo informa en detalle, sino que reflexiona y matiza, ofreciendo una visión de la mentalidad de aquel tiempo que en algunos casos se sitúa en los límites entre la chacota y lo «políticamente incorrecto».

COSMOPOLITISMO Y EUROPEIZACIÓN DE LA COCINA

La asimilación con el contexto europeo en materia de alimentación, usos culinarios y gastronómicos, se había iniciado con la apertura de hoteles que merecían tal denominación (una iniciativa alentada por el propio Alfonso XIII tras el desastre de alojamiento que se patentizó en la recepción de invitados a su boda en segundas nupcias), como entre otros, el Ritz y el Palace en Madrid, el Gran Hotel

Restaurant en Santander; el Castilla de Toledo; o el Hotel Restaurant Munich en Valencia.

Con el advenimiento de la república esos nuevos y vivificantes aires se trasladan también a los restaurantes de la clase media, que se benefician de la llegada de las cocinas de gas y de la cada vez mejor formación de los profesionales de la hostelería.

Por otra parte, en Cataluña empiezan a comercializar los frigoríficos de la marca alemana Prometheus, que suponen una auténtica revolución en la forma de concebir la cocina profesional. En 1933 irrumpe en escena el «refrigerador eléctrico automático» de la marca SteWart Warner de Chicago, de la empresa catalana Vivó, Vidal y Blasch, Ingenieros, y se empieza a distribuir por hoteles y restaurantes en toda España. Una revolución coquinaria que resultaría efímera porque como dice Herreros: «... mutis en 1939, ya que, durante los años de la autarquía franquista, del aislamiento internacional, político y comercial, los frigoríficos solo los veían los españoles en las comedias norteamericanas que llegaban a nuestras pantallas».

El cosmopolitismo y la apertura a nuevos horizontes con la introducción de menús a precio cerrado y la inclusión en las cartas de platos relativamente refinados o con un toque de distinción llegados de allende nuestras fronteras, no deja atrás el repertorio de fórmulas coquinarias tradicionales y netamente hispanas sino que, muy al contrario, los mejores de restaurantes y establecimientos de lujo, como es el caso de Lhardy, se hacen famosos y cobran prestigio por recetas tan señeras del repertorio nativo como el cocido o callos a la madrileña.

Por otra parte, en buena convivencia con las tradicionales tiendas de ultramarinos, empiezan a surgir los mercados municipales. En el año 1933 se inauguran en Madrid los de Progreso, Torrijos y Vallehermoso. También se irán creando grandes centros de distribución alimentaria, como el mercado de verduras y hortalizas en la plaza de Legazpi y el de pescados en la Puerta de Toledo. Con el tiempo, el ejemplo de Madrid se irá siguiendo en similares iniciativas, con mayor o menor celeridad y fortuna, a lo largo y ancho de toda España.

El cosmopolitismo culinario que introdujo la república se vio refrendado con la edición de la *Guía Michelin* dedicada a España, que se publicó hasta 1938. El manual y breviario gastronómico no volvería a editarse hasta 1973.

LA GRAN CRUZADA DEL BACALAO

La extensión mundial del consumo de bacalao está estrechamente ligada al descubrimiento de los grandes bancos de Terranova, en la costa noroeste de Norteamérica, aunque no está del todo claro ni el cuándo ni el quién o quiénes hicieron el gran hallazgo.

Hay quien sostiene que el espacio oceánico que la expedición de pescadores vascos y daneses de 1476 denominó «tierra del bacalao» era Terranova, aunque oficialmente se atribuye la revelación al veneciano Giovanni Calaboto (nombre anglicanizado en John Cabot), al mando de la expedición que, financiada por Enrique IV de Inglaterra, se desarrolló durante 1498, aunque existen abundantes testimonios de que antes que Cabot diera carácter formal a los caladeros, los marineros euskaldunes hacía tiempo que pululaban por la zona.

Sobre lo que no existe el menor asomo de duda es de que fueron los vascos quienes descubrieron en qué suerte de quintaesencia culinaria podía convertirse ese pescado semimomificado cuando se encontraba con el aceite de oliva, los ajos, el tomate, el perejil y los pimientos españoles.

El bacalao fue el sustituto de la ballena como arma de combate de Doña Cuaresma para los tantísimos días de abstinencia carnal que figuraban en el calendario español, pero hasta el advenimiento de la Segunda República la práctica totalidad de lo que se consumía era de importación, procedente, por este orden, de Islandia, Noruega, Dinamarca, Francia e Inglaterra. Sin embargo, en 1927 se había creado la empresa guipuzcoana Pesquerías y Secaderos de Bacalao de España (PYSBE) que ese mismo año había enviado sus dos primeros barcos a aguas de Terranova. Desde el nuevo gobierno se decidió dar un importante impulso a esta y otras nacientes empresas relacionadas con el producto y durante el periodo republicano se logró que más de la mitad del bacalao que llegaba a las mesas de los restaurantes y a los hogares fuera de origen «nacional».

La propia empresa PYSBE editó una auténtica joya bibliográfica que, con prólogo del ilustre doctor Gregorio Marañón e ilustraciones del gran Rafael de Penagos, recogía 212 recetas de bacalao. Según Herreros, estaba: «… organizado por platos de bacalao con salsa, al horno, frito, guisos de bacalao y lenguas de bacalao. El volumen recogía recetas de modestos restaurantes y de lujosos hoteles, de prestigiosos cocineros o de desconocidas posaderas».

La autoridad predicaba con el ejemplo y eran muchos los notables del nuevo orden que apostaban sin dudar por sus elaboraciones. Seguramente el más conocido fue Manuel Azaña, un asiduo de Lhardy, entre otras cosas por su irreprimible querencia hacia el bacalao a la vizcaína que se ofrecía en el local.

Cuando en mayo de 1936 fue nombrado presidente de la República, decidió instalarse, por seguridad, en el Palacio Real (que había pasado a llamarse Palacio Nacional) y a procurarse un cocinero a la medida de su nuevo cargo y viejas aficiones gastronómicas, así que conminó a dos de sus más estrechos colaboradores, el coronel Juan Hernández Saravia y a su secretario Santos Martínez, a que almorzaran en el restaurante e hicieran una gestión discreta para conocer la disposición al traslado del cocinero de Lhardy, Epifanio Huerga Fernández. Este, militante de la UGT y por más señas azañista, no lo dudó ni un instante y el bacalao a la vizcaína junto a otras preparaciones españolas de fundamento pasaron al menú cotidiano del palacio que había sido residencia de sus majestades varias.

Epifanio siguió en mismo destino que el de aquel a quien había decidido agasajar el paladar. Primero Valencia, luego Barcelona, después la Francia del éxodo y del llanto y, finalmente, la capital mexicana, donde trabajó en la Embajada de la República Española. Finalmente, azares del destino, su oficio le llevó, en 1947, a la sede diplomática española en Buenos Aires y a ponerse al servicio del embajador José María de Areilza, conde de Motrico.

Las vueltas que da la vida.

PYSBE, una de las primeras empresas españolas dedicadas a la producción de bacalao, elaboró un libro con 212 recetas del producto, ilustrado por Rafael de Penagos.

COLOMBINE, LA GRAN
DIVULGADORA DEL COCIDO

Carmen de Burgos, conocida como Colombine, fue una extraordinariamente prolífica autora de novelas, biografías, traducciones y artículos periodísticos, amén de primera corresponsal de guerra española; actividad que inició al quedarse atrapada en Alemania cuando estalló la Primera Guerra Mundial. Pero además fue una de las pioneras en la divulgación culinaria y autora de tres libros sobre la materia: *La cocina moderna, ¿Quiere V. comer bien? y Nueva cocina práctica.*

Su gran especialidad fue el cocido madrileño y los otros tantos pucheros que llevan el nombre de cocido u olla a lo largo y ancho de España y el extranjero.

En su libros habla y especifica receta del cocido catalán, de cocido a la parisién (muy en boga en los banquetes durante la república y posteriormente en la posguerra, de lo que dan fe canciones como «Buen menú», de los Xey), del cocido ruso o *tchi*, del pote gallego, de la olla podrida, de la olla con arroz, de la olla de berza, de la olla con

El gran cocido parisién que popularizó Carmen de Burgos, «Colombine».

trigo, de la olla a la austriaca, de la olla catalana o escudella y de un sinfín de fórmulas que en última instancia remiten al cocido madrileño, que se considera el canon del que fuera plato nacional hasta que la paella le birló el puesto para darles el gusto a los turistas que nos visitan.

Y en este punto resulta de interés evocar su punto de vista respecto a los ortodoxos tres vuelcos del servicio, con sopa y fideos cabellín en el primero, garbanzos, patatas y verduras en el segundo y carnes y embutidos en la última ronda.

Para ella, el caldo del cocido pasa a ser algo subsidiario, y así explica que cuando «… está espeso y blanco, se saca, con objeto de utilizarlo como se crea conveniente, y se echan unas patatas mondadas, de tamaño regular, enteras, de modo que se cuezan así, al vapor del poco caldo que queda en la olla». De manera que lo que podría haber sido la sopa con fideos del primer vuelco queda relegado a una función de «cocedor» del tubérculo y ausente en la puesta en escena final: «Para servir el cocido, se coloca a un extremo de la fuente el garbanzo y la patata y al otro la verdura, aliñada o sin aliñar, al gusto, del modo que ya indicaremos, y si se quiere, con una salsa aparte. La gallina, carne, jamón y demás cosas que han servido para hacer el cocido, si no se utilizan en otro guiso, se sirven aparte».

De forma y manera que el cocido de Colombine resulta ser de dos vuelcos o incluso de uno si la parte cárnica no encuentra mejor destino. Interesante.

EL GOLPE Y LA GUERRA CIVIL

En julio de 1936 se produce un golpe militar destinado a derrocar el Gobierno republicano; un movimiento concebido para efectuarse en un brevísimo plazo, pero que se encuentra con una fortísima resistencia militar y popular que conducirá a una guerra que se prolongará durante tres largos años.

Como en toda situación bélica, las dificultades de abastecimiento de alimentos fue una constante durante el periodo de guerra, pero, con mucho, la peor parte le tocó a la zona republicana. Casi desde el inicio de la sublevación, del lado llamado «nacional» quedó la mayor parte del agro cerealista, mientras que en la España leal se incluían los grandes núcleos de población; grandes ciudades, Barcelona,

Valencia o Alicante, algunas de ellas, como Madrid, sitiadas y duramente hostigadas. Por otra parte, la desaparición de canales comerciales y la lógica desorganización inicial, crearon muy pronto graves problemas de suministros de productos de primera necesidad. Durante la Guerra Civil, mientras que la «zona nacional» no sufrió un desabastecimiento alimentario que pudiera considerarse dramático, la «zona republicana» padeció hasta lo indecible los rigores de la desnutrición y el espectro del hambre.

En la España leal, especialmente en las ciudades y por sobre todas ellas Madrid, empiezan a escasear los alimentos, que en poco tiempo se reducen a desechos alimenticios, sucedáneos y unos puñados de lentejas, bautizadas como «píldoras del doctor Negrín».

El obligado racionamiento que el Gobierno de la República se vio forzado a imponer en su ámbito de influencia, aunque más justo y abundante que el que llegaría tras el fin de la contienda, obligó a la población a acostumbrarse a productos hasta aquel momento desconocidos en su dieta. Independientemente de los alimentos «bélicos», como la carne de caballo o de mulo muertos en batalla, los españoles de la llamada «zona roja» se familiarizaron pronto con las pipas de girasol, la carne enlatada canadiense, los garbanzos mexicanos, el arroz largo de origen asiático y las lentejas donadas por países de los que jamás habían oído hablar.

Las colas del hambre formaron parte del paisaje durante la Guerra Civil.

EL ÚLTIMO, QUE APAGUE LA LUZ

El 5 de marzo de 1939 el coronel Segismundo Casado se sublevó contra Juan Negrín, presidente del Gobierno apoyado por los comunistas. En Valencia, los partidarios de Casado clausuraron los locales del PC y de las JSU, prohibieron la publicación del órgano del partido, *Nuestra bandera* y encarcelaron a varios dirigentes del partido. La situación degeneró rápidamente. Los nacionales estaban a las puertas de la ciudad y en aquella situación de caos el gobernador civil decidió abandonarla, no sin antes ordenar que se liberara a los comunistas encarcelados. Pero las órdenes no se cumplieron en todos los casos y los familiares de presos empezaron a vagar de institución en institución tratando de evitar el drama que se avecinaba para sus familiares.

Fin que llega el 1 de abril de 1939, cuando el generalísimo Franco escribe de su puño y letra el último parte de guerra que a toda prisa es enviado a los estudios de Radio Nacional de España en Burgos, cerca del paseo del Espolón. A las diez y media de la noche, el actor y locutor Fernando Fernández de Córdoba, «con entonación y énfasis propios de la radiofonía de aquellos años», lee: «En el día de hoy, cautivo y desarmado el Ejército Rojo, han alcanzado las tropas nacionales sus últimos objetivos militares. La guerra ha terminado».

Posguerra, racionamiento, estraperlo, hambre y final feliz desarrollista

Si desde el inicio de la contienda la penuria alimenticia había sido algo hasta cierto modo el santo y seña del bando republicano, la posguerra extendió rápidamente la escasez alimentaria extrema hasta el último rincón de la geografía hispana. La ruina de buena parte del sistema productivo y de las más importantes redes de comunicación; el agotamiento vital de la casi totalidad de sus habitantes; la sangría humana derivada de muertes y mutilaciones en acciones bélicas, encarcelamientos masivos y un exilio que incluía a miles de jóvenes, científicos y profesionales de todos los sectores; el ambiente prebélico en Europa; la actitud cainita de los vencedores, que cerró por completo el paso a un proyecto de reconstrucción nacional; se apuntaba a un futuro de años difíciles. Pronto empezó a faltar de todo, incluyendo lo más esencial.

El 14 de mayo de 1939 se publica un decreto del Ministerio de Comercio que establece el racionamiento en todo el territorio nacional:

> La necesidad de asegurar el normal abastecimiento de la población y la de impedir que prospere cierta tendencia al acaparamiento de algunas mercancías, movida por el agio y fomentada por las falsas noticias, aconsejan la adopción, con carácter temporal, de un sistema de racionamiento para determinados productos alimenticios.

El «carácter temporal» de la medida, primero con cartillas familiares y posteriormente con individuales, se prolongaría durante más de una década. Cada familia pasa a tener dos cartillas, una para la carne y otra para los demás productos, donde se fijaban las raciones para niños, mujeres y hombres. Tras una obligatoria declaración jurada de ingresos, las hubo de 1ª para ricos; de 2ª para clase medias; y de 3ª para trabajadores y pobres. El resultado final fue bastante chusco, porque, como explicaba la prensa: «Al término de las operaciones estadísticas referentes a las cartillas de racionamiento, se da el sorprendente resultado de que solamente aparecen inscritas en 1ª y 2ª categoría un número muy raro de personas». Y comenzó el fenómeno del estraperlo.

Claro que mientras los estraperlistas de nivel hacían alardes de poderío en salas de fiesta, buena parte de la población estraperleaba con unos kilos de patatas y un par de litros de aceite del pueblo o rebuscaban en la basura en pos de algo comestible.

Fernando Fernán Gómez, en su libro *Historias de la picaresca*, escribe sobre el fenómeno en los siguientes términos:

> Fue el estraperlo una gran fuente no de riqueza, sino de riquezas, de riquezas personales, individuales, familiares, de riquezas que se han heredado y cuyos trofeos aún lucen por ahí. El hambre era el motor de todo aquello, hambre del que vendía todo lo vendible, los muebles, los trajes, los recuerdos familiares, para comprar unos garbanzos, algo de carne, la papilla de los hijos… Hambre también del que se improvisó vendedor profesional, los estraperlistas callejeros, los que iban por las

Las cartillas de racionamiento estuvieron vigentes desde 1939 hasta 1950.

casas, las mujeres que se arriesgaban a que les rapasen el pelo. Al final de la cadena, que empezaba en las más altas esferas, solía haber un hambriento vendiendo cualquier cosa a otro hambriento.

Efectivamente, el estraperlo visible era justamente el de más bajos vuelos, el de las mujerucas que deambulaban a las puertas de los mercados vendiendo unas barras de pan, un puñado de harina y de arroz o unos pocos litros de aceite... hambrientos estraperleando con hambrientos.

El estraperlista de a pie, el pobrete, constantemente acosado por la autoridad que hacía la vista gordísima ante los fraudes y trapicheos a gran escala, se las ingeniaba de mil maneras para pasar el producto destinado a su propio consumo o como moneda de cambio por otros de primera necesidad. En 1946, la revista *Semana* publicó un reportaje en el que se detallaban algunos de los trucos que usaban los estraperlistas, casi siempre mujeres, de medio y corto pelo:

> Depósitos de latón con aceite, que se adaptaban perfectamente a la espalda y la cintura. Garrafones con aceite, en los que el gollete está obturado a los ocho o diez centímetros de la boca, parte que llenan de vino. Solomillos rodeando la cintura de una mujer simulando estar embarazada (...) Planchas de tocino, colgando de la cintura y colocadas entre las piernas de las mujeres, que visten faldas hasta los pies.

Ante el auge de los escándalos del estraperlo (se calcula que en el periodo 1944-1945 circularon ilegalmente por el territorio peninsular más de trece quintales métricos de trigo), el Gobierno decidió elaborar una Ley contra la Ocultación y la Especulación, que se aprobó en octubre de 1941, y cuya transgresión incluía (cómo no, en un régimen sediento de sangre), la pena de muerte. En el preámbulo de la ley se decía lo siguiente:

> El Gobierno, que desde los primeros momentos ha tratado de reprimir con rigor las criminales especulaciones sin que hayan bastado las sanciones de más de 5000 infractores, destinados a batallones de trabajadores, y la imposición de multas por más de 100 millones de pesetas, durante el año de vigencia de la Ley de tasas de 30 de septiembre de 1940, se ve obligado ante la persistencia del daño, a atajarlo con máxima dureza, llegando a la imposición de la última pena a quienes incurran en lo sucesivo en los delitos.

La ley produjo alguna inquietud en los primeros momentos y algunas tiendas de comestibles se apresuraron a realizar una declaración jurada de géneros ocultos, otros pusieron aquellos en el mercado a precios de tasa, e incluso, un pusilánime estraperlista de Zaragoza decidió suicidarse arrojándose al Ebro.

La única sentencia firme de la que tenemos constancia en la primera etapa de aplicación de la norma se produjo en Alicante, donde fueron ejecutados dos individuos y otros veintiocho condenados a penas de entre treinta años y seis meses de prisión. Pronto se sabría que detrás de aquella ejemplar sanción había algo más que represión de estraperlo, ya que uno de los ejecutados era un falangista llamado José Luis Pérez Cabo, que había puesto en marcha, junto al resto de los condenados, una conspiración antifranquista. No obstante, la acusación formal fue la de haber vendido en el mercado negro una caja de botes de leche condensada destinada a Auxilio Social.

El resto no fue más que fuegos de artificio. Los más, los grandes acaparadores y traficantes, se limitaron a dejar pasar el chaparrón para continuar, tranquila y muy productivamente, con el negocio.

Era un tiempo que Eloy Terrón pinta con estos tintes:

El racionamiento impulsó el estraperlo que con frecuencia se realizaba en plena calle.

España entera era un inmenso mercado negro, unos, la minoría, vendían para ganar y ganaban tanto, que entonces se labraron grandes fortunas (comprando so capa de contratas para la intendencia militar y vendiendo en las grandes ciudades), y otros vendiendo lo que podían (viejos recuerdos de familia, muebles, joyas, inteligencia, trabajo, honra, todo) para poder comer. Por eso el reinado del estraperlo coincide en el tiempo con los Rosarios de la Aurora, los Ejercicios Espirituales, las confesiones generales y aquellas inolvidables Semanas Santas con sus procesiones interminables de penitentes.

En un ambiente de corrupción generalizada, el estraperlo siguió enseñoreándose en todos los terrenos, durante los años posteriores a la norma legal. La crisis alimentaria del país se agravaba ante las continuadas malas cosechas. Fueron los tiempos de las «pertinaces sequías», incansable latiguillo en la jerga franquista, pero lo cierto es que los años 1944, 1945 y 1946 fueron los de más baja pluviometría del siglo; los más ecos y precursores de hambre.

Y ENTONCES LLEGÓ EVITA

Eva Duarte de Perón, Evita, aterrizó en el aeropuerto de Madrid-Barajas el 8 de junio de 1947 y lo hizo al mismo tiempo que empezaban a llegar desde Argentina barcos cargados de trigo, lentejas, carne y maíz, adquiridos por el Gobierno español mediante un crédito de 350 millones de pesos concedido por el Gobierno de Juan Domingo Perón. La visita duró 17 días y durante la misma se cuidó hasta el límite de que la primera dama no tuviera la oportunidad de conectar con la España real, pero a pesar de ello Eva Perón sacó la conclusión (fino instinto de mujer hecha a sí misma) de que unos cuantos vivían espléndidamente y que el resto pasaba hambre.

¿Cómo no se daba cuenta de aquello su anfitrión, el todopoderoso inquilino del palacio de El Pardo? Quizá porque nunca apreció la buena mesa y su cocina palaciega fue siempre atendida con mentalidad coquinaria cuartelera, y quizá también, porque, como apunta Eslava Galán, tenía la cabeza en otras cosas:

Horro de pasiones, tanto espirituales como físicas, nuestro hombre no tuvo más vicios que la caza y la pesca. Por ese lado cosechó abundantes éxitos, ya que, dado que la tradición hispánica requería que los alzafuelles de palacio facilitaran hembras al monarca, en su tálamo cinegético nunca faltaron perdices, ciervos, truchas, salmones y hasta una ballena de veinte toneladas.

Lo cierto es que, a pesar de las escandalosas ocultaciones para el mercado negro, la agricultura vivió sus peores momentos. Hasta los años 1950-1955 no se recuperó en la Península la superficie cultivada de los tiempos de la República.

Solo un gran escándalo saltó a la palestra y gracias a que en el mismo se había especulado con trigo procedente de las ayudas del régimen peronista. El embajador argentino denunció el asunto, implicando al Consorcio Harinero de Madrid en enero de 1948. Sus directivos, además de asumir las respectivas responsabilidades, fabricaban y vendían pan por su cuenta con la harina de todos los españoles. En aquella ocasión, el asunto se había ido de las manos; los falangistas salieron a la calle para protestar por el fraude y las autoridades no tuvieron más remedio que ejemplificar: al gerente del

Evita Perón llegó a España en avión, acompañada por
barcos con trigo, lentejas, carne y maíz.

Consorcio se le impusieron 10 millones de pesetas de multa y se le cerraron los establecimientos; al secretario, le cayeron 6 millones de pesetas e inhabilitación de diez años en su actividad; a los jefes de servicio y sección, les impusieron 2 millones; y 1 millón al contable.

El afán de lucro rápido no se limitó al estraperlo con productos alimenticios, sino que llevó a algunos desalmados a la elaboración fraudulenta a gran escala. Mataderos clandestinos sacrificaban animales en mal estado o muertos por enfermedad, sin el más elemental control sanitario, para fabricar embutidos. En Andalucía y Extremadura aparecieron muchos casos de triquinosis y las autoridades empezaron a investigar, alarmadas, entre otras cosas, por la total desaparición de perros vagabundos en las calles. En Sevilla, las sospechas se dirigieron a un establecimiento que vendía liebres en número poco razonable y no se tardó descubrir que, siguiendo una hispana tradición, allí «se daba gato por liebre». Nada menos que 13.000 felinos fueron sacrificados en un corto espacio de tiempo, según propia confesión, por la propietaria del local.

El habitual «bautizo» del vino se extendió a la leche y en 1942 se hizo público el caso de una importante central santanderina que a diario añadía 500 litros de agua a la caldera de pasteurización. Todavía en 1950, el Ayuntamiento de Madrid informaba de que la mitad de la leche consumida en la capital era agua. Las cuentas salían fáciles: entraban 200.000 litros y la cantidad real consumida era de 400.000.

LA IMAGINACIÓN SUSTITUTIVA Y EL IMPERIO DE LOS SUCEDÁNEOS

El contexto de la Segunda Guerra Mundial primero y el posterior aislamiento internacional tras la finalización del conflicto bélico internacional, llevaron a España a una situación de desabastecimiento en todos los campos. El Gobierno, decidido a hacer de la necesidad virtud, formuló una doctrina autárquica en la que el orgullo patrio derivó pronto hacia un grotesco surrealismo fascistoide.

La España autárquica e inasequible al desaliento descubrió un sucedáneo para cualquier cosa imaginable, y poco importaba que todo aquello que inicialmente se anunciaba a bombo y platillo quedara finalmente en agua de borrajas. Los sucedáneos alimenticios ya eran otro cantar, porque la población desnutrida y hambrienta tenía que comérselos y bebérselos. Los primeros sucedáneos comerciales fueron los cubitos de caldo y los purés. Pocos meses después de concluida la guerra, La Comercial Montañesa de Gijón ya anunciaba en la prensa su Puré Mari-Tere, a base de alubias, maíz y castañas; oferta que subrayaba con el eslogan de «poderoso alimento».

Al ministro José Luis Arrese se le ocurrió la brillante idea de alimentar a los ciudadanos en más precaria situación con bocadillos de delfín y crujiente pan de harina de pescado.

De entre todos los sucedáneos, el café se llevó los máximos honores de inventiva. En 1943, Francisco Arniches, escribía lo siguiente sobre el particular:

Quedamos un poco perplejos cuando leemos la extensa lista de los sucedáneos del café, que son, entre otros muchísimos, los compuestos a base de algarroba, garrofa, garrofín (semilla de garrofa), remolacha, zanahoria, achicoria, tubérculos radicales de la planta liliácea Gamón (*Asphodelus sufriticosus* o *albus*), bellotas de encina y de alcornoque tostadas, molidas y caramelizadas (¡cosa rica!), hechaduras de molinería por residuos de trigo (¡cuidado!), alverjas y neguilla, higos secos de Lepe (precisamente), caricao (derivado del cacao),

El café fue el rey del sucedáneo pues se hacía con algarrobas, achicoria, bellotas y casi con todo lo imaginable.

regaliz, miel de abejas, lúpulo como producto aromático (aclaración muy necesaria, pues la planta se abstendrá de esgrimir sus propiedades restantes); pepita de uva, cebada, alpiste, almendra, cacahuete, habas, alholvas, vecilla silvestre germinada, huesos de dátiles, cáscaras de allosas.

Junto al café de cualquier cosa, emergieron el queso de almendras y los embutidos de frutas. La harina de almortas, tan socorrida siempre como base de gachas y purés, fue un descubrimiento para las amas de casa que no disponían de huevos, escasos y caros, para hacer tortilla. Resultó que ligaba muy bien con las patatas, cuando las había, y tanto en textura como en color daban bastante bien el pego.

EL HAMBRE QUE DABA TANTAS «CORNÁS» COMO CARCAJADAS

Del hambre omnipresente se hacían chistes que pasaban de boca en boca, con cuidado de que no cayeran en el pabellón auditivo de algún policía de la político-social que pudiera denunciar por desafecto al Régimen. Chistes que a veces recogían o elaboraban los payasos, como recoge Tubau citando a Vázquez Montalbán:

> Los payasos basaban sus chistes en el tema del hambre: «A ver», decía un payaso, «¿vosotros sabéis como se guisa un pollo con judías». «¡No!», contestaba el pueblo, puesto a régimen de pan negro, gelatina rosa, en vez de aceite, y un extraño arroz que parecía del Atlético de Bilbao porque llevaba una lista roja en cada granito. «Pues se guisa el pollo», contestaba el payaso, «con sus cebollitas, su ajito, su tomatito, un chorrito de coñac. Cuando ya está bien doradito se le echan las judías… pues entonces, se tiran las judías, que es lo que comemos todos los días, y comemos el pollo, que no hemos comido pollo desde la Exposición del año 1929».

Y aunque parezca increíble, como dice el propio Vázquez Montalbán, la gente se reía.

Ni en prensa ni en radio se permitían tales licencias. Para eso estaba la censura previa y posterior de todo lo que se imprimía o lanzaba a las ondas. Xavier de Echarri, director del diario *La Vanguardia*, decía que: «…la censura es una situación de guerra», y esa guerra sin cuartel entre los medios de comunicación y el Gobierno de Franco duró nada menos que veintisiete años, hasta que en 1966 se firmó una especie de armisticio y se inició el diálogo.

En aquella dramática situación, los tebeos aparecen como caídos del cielo y el hambre queda impresa en las páginas de los tebeos infantiles, y, como muestra, dos ejemplos.

En febrero de 1950, dentro de la Biblioteca Cómica Pulgarcito, aparece una historieta de *La familia Pepe*, del humorista Iranzo, en la que los personajes mantienen el siguiente diálogo a propósito de la escasez y los sucedáneos: «¿Sabes que te digo, Pepa? ¡que tengo ganas de comer jamón», dice Pepe, a lo cual responde su mujer: «¡Ba! Todos los que venden solo saben a sal», y el hijo Pepito zanja entonces la cuestión: «Serán jamones de sardinas»; un año después, en junio de 1951, en el Álbum Infantil Pulgarcito, Doña Urraca empieza diciendo en uno de sus episodios: «Estoy desesperada y sin un mal mendrugo de pan que llevarme a la boca».

Con todo, el más ilustre representante de las hambres de posguerra fue Carpanta, personaje creado por José Escobar, y nacido en 1947, en la revista *Pulgarcito*. El nombre completo de este personaje que haría historia es Paco Carpanta y Gazuza, definitoria redundancia de apellidos, ya que el primero significa «hambre violenta» y el segundo «apetito descomunal».

Su dieta cotidiana consiste, cuando toca, en una aceituna y una avellana, y sus sueños, dormido o despierto, siempre evocan un humeante pollo recién asado. Carpanta solo piensa en comer, como la inmensa mayoría de los españoles de su tiempo, pero él no lo consigue en ninguno de sus episodios, casi como la mayoría de los españoles, pero muy exagerado para que la cosa tenga su gracia.

Es el personaje que es el espejo del hambre en el que se miran los españoles de posguerra. Muchos de los que se ríen leyendo sus historietas no se paran a pensar que los menús misérrimos del personaje no están tan lejos de ellos mismos y de los del común de la población.

Veamos los hábitos alimentarios y el menú de Carpanta, siguiendo de nuevo a Altarriba:

En algunas ocasiones asegura que con una aceituna y una avellana pasa el día, aunque quienes le conocen afirman que exagera y que en toda su vida solo ha comido dos avellanas y tres aceitunas. Pero él sabe que con tan escasas provisiones lo suyo no es comer sino engañar al hambre. Así lo vemos en *Pulgarcito* nº 1.129 donde se monta un auténtico banquete partiendo una avellana en tres trozos: el primero serán los entremeses, el segundo los canelones y el tercero el pollo. A veces el menú varía y se permite exquisiteces como cáscaras de huevo con mayonesa, una ración de hilos de judías o peladuras de pera. Todo el mundo entenderá que, con tamaño régimen alimenticio, Carpanta no se ande con remilgos y declare con orgullo que es capaz de comer de todo: madera, cristal, hierro, baquelita, incluso las chispas de la piedra de un afilador, un aperitivo que ingiere para tener algo caliente en el estómago.

No deja de ser curioso que gente que comía habitualmente mondas de patata o de naranja, se «mondara» de risa leyendo que Carpanta se las embaulaba de pera, que su mujer ideal debía llamarse Encarnita, porque es nombre derivado de carne, y que se sintió decepcionado cuando le presentaron a Pandora hasta que cayó en la cuenta de que Pandora también tiene pan.

También hubo otro tipo de humor, negro-negrísimo, derivado de la publicidad aunque, lógicamente, su pretensión no era la de hacer

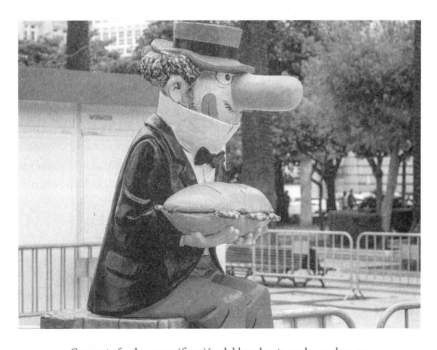

Carpanta fue la personificación del hambre tomada con humor.

gracia. En la España hambrienta, y justamente en el año más afamado entre los hambrientos, 1941, en los periódicos se insertaban anuncios como estos: «Para adelgazar, SABELÍN, composición de hierbas medicinales. No deja señales de la obesidad, conservando las carnes fuertes y sin arrugas. Nunca perjudica».

Lafuente añade otros «chistes» de la misma factura: El agua mineral Fita de Santa », de Zaragoza, se presentaba como« purgante, laxante y depurativ»a, pero, sobre todo, como «un medio sencillo para adelgazar»; Agua Castromonte Vita, «ideal para los excesos de comida»; y el agua Fontenova: «tómela a diario y coma y beba lo que quiera».

Coma y beba lo que quiera y no sea usted Carpanta.

LA TRANSICIÓN DE LOS AÑOS CINCUENTA: ENTRE LA GAZUZA Y EL DESARROLLISMO

Los años cincuenta fueron la transición entre la década anterior del hambre y la posterior del despegue económico y el desarrollismo. Algo así como un ensayo general en el que se empezaron a gestar modificaciones estructurales de envergadura para el futuro. Por primera vez en mucho tiempo, la población agraria, que formaba el 40 % del total de la masa trabajadora del país, empezó a descender como consecuencia de la emigración hacia núcleos urbanos, donde los sectores industriales y de la construcción comenzaban a demandar refuerzos de mano de obra barata. Por otra parte, se apuntan las primeras medidas liberalizadoras de algunos productos comestibles, que acabarían con las cartillas de racionamiento en junio de 1952.

Ni qué decir tiene que esto no supuso el acceso inmediato de las clases populares a productos alimenticios de mediana calidad. Se continuó consumiendo pan negro de origen incierto, garbanzos, judías y lentejas con palitroques, pedruscos y gorgojos, manteca y chocolate de algarrobas, café de achicoria y de cualquier cosa inimaginable… lo «auténtico» solo siguió al alcance de los bolsillos forrados de los favorecidos y anteriores estraperlistas de gran escala.

Comer seguía siendo una obsesión popular y en el panorama musical aparecían canciones como *Cocidito madrileño*, de Pepe Blanco o el *Buen menú* de los Xey, al que ya nos referimos anticipadamente a propósito del *Cocido a la parisién*.

En 1952 se dictaron las primeras medidas de concentración parcelaria y se iniciaron tímidas mejoras en la fertilización y mecanización de campo, que abrirían paso a los primeros aumentos apreciables de productividad agrícola, desde los tiempos de la República. No obstante, el panorama en el campo continuaría siendo largo tiempo tercermundista, de lo que da idea el dato de que en 1957 solo había un tractor por cada 169 obreros agrícolas.

EL FALSO Y FUNDAMENTALÍSIMO
RECETARIO DE LA SECCIÓN FEMENINA

El libro *Manual de cocina*, fue sin duda la gran obra culinaria de la posguerra, fundamentalmente porque fue el primero dirigido y destinado a las clase populares, y sigue siendo un manual de todo punto imprescindible y singular porque sus recetas están confeccionadas con ingredientes baratos (aunque en esto se hayan producido grandes altibajos), la confección es sencilla y al alcance de casi cualquiera con ganas de ponerse a ello, precisan de un utillaje elemental que siempre está a mano en cualquier cocina de cualquier hogar y, muy especialmente, porque están ordenadas en relación a los cuatro grandes ciclos climáticos anuales, primavera, verano, otoño e invierno; un concepto que hoy nos parece innovador y ligado a los nuevos vientos de sostenibilidad y de puesta en valor del producto de temporada.

El portentoso libro apareció en 1950, con cerca de mil páginas y editado por la Sección Femenina (SF), inicialmente la rama femenina de Falange Española y posteriormente de FET de las JONS. Casi desde entonces y con mucho más de un millón de ejemplares vendidos, el recetario carece de firma (solo la tuvo en páginas interiores hasta 1961) y se ha venido ofreciendo (primero por la SF y a partir de 1977 por el fondo editorial del Ministerio de Cultura, a raíz de la extinción de la organización falangista) como la obra anónima de un colectivo. Sin embargo, siempre tuvo una autora con nombre y apellidos: Ana María Herrera, quien su nieto relata como…

> … Una moderna persona que se hizo a sí misma después de que a su marido le dieran el «paseíllo» en la Guerra Civil y se quedara viuda con dos hijos (…) Después encontró trabajó en Auxilio Social y luego

en la Sección Femenina. Daba clases de Hogar y empezó a dar también clases de Cocina tras formarse en la Academia de Gastrónomos de Madrid.

Allí aprendió de dos maestros: el director del centro, José Sarrau, y el profesor y cocinero italiano Josep Rondissoni, considerado el fundador de la cocina catalana.

Convertida en profesora y apasionada de los fogones, en algún momento se animó a llevar a la imprenta sus innumerables recetas manuscritas, pero al carecer de medios económicos y contactos para hacerlo personalmente, se lo ofreció a la institución donde trabajaba. La SF aceptó la oferta y sin brindarle compensación económica alguna por su trabajo de años, le ofreció un reconocimiento moral citando su nombre en la obra. Después, ni eso, pasando al más absoluto anonimato en 1961, como ya se dijo líneas más arriba. Pero en 1995 sus herederos conseguirían, mediante batalla legal, que Ana María volviera a figurar como autora del recetario.

El *Manual de Cocina* de la Sección Femenina fue considerado durante decenios como una obra colectiva, cuando en realidad es de una autora perfectamente conocida.

LOS SESENTA DESARROLLISTAS

El principal motor de la recuperación económica se asentó en el pujante fenómeno de la migración en doble dirección. De un lado el turismo exterior y, de otro, la emigración de trabajadores españoles a Europa.

Por otra parte, el medio millón de turistas que anualmente llegaba a España en 1949, se había convertido nada menos que en 6 millones al iniciarse la década y llegaría a los 32 millones en sus postrimerías.

Por lo que se refiere a la exportación de mano de obra, ya en el último año de la década anterior, 1959, habían marchado a trabajar a Alemania, Francia, Gran Bretaña y los países del Benelux, 40.000 españoles, pero la cifra se duplicó en 1960 y en 1963 llegó a 630.000. Para el Estado, el negocio resultó redondo, porque al tiempo que se liquidaban bolsas de paro y subempleo, se empezaban a recibir divisas contantes y sonantes, tras casi dos décadas de aislamiento y autarquía.

Con todos estos mimbres, en 1959 arranca el Plan de Estabilización, con un Ministro Comisario del Plan, Laureano López Rodó (destacado personaje del Opus Dei y miembro del equipo conocido como los «tecnócratas», que pone en marcha tres planes de planificación indicativa conocidos como Planes de Desarrollo Económico y Social,

HASTA AHORA SE SABE DE OCHO PERSONAS MUERTAS A CAUSA DEL ALCOHOL METÍLICO

UNA DE ELLAS FALLECIO ANOCHE EN PELIQUIN (ORENSE), Y LA OTRA EN NOYA (CORUÑA)

Varios almacenistas y fabricantes detenidos para prestar declaración

ORENSE. (De nuestra Delegación.)

Esta madrugada se ha producido una nueva e inesperada muerte en el barrio de Peliquín, de esta ciudad. Un empleado del

NOTA DEL GOBERNADOR DE LA CORUÑA

Obligación de comunicar la posesión .e determinadas bebidas, para su análisis

LA CORUÑA, 23.—Después de las dos muertes y varias intoxicaciones ocurridas en Orense por ingestión de bebidas alcohólicas en malas condiciones, el Gobernador civil de la provincia de La Coruña facilitó hoy la siguiente nota:

«Habiéndose producido en esta provincia algún caso de intoxicación por ingerir bebidas fabricadas con alcohol metílico, tales como ron, licor café y aguardiente, procedentes de las Casas Aguiar, de Orense, y Lago, de Vigo, se pone en conocimiento de todos los industriales y personas en general que estén en posesión de alguna bebida de las indicadas, que deberán comunicarlo urgentemente a la autoridad más próxima al lugar de su residencia, para proceder al análisis y medidas consiguientes, incurriendo en responsabilidad los que

ELECCIONES

Página que recoge la noticia del primer gran fraude alimentario de la España contemporánea: el ron elaborado con alcohol metílico.

que generan un potentísimo crecimiento económico con una tasa media acumulativa del 7,2 % anual del PIB. A todo eso se le empieza a llamar y se le sigue llamando «desarrollismo».

Comienza el abastecimiento y la mejora general de la situación, pero la salubridad queda pronto en entredicho. La absoluta falta de controles sanitarios por parte de las autoridades devino en fraudes constantes, alguno de los cuales tendría consecuencias trágicas. El primer gran escándalo fue el del alcohol metílico.

La alarma se disparó primero en las islas Canarias, donde varias personas murieron envenenadas y otras perdían la vista. No tardó en descubrirse que el origen de la tragedia era una partida de botellas de ron, en cuya elaboración se había utilizado alcohol metílico. La pista mortal llevó a Galicia y allí fue apareciendo una compleja red de industrias que utilizaban el tóxico en la producción de vinos y licores, para abaratarlos al máximo de manera drástica y obtener pingues beneficios. Pero, lógicamente, la red no se limitaba al proceso de elaboración, sino que se extendía en una densa maraña mortal de distribución, sostenida por complicidades y sobornos.

El fabuloso escándalo se saldó, de un lado, con la muerte de 51 personas y con casi un centenar que perdieron la vista; de otro, con una fuerte caída en las ventas de vinos y especialmente espirituosos, que tardaría en recuperarse ante la desconfianza y el pánico generados en los ciudadanos; por último, para los culpables, de los que diez fueron procesados, el delito contra la salud pública del que fueron acusados se castigó con una pena de diecinueve años para el máximo responsable y otras de entre quince a seis años para el resto de los inculpados.

Pero el país marchaba imparablemente hacia delante impulsado por los potentes motores de la emigración y el turismo. Mayoritariamente se dejó de pasar hambre.

DE LA COMIDA EN BLANCO Y NEGRO A LA GASTRONOMÍA EN TECHNICOLOR

El título está tomado punto por punto del subtítulo del magnífico y chispeante libro de Ana Vega Pérez de Arlucea, Bicayenne, *Cocina viejuna*, porque se nos antoja poco menos que imposible encontrar algo que defina mejor el periodo que media entre el fin de las hambres caninas y la eclosión de la nueva cocina vasca y la primera vanguardia gastronómica española en la segunda mitad de los años setenta, aunque la autora extienda, razonablemente, a unos cuantos años más: «La cocina viejuna que reinó en las cocinas maternas desde los años 60 hasta entrados los 90 y aún hoy pega coletazos en las cenas de Navidad y fiestas de guardar, resulta risible e incluso insultante para los espíritus sensibles». Tras el varapalo inicial, Ana parece vacilar y adopta un tono más conciliador:

> El viejunismo forma parte de un pasado común que todos recordamos y tiene un componente sentimental que lo hace particularmente cercano y divertido. ¿Quién no ha comido melón con jamón? ¿Quién no alucinó en su momento con la tortilla Alaska o el solomillo a la pimienta? Puede que ahora seamos más sofisticados y pongamos el listón más alto, pero hay recetas que merece la pena rescatar.

Y a la misión redentora se pone en las casi trescientas páginas que siguen.

El paso del banco y negro al Technicolor, al que alude en su título, lo sitúa en la eclosión de las gelatinas «máxima expresión de la modernidad de su época», y en la entrada en los hogares de la minipimer, la licuadora, la yogurtera, el cuchillo eléctrico y el robot

Algunos de los máximos exponentes de la llamada «Cocina viejuna»:
Cóctel de gambas, Lenguado a la meunière, Pato a la naranja,
Pechuga Villaroy, Solomillo Wellington, y Tortilla Alaska.

de cocina, aunque pasa por alto dos instrumentos que fueron anteriores e impactantes: el pasapurés, que en 1947 desarrollaron Louis Tellier y su hijo para un amigo con restaurante en París, aunque no tardó demasiado en llegar a España; y el tarro emulsionador, un artilugio de belleza indescriptible a los ojos de un niño nacido en 1950 que tenía familiares en Francia y que un buen día vinieron con aquello como regalo. Solo tenía dos piezas: un cilindro de plástico duro de unos veinte centímetros de alto y entre cinco o seis de diámetro, y un émbolo formado por una varilla terminada en una rodela con agujeritos del mismo diámetro que el interior del cilindro. Movido a mano, arriba y abajo, lograba emulsionar el huevo y el aceite de oliva hasta lograr la mayonesa perfecta. Quizá viejuno, pero un verdadero milagro del desarrollismo.

El listado de platos de la «cocina viejuna», de Ana Vega, con sus correspondientes y detalladas recetas (todo un trabajazo), incluye, entre otros, el Cóctel de gambas, el *Foie gras* a las uvas, el Pato a la naranja, el Lenguado à la meunière, la Lubina al hinojo con salsa tártara, el Solomillo Wellington, las *Crêpes Suzette*, la Tortilla Alaska, las Gambas con gabardina, la pechuga Villeroy, el Rape alangostado (curiosamente, en los banquetes de bodas se solía falsificar la langosta y se la sustituía por rape, de incomparable mejor textura y sabor), el Solomillo a la pimienta verde, la Gelatina de champán, el Salpicón de marisco, el Jamón con huevo hilado, el Pastel de pescado, la Tarta al whisky y, cómo no, el inefable Melón con jamón.

Todo un repertorio de lo que fue la cocina y gastronomía del desarrollismo, que, salvando las distancias, evoca aquel eslogan que se inventó Margaret Hilda Thatcher para Gibraltar: «Tan lejos, y a la vez tan nuestro».

EL FRAGATINO PLATO COMBINADO TURÍSTICO

Entre 1959 y 1965, el número de turistas extranjeros que visitaban España subió de los 2,9 millones a 11,1 millones. El Régimen comprendió que era fundamental darles de comer y beber «opíparamente», o casi, para que volviera a elegir el país como destino vacacional. Y con ese objetivo se creó un eslogan, *Spain is different*, y se confeccionó el «plato combinado turístico» por decreto de agosto de 1964. El máximo responsable del proyecto fue Manuel Fraga

Iribarne, nombrado ministro de Información y Turismo en julio de 1962 y que ejercería en el cargo hasta octubre de 1969.

Don Manuel, convenientemente asesorado por el caudillo Franco, determinó que a partir de 1965 el «menú turístico» estuviera diseñado sobre la base de un primer plato de entremeses, sopa, crema o similar; un segundo, a base de pescado, carne o huevos con su correspondiente guarnición; y un tercero de fruta, dulce o queso; más pan y bebida, a escoger y revolver entre un cuarto de litro de vino, sangría (un invento que consiguió establecer un bebedizo que jamás habían consumido los aborígenes en local público, en bebida típicamente española allende nuestras fronteras), cerveza o refresco.

La orden de 1965 decretó de obligado cumplimiento incluir el menú turístico en la carta de restaurantes y casas de comida, en español, inglés y francés, y a precio tasado que variaba en relación a la categoría del establecimiento: 250 pesetas para los de lujo, 175 para los considerados de primera, 140 para los de segunda, 90 para los de tercera y 50 en los de cuarta.

El menú turístico, concebido por el ministro de información y turismo Manuel Fraga en 1965.

Entre los tipismos culinarios hispanos que el departamento de Fraga recomendaba expresamente servir al turisteo, consideraba oportuno mencionar: «... la paella, el cocido a la madrileña, la tortilla española, el pescado bien frito y otros muchos platos de renombre en España, que se sirven en el extranjero con gran éxito». Toma ya.

Desde el primer momento se consideró fundamental aclarar al distinguido público que una cosa era una cosa y otra era otra, o dicho en lenguaje del periódico *ABC*, que «el menú turístico no debe ser confundido con un menú para pobres. Es sencillamente un menú protegido y cuyo precio fija la Administración, y es el cliente quien lo confecciona», concepción acorde con el viejo aforismo de que el cliente siempre tiene razón. Claro que siempre hay quien se toma la norma a beneficio de inventario y recalienta condumios del día anterior o falsea el producto. Incluso algún cronista díscolo y mordaz que se presta a escribir en el mismo diario: «... quince días de menú turístico de 110 pesetas equivaldría a la muerte por inanición».

Para entonces, la inflación había hecho que el menú de cuarta fuera ascendiendo de las 50 pesetas iniciales a 80, luego a 100 y después a 110.

El resumen, apresurado y brillante, de esta iniciativa culinario-gastronómica, lo hace así el periodista Luis Landeira:

> En España, estos bodegones con hedor a refrito suelen servirse en bares y están muy relacionados con el turismo de playa, sombrilla y pieles chamuscadas. En un plato combinado, nunca debe faltar el huevo frito, las croquetas, las patatas fritas y algún producto vegetal para compensar el efecto proteico. En un plato combinado, nunca se echará en falta lo empanado y oleoso, porque de otra forma, tras su deglución sería difícil sin un mínimo de lubricación que la comida circulara por los intestinos.

En 1970, la autoridad competente inventó la fórmula del «menú del día», destinado fundamentalmente a la clientela local, pero cinco años más tarde, tras la muerte del dictador, y con Fraga metido a vicepresidente segundo del Gobierno de España para Asuntos de Interior, la norma empezó a relajarse y cada cuál fue buscándose la vida como Dios le daba a entender. Finalmente, y de eso ya hace nada, en 2010 las leyes turísticas se transfirieron a las comunidades autónomas y se abolió la obligatoriedad del menú del día a escala nacional.

LA DEMOCRATIZACIÓN GASTRONÓMICA BURGUESA

La burguesía española y la clase medias emergentes fueron los principales responsables y grandes hacedores de la revolución gastronómica que sus homólogos franceses habían protagonizado hacía un par de siglos. Llegamos con retraso, pero al fin llegamos.

El proceso tuvo asiento en tres hitos: la relativa democratización del acto de «ir de restorán» de tipo medio, la puesta en valor del oficio de cocinero (algunos empezaron a autotitularse «chefs») y la visibilización social de lo gastronómico a través de los medios de comunicación.

El «restorán», que así se empezó a llamar a los establecimientos de tipo medio y de cierto «postín», poco a poco se fue haciendo accesible a todas las fortunas y desfortunas. La única diferencia, aunque esta pueda considerarse importante, era la periodicidad de visita, pero cualquier ciudadano humilde solía acudir al menos un par de veces al año, coincidiendo con alguna celebración señalada o con la decisión de tirar la casa por la ventana, apoyándose en el aforismo de que «un día es un día».

Para quien esto escribe, el empaque de estos agasajos postineros ha dejado en la memoria el plato de rabanitos y los rectangulitos de mantequilla que el camarero allegaba a la mesa mientras se hojeaba la carta; el descubrimiento de que existía la «carne juntita», lo que hoy llamamos un filete, algo sustancialmente distinto a la carne picada con la que se elaboraban los casi cotidianos filetes rusos (o «a la vienesa» por imposición nominativa del Régimen); y en el frasco de colonia Álvarez Gómez (limón, bergamota, romero, geranio) que estaba a disposición del cliente en el servicio y que suponía un lujo desde lo conocido, que eran los aromas del campo.

La cocina y las presentaciones de los platos eran barrocas y con reminiscencias decimonónicas. Después de tantas hambres y privaciones, era un consuelo y un chute de autoestima acercarse a los modelos que la inmensa mayoría solo conocía a través del cine. Por la carta pululaban nombres franceses o afrancesados como los ya citados Lenguado à la meunière, la Pechuga Villeroy o las *Crêpes Suzette*. El culmen del ágape llegaba con el postre, la Tarta Alaska de blanco níveo que empezaba a arder en golosonas llamaradas.

El segundo *hit*, ya se dijo, fue la eclosión del cocinero pulcramente vestido, que de cuando en cuando se dejaba ver mostrando sus capacidades con un poco disimulado orgullo, porque, como nos recuerda Ana Vega, hasta entonces «… los cocineros no destilaban glamur sino olor a frito. Aroma de fritanga rancia o puturrú de fua, lo mismo daba. A nadie en sus cabales se le ocurría que guisar fuera una carrera de postín y las madres suspiraban resignadas cuando un hijo le salía marmitón».

Por último y para completar la trébede, empezaron a germinar los espacios de divulgación culinaria y gastronómica para todos los públicos. Más democratización del asunto.

A principios de los cuarenta, el gastrónomo guipuzcoano Busca Isusi ya había empezado a ofrecer sus charlas culinarias en Radio Bilbao, y a través de distintos medios hacían su particular divulgación coquinaria ilustres literatos como, entre otros, el filósofo Ortega y Gasset o el poeta Juan Perucho.

Pero la pionera de la divulgación culinaria de nuevo cuño fue la jacetana Maruja Callaved, realizadora de televisión quien, en 1967, puso en antena el espacio *Vamos a la mesa* en Televisión Española. El programa duró solo un año, pero abrió el camino a otros de muy

Maruja Callaved, la pionera de los programas de cocina en televisión.

grata memoria como *Con las manos en la masa*, de Elena Santonja, y *El menú de Karlos Arguiñano.*

Un par de años después de esta experiencia divulgativa precursora, se dio el banderazo de salida a la profesionalización de la crítica gastronómica, con la aparición de una sección específica en el diario *ABC* el 30 de diciembre de 1969 firmada por Savarin, pseudónimo de Francisco Moreno Herrera, conde de los Andes, todo un especialista en el tema y personaje de autoridad a quien solía recurrir Josep Pla cuando tenía alguna duda específica en el proceso de redacción de sus libros.

También en 1969 aparece un libro de divulgación de sociología culinaria: *La cocina cristiana de Occidente*, del poeta, dramaturgo, novelista, periodista y gastrónomo Álvaro Cunqueiro, que en 1973 dará a la imprenta *A cociña galega*. Tiempo después, y junto a su gran amigo, el poeta, antropólogo y periodista José María Castroviejo, publicará otro trabajo del máximo interés: *Viaje por los montes y chimeneas de Galicia*, en 1978.

En 1972, se publica otro libro importante, *1080 recetas de cocina*, del que es autora la mítica Simone Ortega Klein, ya que, aun siendo recetario y libro de cocina, llegará a alcanzar categoría de auténtico fenómeno mediático y a formar parte del paisaje de todos los hogares hispanos. Ese mismo año viene a la vida novelesca Pepe Carvalho, *alter ego* del escritor y periodista Manuel Vázquez Montalbán, un detective peculiarísimo, marxista-leninista fracción gastronómica, gran aficionado a la comida y fino analista de la evolución de los usos y costumbres socioculinarios de los españoles.

En 1973, el año del atentado mortal contra el almirante Luis Carrero Blanco, Michelín vuelve a publicar la guía dedicada a España, que, como se dijo, ya había vivido una primera etapa entre 1936 y 1938.

En 1980, el periodista y gastrónomo Xavier Domingo publica un par de libros esenciales: *Cuando solo nos queda la comida* y *El vino trago a trago.*

Algo más de una década después, en 1993, el sociólogo y periodista Lorenzo Díaz publica *La cocina del Quijote*, y en 1998, el médico, profesor, escritor y gastrónomo Manuel Martínez Llopis, publicaría la *Historia de la gastronomía española*, el segundo de sus libros, que daría paso a otros cuarenta títulos y que hasta el presente que tienen en sus manos fue el único libro de historia cronológica y completa de la cocina y la gastronomía españolas.

Al poco tiempo, los divulgadores culinarios y los críticos gastronómicos se nos echaron de a montón, pero eso, como diría Kipling,
ya es otra historia.

Las vanguardias de entre siglos

LA NUEVA COCINA VASCA

El año de 1976 fue otro de los guardacantones en el camino de la cocina y la gastronomía españolas. En abril de ese año, un joven Juan Mari Arzak, daba una charla en el primer Congreso del Club de Gourmets. Entre los asistentes, Paul Bocuse, uno de los padres de la entonces emergente *Nouvelle Cousine* (hacía solo un año galardonado con la Legión de Honor por sus buenos y singulares oficios en los fogones, y luego nominado como mejor cocinero del siglo XX en dos ocasiones), y el cocinero vasco Pedro Subijana. Los tres congeniaron inmediatamente e intuyeron que podrían desarrollar en común nuevos conceptos en el ámbito de la creación gastronómica.

Poco tiempo después, Arzak y Subijana viajaban a la *Maison Bocuse* de Lyon y de paso aprovecharon para conocer los locales y cocinas de los hermanos Troisgos, igualmente máximos exponentes del movimiento *Nouvelle Cousine*.

Pudieron constatar, en vivo y en directo, que Paul Bocuse, siguiendo el modelo de Fernand Point, el auténtico mesías de la *Nouvelle Cousine*, había construido y modelado una cocina que ponía todo su acento en los ingredientes frescos, salas notablemente aligeradas respecto a las tradicionales, novedosísimas combinaciones de sabores y un proceso de innovación constante, pero siempre basado en el perfecto domino de las técnicas clásicas.

A los vascos no debió asombrarles demasiado el respeto a los productos de mercado y proximidad ni el trato directo con los proveedores, a lo que ya estaban acostumbrados en sus locales de Euskadi, pero sí y bastante el espíritu de renovación que subyacía en el proyecto galo y aquello les hizo concebir la idea de que algo original e

Pedro Subijana y Juan Mari Arzak, dos de los grandes
pioneros de la «Nueva Cocina Vasca».

innovador podría trasladarse la cocina vasca, que, en palabras del propio Subijana: «... estaba adormecida y falseada». Ambos coincidían en la idea de que era preciso combinar cocina y cultura para renovar un recetario anclado y en cierto modo prisionero de las ideas del pasado.

Decidieron fundar la Nueva Cocina Vasca, y para ello contaron con un grupo de cocineros entusiasmados con la idea y que inicialmente estuvo formado por ambos, junto a Ramón Roteta, Patxi Kintana, Luis Irizar, Tatus Fondevilla, José Juan Castillo, Ricardo Idiakez, Xavier Zapirain, Manolo Iza, Pedro Gómez, Jesús Mangas, Ramón Zugasti y un poco más tarde Karlos Arguiñano.

El nuevo modelo que se intentaba construir y modelar se basaba en tres principios: revisar el recetario para recuperar platos prácticamente perdidos, como la Tarta de Segura o la Zurrukutuna, y las técnicas propias de los *arrantzales*/pescadores y de las *etxekoandres*/ amas de casa; asegurar y garantizar la autenticidad de los ingredientes empleados para confeccionar los platos referenciales; y la decidida e indomeñable voluntad de innovar, que al decir de Juan Mari se proponía: «... cambiar platos tradicionales para adaptarlos a los nuevos gustos clientelares sin que eso se limitara a copiar sin más a la Nouvelle Cousine. Aprendimos las técnicas de los franceses, pero le metimos pasión e ilusión».

Con el proyecto regeneracionista bajo el brazo, empezaron a organizar cenas mensuales en el restaurante de alguien del grupo, en el que todos metían mano en la cocina para deleitar e informar a sus amigos y a algunos medios de comunicación. Más tarde trasladarían la experiencia a barrios y pueblos de Euskal Herria para ir extendiendo entre toda la sociedad y como una mancha vivificante su decálogo coquinario.

Se sentaron las bases de la «cocina miniatura» para elevar el *pintxo* a la alta cocina e inventaron el concepto de «gastrobar» como elemento de proyección de una cocina española más democrática y adaptada a los nuevos tiempos. En paralelo, comenzaron a surgir platos y recetas para la historia, como el Pudin de cabrarroca o cabracho de Juan Mari Arzak, la Crema fría riojana de Luis Irizar, las Alcachofas rellenas de centolla de Ramón Roteta o la Lubina a la pimienta verde de Pedro Subijana, quien por cierto resumía en una frase lo que representó aquella «revolución culinaria» de la que él mismo fue destacado protagonista: «Escribimos una historia que leímos después, pero que no teníamos planteada».

Puding de cabracho, de Juan Mari Arzak.

Lubina a la pimienta verde, de Pedro Subijana.

Una historia en la que empezó a germinar la figura del cocinero mediático, el líder de opinión desde los fogones, la estrella gastronómica, al tiempo que eclosionaba la crítica y divulgación gastronómica de la que forma parte un grupo formado, entre muchos otros que se quedarán en el tintero, por los hermanos Domingo, Eugenio y Xavier; Cristino Álvarez, que formaba sus crónicas como Caius Apicius; Gonzalo Sol, autor-editor de las primeras guías gastronómicas que se editaron en España; Nines Arenillas, María Jesús Gil de Antuñano y José Carlos Capel, los tres ligados al diario *El País*; Fernando Point o «Víctor de la Serna», crítico en el diario *El Mundo*; Miquel Sen, relacionado con distintos medios de comunicación catalanes; Luis Cepeda, que fue distribuyendo sus crónicas gastronómicas por *El País*, la *Guía del ocio* y otras muchas publicaciones, además de haber pergeñado el mundialmente famoso Concurso Nacional de Pinchos y Tapas Ciudad de Valladolid; Antonio Ivorra, inolvidable por sus comentarios gastronómicos en *Diario 16* y *Cambio 16*; Juan Manuel Vilabella, Eduardo Méndez-Riestra y Eufrasio Sánchez, ejerciendo en medios asturianos y nacionales; Antonio Vergara, con su nombre o bajo el pseudónimo Ibn Razín, máxima autoridad en la divulgación gastronómica valenciana; José María Pisa o Juan Barbacil, popes del periodismo culinario maño.

Para Ferran Adrià, aquello funcionó como un tiro: «...porque era el reflejo de lo que están pasando en España: la democracia, la movida, la cultura del ocio, una nueva generación de gente buscando su camino hacia Francia en mayo del 68».

EL GRAN *BOOM* DE LA GASTRONOMÍA MOLECULAR

Una década y media después de que los vascos hicieran su «revolución», Ferran Adrià, que empezó en el oficio fregando platos y jamás pisó una escuela de hostelería, empezó a cocinar a fuego vivo la suya. Su figura es sin lugar a dudas la más alabada de la historia contemporánea de la gastronomía y los críticos especializados le han motejado, sin aparente ánimo hiperbólico, como «el Che Guevara, el Mick Jagger, El Rey Sol o el Picasso de la cocina» de entre siglos, pero para acercarse a sus esencias es preciso empezar por el principio.

Y en el principio estuvo una subdisciplina de la ciencia de los alimentos que fue bautizada, en 1988 y al alimón, como «gastronomía molecular» por el químico francés Hervé This, profesor del Institut National de la Recherche Agronomique, con sede en París, que había hecho su tesis doctoral con el título *Le gastronomie moléculaire et physique*; y el físico húngaro de la Universidad de Oxford, del Reino Unido, Nicholas Kurti, quien en 1969 ya había mostrado en la televisión y en la Royal Society londinense, cómo inyectando *brandy* con una jeringa en un pastel de carne se evitaba que la corteza quedara dañada; cómo se hacía un merengue en cámara de vacío; cómo se cocían las salchichas conectándolas a una batería de automóvil; cómo podía hacerse una digestión de las proteínas animales en jugo

Ferran Adrià.

de piña fresca; o la manera de hacer un *Baked Alaska* u *Omelet à la norvegiana* invertido (caliente en el exterior y frío en su interior) utilizando el microondas.

Finalmente, la gastronomía molecular se centraba en tres áreas: el fenómeno social asociado a la actividad culinaria; el componente artístico; y el componente técnico, y sus objetivos fundamentales se centraba en investigar proverbios, dichos y anécdotas culinarias y gastronómicas; explorar algunas de las recetas que ya existían; introducir nuevas herramientas, ingredientes y métodos en la cocina; inventar nuevos platos y bocados; y usar esa nueva gastronomía para ayudar al público a entender la contribución de la ciencia a la sociedad y el progreso.

Los propios científicos empezaron a crear platos en homenaje a sus colegas más admirados. Así, fueron surgiendo el Gibbs, infusión de vainilla, azúcar y aceite de oliva en claras de huevo, cocinado al microondas, tributo al físico estadounidense Josiah W. Gibbs, cuya contribución fue decisiva para la fundación teórica

Hervé This, uno de los padres de la cocina molecular.

de la termodinámica; el Vauquelin, espuma también cocinada en microondas a base de zumo de naranja o arándano con azúcar y huevos batidos que estabilizan e incrementan su viscosidad, cortesía culinaria dedicada al naturalista, farmacéutico y químico francés Louis Nicolas Vauquelin, maestro del gran Antoine Lavoisier; o el *Baumé*, que se consigue sumergiendo un huevo durante un mes en alcohol etílico, para que se coagule una vez permeada la cáscara, en señal de respeto hacia Antoine Baumé, químico francés que, entre otras cosas, inventó el densímetro que lleva su nombre.

Sobre esas bases, los cocineros fueron recibiendo todo un arsenal de nuevos artilugios e ingredientes con los que se podían hacer cosas hasta ese momento inimaginables. La maltodextrina servía para conseguir aceites en polvo; la lecitina para hacer aires con sabores; el cloruro cálcico y el alginato, para crear caviar de frutas o yemas de verduras; el nitrógeno, para congelar lo incongelable; los sifones para inyectar óxido nitroso o dióxido de carbono en cualquier alimento para convertirlo en espumas de todos los tamaños y colores.

Todo ese repertorio culinario innovativo fue recogido por Ferran, pero añadiéndole las máximas de que «la creatividad no se copia» y de que «se acabaron los tiempos de guardar las recetas en un cajón».

Las técnicas moleculares revolucionaron la cocina de los noventa.

La nave nodriza y laboratorio del proyecto se instaló en el restaurante El Bulli, sito en Cala Montjoi de la localidad gerundense de Roses, del que era chef desde 1985. Asociado con Juli Soler, ambos empezaron a recorrer un camino que les llevaría a conseguir las tres estrellas Michelin en 1997 y la consideración del mejor restaurante del mundo en el *ranking* de la revista británica *Restaurant* entre 2006 y 2009.

Del taller-laboratorio de El Bulli fueron saliendo papeles con sabor, ahumados de aromas exóticos, caviar de cualquier sabor imaginable e inimaginable, esferificaciones, deconstrucciones, aires o gelatinas calientes, junto a platos como el *Carpaccio* de ceps, Tuétano con caviar, la Espuma de judías blancas con erizos, el Granizado salado de tomate con orégano y manjar blanco; la Menestra de verduras en texturas, la Espuma ahumada servida en vasito lleno de espuma ahumada, la Gelatina caliente de trufa negra con piel de bacalao, que abría el camino del uso del agar-agar; el Caviar esférico

Algunos de los platos más representativos de la cocina de Ferran Adrià.

de melón; el Plato de las especias; la Reconstrucción del pollo al curri; la Piñonada como forma del caviar blanco; el Aire de zanahoria con leche amarga de coco, con pompas generadas con lecitina de soja; o el Whisky *sour* de fruta de la pasión *frozen* caliente, los Camarones gallegos cocinados al vapor con algas y aceite de té verde, acompañados de anémonas marinas con caviar, el *Carpaccio* de pétalos de rosa impregnadas con esencia de alcachofa o el Maracuyá inyectado con una sopa *tupuki* de la selva amazónica, entre otros muchos.

Recordando aquella época el mismo Adrià decía: «Hicimos, cosas gamberras y cosas disruptivas, hicimos cosas que eran diferentes, pero después de la *mousse* de humo, que es de 1997, un plato sin nada, qué más quieres».

No pocos popes de la cocina internacional se manifestaron abiertamente escépticos, como el estadounidense Gordon Ramsay que manifestó: «… No se necesitan polvos químicos para hacer una buena comida. Un chef debe usar sus dedos y dejar a un lado los tubos de ensayo», pero la revolución de la cocina molecular estaba ya en marcha, lo cual subraya la guía Michelin concediéndole la tercera estrella en 1997.

Dos años después, en junio de 1999, el éxito en las cocinas y la admiración de los colegas recibe el espaldarazo mediático cuando *El País Semanal*, separata del periódico español con mayor proyección internacional, le dedica su portada y un cumplido reportaje en páginas interiores que titula: Ferran Adrià, el mejor cocinero del mundo y en 2002 El Bulli se sitúa en cabeza de la lista «The S. Pellegrino World's 50 Best Restaurants», que elabora por vez primera la revista británica *Restaurant*.

Pero lo mejor y más grandioso para el cocinero autodidacta de Hospitalet de Llobregat estaba a un paso de llegar.

LA INVERSIÓN EN LOS POLOS MAGNÉTICOS DE LA CULINARIA UNIVERSAL

El año 2003 comenzó con el ruido atronador de tambores de guerra. En enero, Hans Blix, máximo responsable de la comisión de inspectores que las Naciones Unidas había enviado a Irak para verificar si Sadam Hussein escondía «armas de destrucción masiva», informaba al Consejo de Seguridad del Alto Organismo Internacional de que en las siete semanas que habían pasado en Irak no consiguieron hallar ni el menor rastro de ese supuestamente peligrosísimo arsenal.

Pero desde la Casa Blanca se ponen inmediatamente en solfa los 12.000 folios del informe con una frase escueta: «El problema con las armas escondidas es que no puedes ver el humo que echan». Está meridianamente claro que Estados Unidos quiere ir a la guerra a toda costa.

Así las cosas, el 14 de febrero, Dominique de Villepin, ministro de Asuntos Exteriores de Francia, pronuncia un discurso ante la Asamblea General de Naciones Unidas que se resume en un no rotundo a la guerra y que plantea dos cuestiones fundamentales:

> La primera es que la opción de las inspecciones no se ha explorado hasta el final y que puede aportar una respuesta eficaz al imperativo del desarme de Irak; la segunda, que un uso de la fuerza tendría tales consecuencias para los hombres, para la región y para la estabilidad internacional que solo debería ser contemplada en último extremo.

Rusia y Alemania apoyan sin fisuras el planteamiento francés y la influyente asesora del presidente George Bush explicita que se irá a la guerra pese a quien pese, al tiempo dicta sentencia y augura lo que vendrá: «Perdonar a Rusia, ignorar a Alemania y castigar a Francia».

El 15 de marzo se produce la reunión del llamado «trío de las Azores» (que en puridad no era un trío sino un cuarteto, ya que en las reuniones participó el presidente de la República de Portugal, José Manuel Durao Barroso, a título de anfitrión; aunque años más tarde, en 2007 y siendo ya presidente de la Comisión Europea, declaró que le engañaron), en la que el Reino Unido, representado por su *premier* Tony Blair, y España, en la figura de José María Aznar, dan su apoyo explícito y sin fisuras a los planes bélicos del presidente Bush.

Cinco días después empieza la invasión de Irak y en Estados Unidos se perpetra un fortísimo boicot a los productos alimenticios franceses. Se prohíbe o dificulta en extremo la importación de quesos y vinos franceses, de champán y de agua *Perrier* (todo un símbolo de estatus para el pijerío estadounidense) y en algunas localidades vacían en el río botellas de Burdeos.

En ese caldeadito ambiente y poco a poco, los críticos gastronómicos y los *influencers* norteamericanos y británicos empiezan a caer en la cuenta de que la gastronomía francesa ha quedado completamente obsoleta y que en su lugar la española ha ocupado el puesto de preminencia mundial. El 10 de agosto una fotografía de Ferran Adrià ocupa la portada del *The New York Times Magazine*. Abajo, el título «The New Nouvelle Cuisine», y el subtítulo «How Spain became the New France». Al año siguiente, la revista *Time* incluye a Adrià entre los diez personajes más innovadores del mundo en 2004. Desde Francia se plantean ciertas dudas y así lo expresa el titular del artículo que Jean Michel Normand publica en la portada del magacín dominical del diario *Le Monde*, que reza: «Ferran Adrià l'alchimiste, est-il le plus grand cuisinier du monde», pero la suerte está echada.

Dominique de Villepin, el artífice colateral del posicionamiento internacional de la cocina española.

Adrià en la portada de *New York Times Magazine*.

Ferran entre los 100 más influyentes de la revista *Time*.

El tiempo va poniendo las cosas en perspectiva y en noviembre de 2010 el cocinero con más estrellas Michelin en su colección, Jöel Robuchon, desarrolla un no, pero sí en el congreso «Lo Mejor de la Gastronomía», que le homenajea en Alicante: «Es indudable que nuestra postura en la guerra de Irak nos indispuso con una parte del pueblo americano e inglés y nos perjudicó, daba la fuerza mediática que los Estados Unidos tiene». Pero dada la de cal, el chef arroja gentilmente la arena:

> En cualquier caso, deberíamos dejar claro que no fue todo el pueblo inglés o americano, ya que esta relación guerra-gastronomía me parece muy artificial y desmesurada. Pero tampoco estoy de acuerdo con quienes dicen que parte de los méritos de un Ferran Adrià, de un Berasategui o de un Blumnethal se deben al poder mediático anglosajón. Ellos subieron en el escalafón mundial porque se lo merecían, gracias a su manera de entender la vanguardia culinaria desde la sencillez, y además sirvieron para estimular a muchos de los cocineros franceses, especialmente a los jóvenes, constatando que el predominio francés ya no era algo histórico, sino que había que ganarlo día a día.

Así que, pelillos a la mar culinaria internacional.

DE LO MOLECULAR A LO TECNOEMOCIONAL

Durante años, ni a Ferran ni a la mayoría de los seguidores de la nueva forma de hacer cocina les gustaba el término «molecular», que les asociaba más a la ciencia de laboratorio que a la creatividad gastronómica. Se ensayaron denominaciones como «cocina de vanguardia», «cocina de autor», «nueva cocina», «cocina de los sentidos» o «cocina conceptual», todas ellas sin demasiado éxito y sin lograr el placer y beneplácito de los grandes popes del asunto. Y en esto, el crítico y gastrónomo Pau Arenós dio por fin con la tecla que daba el tono a una música que todos llegarían a aceptar sin reparos: cocina tecnoemocional.

En 2007 la revisa *Apicius* publicaba las bases y fundamentos de la nueva denominación, de la mano y la pluma del propio Arenós:

La cocina tecnoemocional es un movimiento culinario mundial de principios del siglo XXI liderado por Ferran y Albert Adrià. Está formado por cocineros de distinta edad y tradición. El objetivo de sus platos es crear emoción en el comensal y para ello se valen de nuevas técnicas y tecnologías, siendo ellos los descubridores o simplemente los intérpretes, recurriendo a sistemas y conceptos desarrollados por otros. Con la actitud y las preparaciones, los cocineros asumen riesgos. Prestan atención a los cinco sentidos y no solo al gusto y al olfato. Además de crear platos, el objetivo es abrir caminos. No plantean ningún enfrentamiento con la tradición, puesto que muchos de los platos son evolutivos, sino al contrario, muestran deuda y respeto por ella. Han iniciado un diálogo con los científicos, pero también con artistas plásticos, novelistas, poetas, periodistas, historiadores, antropólogos… Colaboran, en busca de la supervivencia del producto, con los agricultores, los ganaderos y los pescadores.

IRRUMPE SANTI SANTAMARÍA

En enero de 2007 y en el contexto de la quinta edición del certamen Madrid Fusión. El chef de El Racò de Can Fabes, Santi Santamaría, se apostó ante el micrófono y empezó a desgranar un discurso provocador, y no exento de amargura y resentimiento: «La verdad de la cocina es cocinar, cocinar y cocinar. No creo en la cocina científica ni en la intelectualización del hecho culinario. No me importa saber lo que le ocurre a un huevo cuando lo frío, solo quiero que esté bueno».

Clamó a continuación por la imperiosa necesidad de volver la vista atrás ante tanto progreso y fanfarria tecnoemocional. Y continuó diciendo: «… *la diversidad de tendencias es una riqueza extraordinaria. Todo cabe mientras sea honesto, riguroso y salga del corazón»*, para hacer, acto seguido, una declaración de inmenso calado desaprobatorio hacia sus compañeros de profesión y oficio: «Somos una pandilla de farsantes que trabajamos por dinero para dar de comer a ricos y esnobs».

El numeroso público que llenaba el auditorio, se puso en pie y prorrumpió en aplausos cerrados que se prolongaron durante minutos. Pero su suerte estaba echada, especialmente cuando al año siguiente, en mayo de 2008 presentó su libro *La cocina al desnudo*, en el que volvía a insistir en sus tesis, pero desarrollándolas en extenso.

Ferran eludió la polémica diciendo que su única respuesta era: «*… trabajar como lo he venido haciendo durante veinticinco años*» y remarcando el trabajo de calidad que realizaba la Fundación Alimentació i Ciència (Alicia).

Por su parte, Juan Mari Arzak despachó el asunto con estas declaraciones: «Lo que dice Santi Santamaría es una bobada, entre otras cosas porque él es el primero que está utilizando esas técnicas y esos ingredientes que critica. Ojalá que todo este tema acabe pronto porque está haciendo mucho daño a la cocina española».

En cuando al sentido de la polémica Antoni Luis Aduriz afirmó que no tenía fundamento gastronómico: «Lo que pasa es que Santamaría está reclamando un mayor reconocimiento».

Quien sí entró al trapo con verdadera fiereza fue la Asociación de Profesionales Euro-Toques, que a los dos días emitía un durísimo comunicado con la firma al pie de sus ochocientos chefs asociados, calificando las afirmaciones de Santamaría como: «… un atentado al espíritu de solidaridad y al respeto de sus propios colegas».

Santi se quedó definitiva y absolutamente solo.

El 30 de julio de 2011, El Bulli cerró definitivamente sus puertas y Ferran se alejó de la primera fila de los fogones, pero, para entonces, sus discípulos y seguidores ya eran legión en todo del planeta y su huella había quedado de manera indeleble impresa en muchos españoles, entre los que cabría destacar al propio Aduiz, a Paco Roncero,

Santi Santamaría con su libro *La cocina al desnudo*.

a Joan Roca, a Xavi Sagristà, a Toni Gerez, a Carles Capellán, a Albert Raurich, a Álvaro Martínez, a Bixente Arrieta, a Xavier Sagristá o a Marc Ingla, el creador de la tortilla de patatas deconstruida, el símbolo más conocido a escala popular de ese movimiento, pero también en foráneos repartidos por todo el mundo, como Christian Lutaud, René Rencepí, Grant Achatz, Massimo Botura, Nelson Blumnetal, Seiji Yamamoto o Alex Atala.

LA COCINA ESPAÑOLA DESPUÉS DE ADRIÀ

Lo que queda de la tecnoemocionalidad y su espíritu renovador siguen vivos y parecen gozar de buena salud. Los sucesores de Adrià, por unos y otros caminos, han llevado a la cocina española al liderazgo mundial, medido este en los *rankings* de «mejores restaurantes o más brillantes chefs», fundamentalmente elaborados por revistas anglosajonas; en la bastante generosa adjudicación anual de estrellas de la guía roja francesa a locales hispanos; en la apreciación sesgada de críticos o *influencers* gastronómicos con intereses directos en el éxito de congresos y encuentros internacionales, en los que el cambio de cromos está a la orden del día; y, por no extendernos, en la exaltación desmedida de los valores de la cocina española por la parte de una academia chiripitifláutica, que, haciendo gala de su título, ella se lo guisa y ella se lo come. Todo ello no es óbice, valladar y cortapisa para que cuando la evaluación la hace un jurado, caso del Bocuse d'Or, campeonato mundial oficioso de cocina, España quede siempre en los puestos de la cola.

Con todo, el éxito incontestable de Adrià ha forjado una legión de chefs altivos, suficientes hasta el extremo, de vuelta de todo y poseedores de la verdad coquinaria revelada como si hubieran tenido una animada charla con la zarza ardiente del Sinaí; artistas sin complejos y diseñadores de menús largos y estrechos que requieren del seguimiento paso a paso de normas ineludibles para su ingesta, y de platos elaborados para la gloria efímera de su creador y no para el placer del comensal. Cocina despótica que no admite la crítica ni siquiera la tibieza a la hora de rendir los preceptivos elogios; chefs que dedican sus máximos y mejores esfuerzos, no a cocinar, sino a filosofar en los medios de comunicación sobre el Arte con mayúscula o sobre la fisiología de la digestión o sobre aquello que se les venga al magín en un momento dado; necesidad imperiosa de innovar a cada instante o como poco en cada certamen de Madrid Fusión o lo que toque, de manera que la imaginación gastronómica del instante destrona y suplanta a la experiencia de siglos, lo que comporta que los sabores precisos vayan perdiendo toda validez. En definitiva, una cocina teatral, internacional, banalizada y hasta cierto punto estándar. De manera que, como dice Miquel Sen en su libro *Luces y sombras del reinado de Ferran Adrià*:

> … los principios que sigue un cocinero preparando un banquete papal o Quique Dacosta cuando cocina un bacalao a las brasas de cacao con borrajas escaldadas en agua de mar y cuernos de ciervo, son idénticas, excepto matices (…) Cuando los discípulos de Adrià creen imitar o superar al chef del El Bulli, están, excepto en contadas excepciones, cayendo en todos los vicios de la cocina internacional, copiando técnicas y preparaciones, teatralizando el plato hasta conseguir montañas de alimentos de variados colores que no resistirán el más ligero empuje del tenedor.

Dicho en breve, parece que ya no se trata de hacer una cocina sabrosa sino asombrosa, lo cual no debería extrañar escuchando el propio discurso del propio Adrià, que en el contexto de las entrevistas patrocinadas por Caixabank con el título de *Mucho por hacer*, a las alturas de 2021 confiesa: «Ni a Albert ni a mí nos gustaba comer ni cocinar». De manera que se sentaron a una mesa y se pusieron a imaginar cómo conseguir, desde un plato, emocionar o soliviantar no tanto a un comensal sino a un espectador, a la manera —y estos son los ejemplos que utiliza—, de lo que ocurre viendo un magnífico espectáculo teatral o asistiendo a un partido de fútbol en el que su equipo gana en el último instante del *match*.

¿SOMOS LA VANGUARDIA DE LA CULINARIA MUNDIAL?

Volvemos a repetir que a esto es a lo que apuntan los indicadores internacionales al uso y las calificaciones de mejor chef o mejor restaurante del mundo. Pero hay que poner las cosas en perspectiva (que diría un personaje de la novela de Camilo José Cela *La colmena*), porque todo este al menos cuestionable éxito y proyección internacional de la cocina española se refiere siempre a nombres propios y locales, pero para que esa pretendida posición de preminencia tomara cuerpo y sustancia creemos que harían falta otras condiciones.

En primer lugar, habría que sacar nuestros propios productos allende nuestras fronteras y en eso seguimos a años luz de otras «cocinas nacionales», lo que entre otras cosas ha llevado a perder activos como los pinchos y tapas, peculiaridad genuina de nuestra coquinaria, puesto que esos pequeños bocados pueden elaborarse y de hecho se elaboran con productos foráneos y ajenos a la idiosincrasia y a la tradición hispana.

Por otra parte, aunque somos la primera potencia mundial en producción de aceite de oliva y la segunda en vino (después de Francia), cerca de la mitad de ese aceite se vende a Italia, donde se envasa a granel y se comercializa bajo marcas italianas, mientras que el vino viaja cada día en cisternas por toda Europa donde en gran medida termina destilándose para convertirlo en alcohol barato. Y el drama se extiende a otros productos, como el ajo, cuyos mejores pedigrís se exportan a China o el jamón de pata negra que ya chinos y polacos empiezan a producir en estándares de calidad.

Como escribía en la revista *Cocina Futuro* el gastrónomo y periodista Gaspar Rey, poco antes de morir y casi a modo de testamento vital:

> Llegamos veinte años tarde. Y la Administración sigue apoyando tibiamente a nuestros productos. Puedes llegar a una feria en la India (un mercado de mil millones de personas) y que haya un solo representante del Ministerio, mientras que Francia ha mandado a cincuenta, Italia a cien y Australia a quinientos. Nos quedan pocos años en la cresta de la ola y habrá que aprovecharlos.

Otro problema, y gordo, es la falta de un relato coherente en la cocina española contemporánea. Sin un relato, dice David Remartínez, Remartini, en su libro *La puta gastronomía*, la cocina se convierte en «una absurda sucesión de accidentes» y el problema es que ese relato deberían hacerlo los gastrónomos, de los que, a su juicio, España anda muy escasa: «Aquellos a quienes identificamos como gastrónomos casi nunca opinan o reflexionan sobre nuestra alimentación, sobre las cosas que realmente comemos. Se centran en el espectáculo, alentando una nueva religión que se nutre de sus propios dogmas, templos y endiosamientos». Otrosí, considera que esa «puta gastronomía» que da título a su ensayo, se basa en cuatro mentiras: «… el mito de la cocina de nuestras abuelas, la cocina entendida como un arte superior, la elaboración del vino como el sumun de la magia que esconde la naturaleza y la maldad de la comida industrial como prueba de la ignorancia del pueblo llano, incapaz siquiera de mirar por su salud».

Con todo, el gran escéptico ante el supuesto milagro en el que se halla suspendida como en éxtasis la cocina española es el historiador José Berasaluce, quien en su libro *El engaño de la gastronomía española*, centra en seis puntos lo que considera la mentira gastronómica contemporánea:

> La revolución no es tal (es una simple colonización cultural de la *nouvelle cousine* francesa en la restauración española, que es aprovechada por la incipiente economía ibérica); Los cocineros no son artistas (sino empresarios de dudosa rentabilidad que responden a los intereses económicos de una gran industria que establece sus propios dogmas); no existe en el mundo que nos ocupa el sentido crítico (todo es autocomplacencia, vorágine de lo bello, adulación, déficit educativo, empobrecimiento del lenguaje, competencia salvaje y ambición voraz del éxito comercial); pocos hacen una reflexión seria sobre los valores de la cultura de la cooperación, de la generosidad. Nadie se pregunta nada. No hay poesía, aunque todos buscan las emociones; no hay referencias intelectuales (nadie acude a las fuentes. La creatividad es una pose. No existe inteligencia gastronómica y sí una sobreabundancia de clones que crece sin criterio); las mujeres no existen en el éxito gastronómico; están peligrosamente expulsadas del sistema. El que glamur culinario huele a misoginia.

Aun con las bastantes matizaciones que podrían hacerse respecto a las posturas y reflexiones de Remartini y Berasaluce, quiero dejar constancia de mi adhesión y acuerdo, en parte porque ambos autores vienen a subrayar lo que Susan Leonardi escribió en *Recipes for Reading,* publicado en 1972: «… al igual que sucede con una narración, toda receta necesita también una recomendación, un contexto, una razón de ser». Una identidad, añadiría yo, que nuestra cocina está perdiendo a ojos vistas.

Porque más allá del relumbrón mediático mundial de media o cumplida docena de chefs españoles, la identidad culinaria de España se ha disuelto en el cosmos como un azucarillo en un vaso de agua con aguardiente zarzuelero y de su memoria solo queda un ya prácticamente alienígeno capítulo de «Tapas».

En 2018, Sous Vide Tools, empresa multinacional dedicada a temas de alimentación e industria alimentaria, realizó un estudio analizando comparativas de las tendencias de búsqueda en Google sobre tipos de cocina por países. Considerando las búsquedas mensuales y otorgando puntuación a cada año entre 2009 y 2018, han calculado el porcentaje de cambio entre el primer y el último año de la serie.

Siguiendo este criterio de evaluación, a la cabeza del interés de la parroquia internáutica se sitúa la cocina coreana, seguida a cierta distancia de las cocinas china, mexicana, turca, estadounidense y japonesa. En cuanto a las cocinas tradicionales occidentales crecían la griega, la italiana y la francesa, mientras que caía razonablemente la británica.

En el estudio, la cocina española ni está ni se la espera. El tirón de la paella, el gazpacho y la sangría, que es la burda caricatura a la que la que se ha visto reducida internacionalmente y en los últimos

Tapas, lo que queda de la cocina española en el contexto internacional.

tiempos la probablemente más rica culinaria del mundo, no da para ubicarla en parte alguna del listado y, ya fenecida, su presencia de ultratumba solo puede intuirse en dos apartados ajenos a Estados o regiones, que son, respectivamente, la cocina mediterránea, en el décimo puesto de la lista y el apartado correspondiente a «Tapas», que se ubica en el undécimo.

No es mucho para acreditar al menos una cierta fantasmagoría de la cocina española en el mundo, ya que, de un lado, corresponde a uno de los países que más se han alejado durante la década del modelo de dieta mediterránea, y de otro, el concepto «Tapas», patrimonio cultural y palatal hispano durante siglos, se ha regalado graciosamente al mundo al no ir ligado a un producto alimentario autóctono, con lo que la idea a la fórmula, se extiende ya a cualesquiera porción de manducaria apta para el consumo humano.

Los datos no extrañarían tanto si uno se da una vuelta por cualquier ciudad española y contempla la explosiva oferta de *gyozas* y *baos*, burritos y enchiladas, *burgers* y *fingers*, tiraditos y ceviches. Por otra parte, ya es difícil encontrar una ensalada sin mozzarella o feta. La cocina española, la gloria de la que legítimamente podíamos presumir sin el menor atisbo de patrioterismo, se ha esfumado entre esferificaciones, mouses, deconstrucciones y un sinfín de fusiones sansirolés.

Y estarán pensando ustedes, «este tipo es un cenizo y un derrotista que se niega a vislumbrar atisbos de esperanza». Pues no, todavía confío en la lectura reflexiva de los citados y de otros muchísimos autores que han ido desperdigando ideas apuntadas en las páginas que anteceden; confío en los restauradores de la zona media de la tabla, que siguen enamorados de la cocina honesta, de identidad y fundamento, procurando no perder pie con la realidad y la tradición por mor de las modas que vienen y se van por donde vinieron; confío en los locales modestos y con su menú del día orientado por el mercado y la sensatez porque, como decía Xavier Domingo: «No es parco el recetario popular y regional español en posibilidades de "platos del día", y la promoción de este sistema ha de servir para resucitar muchos de entre ellos anegados hoy en la inmensa catarata de las pseudopaellas y otros ranchos de aún de peor calaña». Para ir concluyendo, también confío en los chinos periféricos, y esto, claro, habrá que explicarlo.

Recurriendo al gran Pepe Carvalho, que ha sobrevivido al prolífico autor finado en Bangkok, refugiándose en un par, Carlos

Zanón, y un picapleitos Alfons Subirats, con quien en la novela *Carvalho: problemas de identidad*, han elaborado una interesante teoría que al menos es digna de tener en consideración.

Carvalho y Subirats comparten la tesis de que las últimas tapas, bocados y platos españoles tal y como se deben hacer y mandan los cánones, se confeccionan y sirven, casi exclusivamente, en los bares, tabernas, baretos, tugurios y botillerías de las periferias urbanas que regentan los chinos. La lógica parece incuestionable. Si son capaces de imitar cualquier cosa de Louis Vuitton no deben tener mayores dificultades en calcar una salsa brava o un choricito a la sidra.

Así, parece que no está tan lejano el día en el que para apretarse unos huevos con salmorejo o una crema de andaricas, un platillo tabernario de sangre encebollada o unas mollejitas, un escabeche de cualquier cosa, un oliagua o una carne gobernada, un pisto manchego o una sanfaina, un lacón con grelos y cachelos, unas patatas a la riojana, un frite o un bacalao al pil pil, resulte imprescindible acudir a un chino suburbial.

No quisiera, sin embargo, dejar flotando en el aire la sospecha tópica de un posicionamiento a favor de la tradición y el inmovilismo frente a la innovación y vanguardia, sino del fundamento frente al gratuito capricho, que resumo en unas líneas del libro *Cocinar* de Michael Pollan, un autor foráneo pero buen conocedor de la culinaria hispana, en el capítulo que dedica a Bittor Arguindoniz, chef del asador *Etxebarri*:

> En cierta ocasión, Adrià dijo en la revista *Gourmet* que «Bittor probablemente no haría lo que hace si yo no hubiera hecho lo que hice antes». Es un comentario de una arrogancia asombrosa, y cuando se lo leí a Bittor, se irritó un poco, se levantó y se marchó volando como una mosca. «Ferran cocina para el futuro», me dijo, «yo estoy más interesado en el pasado. Sin embargo, cuanto más retrocedamos, más podremos avanzar».

Claro que habría que hacer la salvedad de que lo dicho en cuanto esperanzas de futuro para la cocina hispana surge de pensamientos agnósticos que no consideran en lo que valen las intercesiones celestiales, que normalmente devienen de peticiones devotas a un santo patrón directamente implicado en el caso. Aun así, el futuro parece oscuro.

¿A QUÉ SANTO PATRÓN ENCOMENDARSE?

Los cocineros y cocineras españoles, quizá por haber sido tradicionalmente poco afectos a la coordinación interprofesional y la unidad de acción, nunca han conseguido dotarse de un único santo patrón o patrona al que, por afinidad con el oficio, le hubiera sido grato defender y proteger al colectivo, de manera directa o perifrástica, intercediendo o abogando ante el Altísimo en beneficio de su causa.

A lo largo de los siglos, y con mayor o menor empuje y brío, se ha ido postulando en el cargo un cuarteto de candidatos paritario en géneros: Santa Teresa de Jesús, San Lorenzo, Santa Marta de Betania y San Pascual Baylón.

El patronazgo de Teresa Sánchez de Cepeda Dávila y Ahumada, santa de Ávila y asimismo universal, es quizá el más sólidamente fundado en razón de su pasión por la cocina y su argumentación definitiva de que a Dios se le podría buscar entre los humeantes pucheros.

A Teresa le gustaba preparar platillos de los que pudieran gozar los paladares de sus hermanas y compañeras de congregación. Todas ellas estaban deseando que a la santa le tocara el turno correspondiente de cocina, que en la Orden era rotatorio y obligado para todas las monjas. Cuando tal sucedía:

> … hazia este oficio de guisar la comida con tanto aseo, gusto i cuidado como si no huviera nacido para otra cosa (…) por el gran cuidado que ponía en lo que havian de comer, i tenia en esto tanta gracia que de unas yervecitas i cosas desechadas hazia ella guisados mui sabrosos. Dezia que aquella semana andaba pensando como haría mayor el huevo que les daban (que era uno solo à cada Monja) i de qué manera sabría mejor lo que guisaba a quien lo avia de comer".

A mayor abundamiento, la relación de la santa abulense con el arte coquinario trascendía la mera cotidianidad del diario condumio y a veces se elevaba a la mística suprema que alcanzaba en sus raptos, transverberaciones y éxtasis. De ello es testimonio irrefutable el suceso del que fue testigo directo Isabel de Santo Domingo, hermana, amiga y pinche de la santa, que aparece en los libros *Historia del Carmelo descalzo* y *Reforma de los descalzos de Nuestra Señora del Carmen*, donde se dice:

Quando la Santa avia de hazer algun oficio con otra Compañera, solia escoger à la Hermana Isabel, especialmente la semana que era Cocinera. Siendolo ambas, fueron muchas las vezes que viò à la Santa arrobada entre las ollas; y otra particularmente, que se le quedò friyendo unos huevos con la sarten en la mano sobre la lumbre, y quierendosela quitar no pudo, por tenerla tan apretadamente asida, y assi la ayudò a sustentar, temiendo se vertiesse el azeite, del qual no quedava en aquella saçon otro en la Casa; assi estuvieron ambas gran rato, hasta que bolviendo de su arrobamiento la Santa prosiguiò en freir los huevos.

Santa Teresa de Jesús.

En su santoral, la Iglesia católica homenajea a Santa Teresa de Jesús el 15 de octubre y justamente ese fue el día elegido en 1972 por el Ministerio de Información y Turismo, junto a la Cofradía de la Buena Mesa, para festejar el Día Nacional de la Gastronomía, y jornada escogida para entregar los premios nacionales de gastronomía entre los años 1974 y 1985. Pero las iniciativas fueron diluyéndose posteriormente en el olvido.

Por lo que se refiere al patronazgo de San Lorenzo, su relación con la cocina no tuvo lugar en vida, sino en el instante supremo de su muerte y martirio en una suerte de parrilla para el asado de carnes.

Uno de los siete diáconos de Roma y hombre de máxima confianza del Sumo Pontífice, parece que Lorenzo era natural de la *Hispania Tarraconensis*, aunque no se sabe de cierto si de Huesca o de Valencia. El desafortunado fue primero testigo y pronto víctima de la enconada persecución que el emperador Tito Flavio Vespasiano emprendió contra los cristianos a primeros de agosto de 258. El día 6, el papa y cuatro de sus diáconos fueron asesinados mientras celebraban una misa, lo que determinó a Lorenzo a reunir a toda velocidad los tesoros de la iglesia, venderlos y repartir lo recaudado entre los pobres de la ciudad del Tíber.

Ignorante de esta maniobra, la autoridad competente exigió a Lorenzo la entrega de aquellas riquezas y él rogó se le dieran tres días para reunir bienes y fortuna. Pasado ese tiempo se presentó en dependencias oficiales acompañado de una legión de menesterosos, lisiados, huérfanos, ciegos, mendigos y leprosos, señalando al pelotón como el tesoro más preciado de la Iglesia. A la jerarquía romana la cosa no le hizo la más mínima gracia, y dio orden de que el diácono sandunguero sufriera una muerte lenta, brutal y dolorosa el 10 de agosto, día en el que la Iglesia conmemora su martirio.

Fue azotado con látigos urticantes y de varias colas, golpeado con barras de hierro y plomo, chamuscado a conciencia con placas de metal al rojo, para, finalmente, ser colocado al fuego en una parrilla gigante. La tradición dice que cuando ya estaba casi totalmente abrasado por el lado en el que había sido colocado frente a los rescoldos ardientes, llamó la atención del verdugo a fin de que le dieran la vuelta y quedar asado de manera uniforme y homogénea.

La tradición ha querido que los últimos instantes del santo se relacionen con el estrés y el agobio del trabajo cocineril, con los frecuentes golpes y cortes que suelen sufrir durante la preparación del condumio, y con el enorme calor que desprenden ollas y fogones.

Así, el martirologio de Lorenzo evoca, salvando las insalvables distancias, el penar cotidiano de cocineros y guisanderas.

Caso curioso en el terreno del patronazgo culinario es el de la tercera en liza, Marta de Betania, la hermana de María y de Lázaro, en cuya casa se hospedó Jesús al menos en tres ocasiones y donde tuvo lugar el famosísimo milagro de la resurrección del hermano que relatan los Evangelios.

Martirio de San Lorenzo, de Agnolo Bronzino.

Pero Marta de Betania no es reconocida por la Iglesia católica como patrona de los cocineros, sino de las cocineras, amén de las sirvientas, amas de casa, hosteleras, trabajadoras de casas de huéspedes, lavanderas y hermanas de la caridad. Dicho en breve, de todo lo servil asignado como competencia de la mujer durante siglos en las sociedades patriarcales y machistas, que tiene sus pelenguendengues que alguien fuera capaz de imaginar un santo protector para los cocineros y a una santa en paralelo, abogada de las causas de las cocineras. Para no entrar en litigios de género, la santa se ha quedado como patrona y protectora de la hostelería en todo su abigarrado conjunto.

En el Evangelio de Lucas se relata que, mientras María se tiende a los pies del Señor y le escucha arrobada, Marta se ocupa de aviar algún condumio para los invitados. Lo que no sabemos es qué cocinaba Marta y la única referencia al respecto, aunque con un seguramente nulo valor etnográfico, la encontramos en el cuadro *Cristo en casa de Marta y María* de Diego Velázquez. En primer plano aparece una anciana que parece tutelar a una moza, quizá la doncella que labora en la casa de las hermanas en Betania, que ya es mucho suponer que tuvieran mucama o empleada del hogar, pero que sea como fuere está majando unos dientes de ajo en un almirez de bronce. Al lado, sobre la mesa, los restos de la cabeza de ajos que no han ido a parar al mortero, una guindilla roja seca, una botijilla vidriada, y dos

Marta de Betania, por Diego Velázquez.

platos de barro, uno con dos huevos y otro con cuatro pescados enteros que, a la vista, recuerdan muy mucho a esas carpas tan abundantes en el vecino río Jordán.

Aunque en tiempos bíblicos los guisos de pescado se solían hacer con salsa agridulce, específicamente de miel y vino en aquella zona, todo parece indicar que el artista sevillano sugiere en los ingredientes

San Pascual Baylón.

una preparación de su tiempo, el siglo XVII, y que una experta en recetas históricas y alma de blog *Gastroamantes*, Margarita García, considera que bien podría ser carpa a la marinera, una fórmula que consiste en cocer el pescado y ponerlo en una fuente con su propio caldo, en el que se van disolviendo un majado de yemas de huevos cocidos, dientes de ajo, guindilla y vino tinto en abundancia, para dejar cocer otro rato todo el conjunto, ligando el condumio y evaporando el alcohol.

En el santoral católico, a santa Marta de Betania se la evoca el 29 de julio y se la suele representar con una cruz, una antorcha, delantal y llaves a la cintura, en actitud de ir a servir a sus huéspedes.

El cuarto patrón coquinario en litigio es san Pascual Baylón Yubero, aragonés de la zaragozana villa de Torrehermosa, franciscano de inserción y mentor celestial de los cocineros en general y de los profesionales de la cocina mexicanos en particular.

De la importancia que tuvo en su momento el personaje da idea el hecho de que, aunque jamás pisó tierras americanas, fuera adoptado como protector y bienhechor de los dedicados al oficio de cocina en lo que fuera el Virreinato de Nueva España.

En todo ese vastísimo y casi inabarcable espacio, los que laboraban en los fogones virreinales se encomendaban con fervor a san Pascual para que les protegiera de los accidentes en la cocina y de la ira de sus casi siempre coléricos señores.

Parece que mientras guisaban y daban una segunda vida a los alimentos rezaban canturreando: «San Pascual Baylón, báilame en este fogón. Tú me das la sazón y yo te dedicó un danzón». Parece otrosí que de las paredes de las estancias culinarias colgaban algunos exvotos con la leyenda: «San Pascual Bailón, atiza mi fogón y concédeme buena sazón».

El santo es considerado por muchos el patrón, protector, intercesor y patrocinador de los cocineros y cocineras por muchas razones. Para empezar, se dice que su fervor religioso y su amor al Señor, le llevaban a rezar con tal devoción que descuidaba los guisos que estaba preparando y que tal negligencia era primorosa y diligentemente cubierta por parejas de ángeles, probablemente adiestrados por los que araban los campos para el madrileño san Isidro labrador. Por otra parte, en su vida conventual fue alternando todos los oficios del sector, tales como portero, hortelano, cocinero y refitolero. Además, tras reservar para sí lo más inmundo o pasado del menú, recogía las sobras de la comida y las repartía entre los pobres para los que siempre tenía, además de sustento, sonrisas y palabras amables. Su fiesta se celebra el 17 de mayo y es una de las cuatro fechas del año entre las que cocineros y chefesas pueden elegir como día de su patrón o patrona.

Así las cosas, puede, nunca debería descartarse, que de la decisión final sobre el santo o santa a invocar y del fervor con el que se hagan las pertinentes rogativas, dependa el futuro de la cocina española en el contexto internacional. Puede, Iremos viendo.

TO BE OR NO TO BE CONTINUED

Bibliografía

ABELLA, Rafael, *La vida cotidiana bajo el régimen de Franco*, Ediciones Temas de Hoy, Madrid, 1996.

ALTARRIBA, Antonio, *La España del tebeo. La historieta española de 1940 a 2000"*, Editorial Espasa Calpe, Madrid, 2001.

ALMODÓVAR, Miguel Ángel, *Rutas con sabor. Un viaje cultural y gastronómico por los pueblos de España*, RBA Libros, Barcelona, 2001.

ALMODÓVAR, Miguel Ángel, *El hambre en España. Una historia de la alimentación*, Oberon/Anaya, Madrid, 2003.

ALMODÓVAR, Miguel Ángel, *Yantares de cuando la electricidad acabó con las mulas*, Ediciones Nowtilus, Madrid, 2009.

ALMODÓVAR, Miguel Ángel, *La cocina del Cid. Historia de los yantares y banquetes de los caballeros medievales*, Ediciones Nowtilus, Madrid, 2010.

ALTABELLA, José, *Lhardy. Panorama histórico de un restaurante romántico*, Imprenta Ideal, Madrid 1978.

AMICIS, Edmundo de, *España, viaje durante el reinado de Amadeo I de Saboya*, Miraguano Ediciones, Bilbao, 2002.

ANÓNIMO, *La vida del Lazarillo de Tormes, y de sus fortunas y adversidades*, Editorial Castalia, Madrid, 2001.

APICIO, Marco Gavio, *El arte de la cocina. Recetas de la Roma Imperial*, Editorial Comunicación y Publicaciones, Barcelona, 2007.

ARSUAGA, Juan Luis, *Los aborígenes. La alimentación en la evolución humana*, RBA Libros, Barcelona, 2002.

BARBACIL, Juan y GARCÍA GUATAS, Manuel (coordinadores), *Los alimentos que llegaron de América*, Editorial Academia Aragonesa de Gastronomía, Zaragoza, 2015.

BENAVIDES-BARAJAS, L., *La cocina del Imperio romano y su historia*, Ediciones Dulcinea, Granada, 2000.

BERASALUCE, José, *El engaño de la gastronomía española*, Ediciones Trea, Gijón, 2018.

CAMBA, Julio, *La Casa de Lúculo o el arte de comer*, Espasa Calpe, Madrid, 1972.

CAPEL, José Carlos, *Pícaros, ollas, inquisidores y monjes*, Editorial Argos Vergara, Barcelona, 1985.

CASTRO, Xavier, *Ayunos y yantares. Usos y costumbres en la historia de la alimentación*, Editorial Nivola, Madrid, 2001.

CELADA, Eva, *La cocina de la Casa Real*, Belacqva de Ediciones, Barcelona, 2004.

CRUZ CRUZ, Juan, *Dietética medieval*, Editorial La Val de Onsera, Huesca, 1997.

DE VEGA, Luis Antonio, *Guía gastronómica de España*, Editora Nacional, Madrid, 1967.

DE VEGA, Luis Antonio, *Viaje por la cocina española*, Salvat Editores, Barcelona, 1974

DELGADO, Carlos, *Diccionario de gastronomía*, Ediciones del Prado, Madrid, 1985.

DELICADO, Francisco, *La lozana andaluza*, Editorial Castalia, Madrid, 2001.

DÍAZ, Lorenzo, *La cocina del Quijote*, Servicio de publicaciones de la Junta de Comunidades de Castilla La Mancha, Toledo,1993.

DÍAZ, Lorenzo, *La cocina del Barroco*, Alianza Editorial, Madrid, 2003.

DÍAZ YUBERO; Ismael, *Sabores de España*, Ediciones Pirámide, Madrid, 1998.

DOMINGO, Xavier, *Cuando solo nos queda la comida*, Tusquets Editores, Barcelona, 1980.

ELÉXPURU, Inés, *La cocina de Al-Andalus*, Alianza Editorial, Madrid, 1994.

ESLAVA GALÁN, Juan, *La historia de España contada para escépticos*, Editorial Planeta, Barcelona, 1995.

FEIJOO, Benito Jerónimo, *Teatro crítico universal*, Editorial Castalia, Madrid, 1986.

FERNÁN-GÓMEZ, Fernando, *Historias de la picaresca*, Editorial Planeta, Barcelona, 1996.

FISAS, Carlos, ¡Que aproveche!, Plaza y Janés Editores, Barcelona, 2001.

GARCÍA, GÓMEZ, L. Jacinto, *Carlos V a la mesa. Cocina y alimentación en la España renacentista*, Ediciones Bremen, Toledo, 2000.

GARCÍA Y BELLIDO, Antonio, *Veinticinco estampas de la España Antigua*, Editorial Espasa-Calpe, Madrid, 1985.

GÁZQUEZ ORITZ, Antonio, *La cocina en tiempos del Arcipreste de Hita*, Alianza Editorial, Madrid, 2002.

GONZÁLEZ SEVILLA, Mª Emilia, *A la mesa con los reyes de España*, Ediciones Temas de Hoy, Madrid, 1998.

GUTIÉRREZ-SOLANA, José, *Madrid, escenas y costumbres*, Triestre, Tarragona, 1985.

HERNÁNDEZ DE MACERAS, Domingo (edición de Santiago Gómez Laguna), *Libro del Arte de Cozina*, Ediciones Universidad de Salamanca, Salamanca, 1999.

HERREROS, Isabelo, *El cocinero de Azaña. Ocio y gastronomía en la República*, Oberon/Anaya, Madrid, 2006.

LAFUENTE, Isaías, *Tiempos de hambre. Viaje a la España de posguerra*, Ediciones Temas de Hoy, Madrid, 1999.

LUJÁN, Néstor, *La vida cotidiana en el Siglo de Oro español*, Editorial Planeta, Barcelona, 1988.

MARTÍ GÓMEZ, José, *La España del estraperlo (1936-1952)*, Editorial Planeta, 1995.

MARTÍNEZ LLOPIS, Manuel, *Historia de la gastronomía española*, Ediciones La Val de Onsera, Huesca, 1995.

MESONERO ROMANOS, Ramón, *Memorias de un sesentón, natural y vecino de Madrid*, Editorial Crítica, Barcelona, 2008.

MESTRE, Rodrigo, *Guía de los platos tradicionales de España*, Plaza y Janés, Barcelona, 1999.

MILLO CASAS, Lorenzo, *Gastronomía*, Ediciones Pirámide, Madrid, 1990.

MURO; Ángel, *El Practicón. Tratado completo de cocina al alcance de todos y aprovechamiento de sobras*, Ediciones Poniente, Madrid, 1982.

NOLA, Ruperto de, *Libro de Cozína*, Edición facsimilar Guillermo Blázquez, Madrid, 1982.

PARDO BAZÁN, Emilia, *La cocina española antigua y moderna*, Hiria liburuak, San Sebastián, 2004.

PARDO FIGUEROA, Mariano, Doctor Thebussen, y CASTRO Y SERRANO, José, *La mesa moderna: cartas sobre el comedor y la cocina cambiadas entre el doctor Thebussem y un cocinero de su S.M.*, Editorial Maxtor, Valladolid, 2010.

PASCUAL, Carlos, *Guía gastronómica de España*, Al-Borak Ediciones, Madrid, 1977.

PFANDL, Ludwing, *Introducción al Siglo de Oro. Cultura y costumbres del pueblo español de los siglos XVI y XVII*, Visor Libros, Madrid, 1994.

PISA, José María, *Biografía de la paella*, Ediciones La Val de Onsera, Huesca, 2012.

PLASENCIA, Pedro, *Episodios gastronómicos de la conquista de Indias*, Mileto Ediciones, Madrid, 2001.

POPIC, Miro, *El Señor de los Aliños*, Miro Popic Editor, Caracas, 2017.

PUGA Y PARGA, Manuel María, *Vigilia reservada. Minutas y recetas*, Ediciones Trea, Gijón, 2005.

REMARTINI, *La puta gastronomía*, El Desvelo Ediciones, Santander, 2019.

RODRÍGUEZ DE NAVARRA, Luis Fausto, *Recetas para después de una guerra*, Editorial Aguilar, Madrid, 2001.

RUIZ GARCÍA, Vicente, *Cocina a bordo*, Onada Ediciones, Benicarló, 2020.

SELLA MONTSERRAT, Joan, *Comer como un rey*, Ediciones Trea, Gijón, 2009.

TOVAR, Rosa y FULLER, Monique, *3000 años de cocina española*, Espasa Calpe, Madrid, 2006.

SAINT-SIMON, Duque de, *Memorias*, Librería Alzofora, Alcorcón, 1983.

SANJUÁN, Gloria, *Cocina de reyes y pobres*, Editorial LIBSA, Madrid, 2002.

SANTAMARÍA, Santi, *La cocina al desnudo*, Ediciones Temas de Hoy, Madrid, 2008.

SEN, Miquel, *Luces y sombras del reinado de Ferran Adrià*, La Esfera de los Libros, Barcelona, 2007.

SERRADILLA, José Vicente, *La mesa del emperador. Recetario de Carlos V en Yuste*, Editorial Panini, San Sebastián, 1997.

SIMÓN PALMER, María del Carmen, *La Cocina de Palacio. 1561-1931*, Editorial Castalia, Madrid, 1997.

TERRÓN, Eloy, *España, encrucijada de culturas alimentarias*, Ministerio de Agricultura, Pesca y Alimentación, Madrid, 1992.

UBIETO, Antonio; REGLÁ, Juan; JOVER, José María y SECO, Carlos, *Introducción a la historia de España*, Editorial Teide, Barcelona, 1971.

VALDEÓN BARUQUE, Julio, *Vida cotidiana en la Edad Media*, Editorial Dastin Export, Madrid, 2004.

VARELA, Consuelo (editora), *Cristóbal Colón. Los cuatro viajes. Testamento*, Alianza Editorial, Madrid, 1986.

VÁZQUEZ MONTALBÁN, Manuel, *Contra los gourmets*, Mondadori, Barcelona, 1997.

VÁZQUEZ MONTALBÁN, Manuel, *Saber o no saber. Manual imprescindible de la cultura gastronómica española*, Ediciones B, Barcelona, 2002.

VÁZQUEZ SALLÉS, Daniel, «Introducción» a *El arte de la cocina. Recetas de la Roma Imperial*, Editorial Comunicación y Publicaciones, Barcelona, 2007.

VELASCO MURVIEDRO, Carlos, «Los sucedáneos de posguerra», revista *Historia 16*, número 131.

VEGA PÉREZ DE ARLUCEA, Ana, *Cocina viejuna. O de cómo pasó España de la comida en blanco y negro a la gastronomía en Technicolor*, Larousse Editorial, Barcelona, 2018.

VILABELLA GUARDIOLA, José Manuel, *Los humoristas,* Ediciones Amaika, Barcelona, 1975.

ZARZALEJOS, María, *Gastronomía en el Camino de Santiago*, Lunwerg Editores, Barcelona, 2003.

SITIOS WEB

www.cocinayaficiones.com
www.gastronosfera.com
https://www.cocinayaficiones.com/